Urban Governance
Reshaping a Desirable Development

城市治理

重塑我们向往的发展

陆 军 等著

北京大学出版社
PEKING UNIVERSITY PRESS

图书在版编目(CIP)数据

城市治理：重塑我们向往的发展/陆军等著. —北京：北京大学出版社，2020.10
ISBN 978-7-301-31720-4

Ⅰ.①城… Ⅱ.①陆… Ⅲ.①城市管理–研究–中国 Ⅳ.①F299.23

中国版本图书馆 CIP 数据核字(2020)第 187643 号

书　名	城市治理：重塑我们向往的发展
著作责任者	陆　军　等著
责任编辑	王树通　赵旻枫
标准书号	ISBN 978-7-301-31720-4
出版发行	北京大学出版社
地　址	北京市海淀区成府路 205 号　100871
网　址	http://www.pup.cn　新浪微博：@北京大学出版社
电子信箱	zpup@pup.cn
电　话	邮购部 010-62752015　发行部 010-62750672　编辑部 010-62764976
印刷者	天津中印联印务有限公司
经销者	新华书店
	720 毫米 × 1020 毫米　16 开本　16.75 印张　310 千字
	2020 年 10 月第 1 版　2021 年 12 月第 2 次印刷
定　价	69.00 元

未经许可，不得以任何方式复制或抄袭本书之部分或全部内容。
版权所有，侵权必究
举报电话：010-62752024　电子信箱：fd@pup.pku.edu.cn
图书如有印装质量问题，请与出版部联系，电话：010-62756370

前　言
城市治理之钥：沿着人民的向往前行

确如诺贝尔经济学奖获得者斯蒂格利茨所预见的，中国的城市化以其庞大的规模体量、特殊的制度背景、独特的路径进程以及深刻的社会经济影响力，已经成为21世纪人类发展的重大主题之一。截至2018年年末，我国城镇常住人口83 137万人，城镇化率已达到59.58%。社会经济持续快速发展，居民的社会福祉水平不断提升。超大、特大城市的蓬勃发展，以及科学技术研发与创新、嵌入全球化产业分工网络、践行城市生态文明发展等的能力与水平不断赶超跨越，为社会经济发展提供了源源不竭的新动能。

然而，伴随城市人口与空间规模的持续扩张，城市经济社会活动的地理密度和承载强度逐渐饱和，"城市病"现象不断加剧。诸如城市生态环境压力增大、公共服务供需不匹配、生活服务品质不高、居民的市民化成本提高、公共安全潜在威胁增加、城市管理效率与效能欠佳、人口年龄结构失衡、城市规模等级体系不合理、经济发展不平衡等一系列城市问题不断叠加，既严重阻碍了中国的城市综合发展能力，还将进一步增加各种风险发生的可能和城市治理的难度。

面对中国城市发展过程中出现的各类挑战，党中央高度重视治理问题。中共十八届三中全会通过《中共中央关于全面深化改革若干重大问题的决定》，首次提出推进国家治理体系和治理能力现代化的战略目标。2014年2月,习总书记再次明确指出国家治理的思想,强调要结合中国的发展国情,借鉴国外的治理理论和经验,倡导多方合作协力,达到国家、市场、社会、公民之间的相互包容性共治自治法治德治。2015年12月,中共中央、国务院印发《关于深入推进城市执法体制改革改进城市管理工作的指导意见》,指出提高市政公用设施运行能力,规范城市公共空间秩序管理,优化城市交通管理,改善城市人居环境,提高城市应急管理水平,整合信息平台,构建智慧城市。同时应引入市场机制,推进网格管理,提高社区治理和服务能力,加大公众参与力度,提高全民城市文明意识,推动城市管理走向城市治理。2016年2月,中共中央国务院颁布《关于进一步加强城市规划建设管理工作的若干意见》,就城市治理问题,再次提出要创新城市治理方式,完善城市治理机制,推进城市智慧管理。要求进一步提高企业、社会组织和市民参与城市治理的意识和能力,强化街道、社区党组织的领导核心作用,以社区服务型党组织建设带动社区居民自治组织、社区社会组织建设。增强社区服务功能,实现政府治理和社会调节、居民自治良性互动。同时,加强城市管理和服务体系智能化建设。

2017年3月,习总书记提出"城市管理应该像绣花一样精细",为我国超大、特大城市开展精细化管理与治理提出了努力方向。2017年10月18日召开的中国共产党第十九次全国代表大会历史性地提出,我国社会主要矛盾已经转化为人民日益增长的美好生活需要和不平衡不充分的发展之间的矛盾。在物质文化生活之外,我国必须重视并要努力满足人民对民主、法治、公平、正义、安全、环境等方面的迫切需要,以便为全面建成小康社会奠定基石。根本矛盾的转变必然要求我国的城市管理,尤其是超大、特大城市管理必须加快实现向城市治理转变,尽快形成以协调、多元、综合、网络化等为特征的新型城市治理模式。在城市治理的方式与途径上,城市建设和发展必须贯彻以人民为中心的发展理念,要以人民群众的生活质量为依归,坚持人民利益至上的治理理念,加快构建"共有、共建、共治、共享"的城市治理目标。

在此大背景下,北京大学政府管理学院的城市经济与城市管理研究团队,以党中央、国务院的指示精神为引领,以实现善治为目标,以可实施性为标准,在充分借鉴国际城市现代治理的组织运行体系与经验的基础上,针对当前城市治理实践的现状、难点、核心问题与体制障碍,综合运用市场、法律、行政和社会自治等方法,从组织系统、体制机制、运行模式、市场工具、支撑条件和保障体系等重要方面,积极探讨化解问题、治理城市的思路、办法、措施和实施路线图。显然,城市治理研究具有重要的理论价值和现实意义。

解决制约城市健康、可持续发展的核心矛盾和关键问题,始终是城市治理的基本原则。以问题为导向,第一章"中国超特大城市的问题、成因与对策",归纳了中国超特大城市存在的主要问题。本章指出,在经济领域,产业结构失衡、房价大幅攀升、贫困失业等问题,将对超特大城市的宏观经济发展和居民生活改善产生抑制效应。在超特大城市发展过程中,逐步暴露出城市治安和公共安全压力叠加、贫富差距及失业现象、公共设施与资源空间分布不均、交通拥堵、生态环境污染影响居民健康、自然资源短缺以及优秀传统文化受到多元文化和网络的外部冲击等一系列问题。这些问题随着社会发展不断加剧,对城市居民的生活舒适性和城市综合竞争力构成负面影响。在政治方面,由城市政府治理不当引发的社会矛盾激化现象以及一些群体性事件压力逐步上升。中国超特大城市的"城市病"以及相关问题产生的主要原因主要有以下几点:第一,城市人口无限制增长,导致人口的规模和密度过高;第二,拥挤的外部性超过人口集聚效应,降低了生活质量,引发环境对创新人才引进的负面效应;第三,由于功能与服务辐射区域交叠,大城市间互相竞争与博弈资源和优质产业,导致无序竞争和资源浪费,出现市场失灵;第四,地方政府间统筹协调不够、职责不清、督促检查不力和措施落实不到位,造成政策摆动、治理失灵、行为低效等。

第二章"社会福利视角下的最优城市规模",在总结前人研究基础上,从社会福利角度探究城市最优规模问题。通过对社会收益和社会成本函数的重新界定,并根据均衡理论得出最优规模的理论模型。在此基础上,运用我国地级市 2012—2015 年统计数据进行实证检验。结果表明,所谓的最优规模并非唯一、恒定的数值,而是受城市禀赋和时空差异共同影响的动态过程。在当期社会福利水平下,大城市与中小型城市实际规模大多低于其最优水平,具有进一步扩展的空间;而超特大城市则大多面临人口规模超载问题,随着人口规模增加,其社会净效益呈边际递减趋势。这一视角为城市最优规模研究提供了新思路,也从城市规模管理角度为管理者提供了一些政策性启发。

现代城市管理是一个复杂的动态过程,涉及不同利益主体的竞合博弈分析。第三章"演化博弈的多中心城市治理体系创新",引入在经济学中广泛应用的演化博弈理论方法,分析信息并非完全对称情况下,多元治理主体之间的相互关系。本章在借鉴相关模型方法的基础上,构建了包含地方政府、公众、城市活动主体的消费品供给者的城市治理三方动态博弈分析模型。采用动态博弈中的支付矩阵、公众参与城市治理的期望收益方程、数值分析与模拟仿真等方法,得到三个治理参与主体在不同初始概率下的演化博弈结果。分析表明,提高城市管理投入会产生比较复杂的演化博弈效果。一个地区环境的好坏与该区域每个社会成员息息相关,城市管理需要所有社会成员的共同参与。基于多中心治理理论并结合我国城市管理的现状,本章提出,在多中心治理过程中,应坚持"利益协调、目标统一、治理合作、主动自觉"的原则,构建涵盖所有治理相关者的"利益共同体"。在这个多中心的城市治理系统中,政府、公众和城市活动主体的消费品供给者等不同主体相应的会选择促进良好互动的行为模式。

当满足人民对美好生活的追求成为我国城市治理的终极目标时,社区的治理必将承载更重大的历史使命。作为城市治理的最基层单元,政府、社区居委会、居民、社会组织、物业公司等多元主体在社区间相互交织,利益格局错综复杂。第四章"'权力-权利'视角的城市社区多重委托代理关系"指出,多元主体在社区中,以何种组织形式、何种方式手段参与社区治理,是社区治理结构的首要命题。本章基于国家"垂直权力"与社会"水平权利"良性互动的视角,运用利益相关者理论、委托代理理论等,深入分析不同社区治理主体的角色定位、利益诉求及其相互关系。研究表明,构建网络化的中国城市社区治理结构,有助于自上而下建构社区治理组织,并吸引社区各主体充分参与社区治理过程。此外,社区多重委托代理机制的核心是多元主体参与,在社区碎片化的背景下,激发居民、社会组织、营利性企业参与社区治理,也将成为保障网络化社区治理体系成功的关键。

街道办事处是我国城市基层行政管理的末梢,也是我国近年来开展社会基层治理改革体制深化中的核心载体。第五章"中国城市基层治理中的街道改革模式",从实践出发,在梳理城市街道办事处职能的历史沿革的基础上,依据新时代党和国家以及我国各类城市赋予街道办事处的要求,总结了当前街道办事处面临的治理困境。进而系统总结了北京、成都、南京等城市街道办事处的三种实践模式,概括了"纺锤式""哑铃式""锯齿式"等城市基层治理体制改革深化过程中的未来取向。研究认为,超特大城市的治理体制改革,应构建以街道为核心的多维城市基层治理体制。

很多发展中国家和地区过度追求工业化和城市化目标,引发产业无序、结构失调、资源耗竭等一系列问题,造成生态环境污染的危害日益加剧。为了保障城市居民的生活质量和身心健康,加快治理空气污染,很多中国城市都将机动车限行作为治理城市空气污染的重要手段。第六章"机动车限行对空气污染治理的效果分析",基于空气污染源的多样性的特征事实,以北京市为例,探讨机动车限行政策对改善城市空气质量、增加居民福利是否真正有效。本章使用2014—2016年的北京市实证数据,进行线性回归和时间序列自回归分布滞后模型分析。研究发现,尽管机动车限行政策与北京市空气质量的改善显著相关,但机动车尾气并不能完全解释北京市的空气污染,尚有更多污染来源有待探究。本章指出,建立以燃料技术研发为基础,以经济手段为重点,辅以必要的行政性干预政策的综合治理系统势在必行。

地铁作为最重要的城市轨道交通工具之一，现代城市的理论与实践研究对其的价值与作用均赋予了褒奖与积极的评价。第七章"地铁如何影响城市治安案件的空间分布"，以北京为案例，重点探讨发展地铁是否会对城市治安带来潜在的负面影响。理论上，地铁站点在改善区位可达性、吸引企业和消费者向该区域集聚的同时，也可能增加罪犯作案后借助地铁快速逃逸的机率，导致潜在受害者数量和犯罪收益上升。总之，地铁站点的区位及其所在区域的安保力量，会通过改变犯罪的收益与成本，最终影响城市治安案件的发生概率。本章主要利用北京市公安局的"警情通报"数据，基于空间面板杜宾模型，分析地铁的发展与站点区位是否影响地铁站所在区域的治安案件分布以及如何提升城市治安水平，抑制犯罪。研究表明，城市财产类治安案件具有空间集聚特征，存在显著的空间相关性；地铁站的安保人员、设备以及警力配备，对入室盗窃、盗窃机动车与非机动车、抢劫、扒窃四类财产类治安案件具有震慑作用，但震慑作用限于地铁站所在区域。

中国共产党第十九次全国代表大会历史性地提出，我国已迈入全面建成小康社会的决胜阶段，社会主要矛盾已经转化为人民日益增长的美好生活需要和不平衡不充分的发展之间的矛盾。显而易见，"不充分"是规模的有限和数量的不足，而"不均衡"则是结构、区位、规格和品质的供需失衡失配。作为城市的核心公共产品和公共服务之一，学校分布是衡量城市教育资源空间合理性与分配公平性的重要基础指标。第八章"城市教育资源分布的空间匹配度实证分析"，基于城市公共产品空间失配的理论假说，采用 GIS 空间分析、统计分析、分类研究、全局空间自相关分析等方法工具，以北京市普通高中为研究对象，通过构建供给能力指数，对北京市一般和优质的高中教育资源的空间分布进行实证分析和特征评价，探讨其成因与规律，并就各区县高中教育资源空间布局的失配现象，提出实施空间优化的策略保障和措施方案。

经验显示，创新具有明显的空间集聚特征。经济主体因物理距离和区域集聚所形成的知识溢出和密集化的创新网络，是提高生产力的关键。研究城市空间形态对城市创新的影响具有重要意义。第九章"蔓延的城市空间形态是否影响城市创新质量"，利用 2009—2016 年中国 280 个地级市面板数据，考察了蔓延的城市空间形态对城市创新质量的影响。结果发现，城市蔓延对城市创新质量存在显著的负向效应；对于中、西部地区中小规模城市、人口收缩型蔓延城市，城市蔓延对城市创新质量的负向影响更为明显；第二产业比重越高的城市，城市蔓延对城市创新质量的负向影响越明显。推进紧凑化城市空间发展模式和秉承精明增长的城市规划理念是未来提升城市创新质量的努力方向。

现阶段，我国城市的管理中存在着体制掣肘、模式弱化和基础不足等诸多问题,进而导致我国城市政府囿于现存的制度性瓶颈,难以在城市管理过程中突破传统管理手段的限制,开展制度与技术创新。第十章"城市管理用资产负债表:框架与设计",为解决我国城市管理问题,提升城市管理水平,尝试大胆突破,借鉴企业财务管理中的管理模式,用资产负债表的概念和工具,创建了城市管理资产负债表的基本概念和逻辑框架,将其用于管理城市公共资产存量。同时,结合当前我国城市管理委员会体制改革的基本思路,尝试以城市管理用资产负债表作为基本工具,对创新我国城市资产管理的工具与模式,进行探索性的应用设计。

借助整合行政机关与优化配置部门职能等途径,大部制改革有效缓解了政府行政管理中的机构重叠、职能交叉、政出多门等传统问题。然而,因缺乏体制性、制度性的框架支持与保障,大部制也引发了一系列新问题。第十一章"大部制下城市管理运维资金的预算统筹机制",以运维资金预算为切入点,分析我国进入"大城管"时代后,如何加快多部门间的职能调整与重组,完善现代化城市治理组织体系;如何提升城市规划建设管理水平,从根本上消除"大城市病";如何重构"大城管"部门内、部门间的沟通协调、统筹管理能力,承担综合执法职能等。本章总结分析我国城市管理运维资金运算统筹演化历程和编制流程后发现,由于"大城管"的复杂性和职责多重性,经常存在项目预算涉及部门多、金额大等问题,导致资金使用不透明、不同部门重复投入、城市管理的资金运营与维护无法有序衔接等问题。为提升大城管运维资金的统筹使用效率,城管委须采取提升在运维资金中的地位、横向建立跨部门联合预算制度、纵向完善对下级单位的转移支付制度等举措。

低密度、分散化的城市蔓延是过去中国经济转型过程中典型的城市发展模式。针对此问题,第十二章"城市蔓延发展模式与地方公共财政负担"探讨城市蔓延发展与地方公共财政负担间的关系。本章基于2007—2016年的地级市层面数据,运用工具变量法,实证考察了城市蔓延对公共财政负担的影响。研究发现,城市蔓延显著加重了公共财政负担,该影响对于中、西部中小规模城市和人口收缩型蔓延城市的影响更为明显。机制检验表明,城市蔓延主要提高了城市市政基础设施建设和管理维护支出,进而增加了公共财政负担。因此,在土地供给的刚性约束下,未来要推行紧凑化高效集聚的城市发展模式,尤其是中小规模的人口收缩型蔓延城市的空间规划要以存量优化、盘活与更新为导向。

为缓解政府财政压力,保障公共服务支出的稳定性。2007年,英国首先提出社会影响力债券模式。它是一种新型合作治理伙伴关系。通过向社会发行债券融资,建立资金池委托生产公共产品和解决公共问题,政府根据绩效向投资者支付本息。其典型特征是"政府退出生产""为结果付费"。近年来,社会影响力债券在国内外广有尝试,方兴未艾。对我国而言,社会影响力债券具有管理制度、融资体制、服务机制、治理工具等多重意涵,具有重要的借鉴价值和参考意义。第十三章"社会影响力债券:一个城市多元治理的工具创新",在阐释社会影响力债券背景、内涵和基本框架的基础上,深入分析了将社会影响力债券发展成为中国城市多元治理工具创新的意义、作用和保障条件。

习总书记提出的"城市管理应该像绣花一样精细",是对新时代中国城市精细化管理要求的形象概括。在快速城市化的历史阶段,受人口基数庞大、区域发展不平衡和社会保障不充分的叠加性影响,我国城市管理的复杂性不断增加,有许多新挑战和棘手问题亟待解决。第十四章"城市仪表盘:城市时点监控与时段评价的新工具",从技术层面引介了一种智慧城市时代涌现出的新型城市管理工具——城市仪表盘。借助发达国家城市仪表盘的使用案例,从时点监控和时段绩效评价两项对应功能出发,深入解析分析型仪表盘和推动型仪表盘两类城市管理工具的特征、功能、任务、方法与工具、面临的调整以及改进的策略措施等,以此为中国城市精细化管理提供实践经验和工具借鉴。

在我国快速城市化的进程中,空间规划单元不科学、城市管理不精细、公共资源配置不合理、城市治理效能低等问题逐渐暴露。针对制约城市化健康发展的空间基础,第十五章"城市最优管理区:分区思路与体系构建",从公共管理角度,以现有基层行政组织——街道为基础,结合当前各大城市实施网格化管理的思路和单元网格基础,试图在城市内部构建最优管理区体系,实现城市管理的整合与优化。本章融合公共管理和城市经济的学科理论,构想分区思路;按照城市管理空间的优化原则梳理递进关系,分别从功能、管理效率、公共服务和政策实施角度,对管理区的边界进行逐个界定和逐层叠加。进而再对应不同管理分区的管理目标与侧重点,分别制订不同层级管理区的判别指标与方法依据,使得城市空间管理分区方法趋近于最优,为我国城市治理的精细化提供一套边界优化思路和政策系统基础。

网格化管理是中国率先实践的现代化城市管理模式。相较于传统管理模式,其具备技术化、空间化、规范化和精细化的显著特征。2003年,网格化的理念与物质载体建设初次被引入我国城市管理和社会服务领域后,网格化管理不断升级,为城市精细化管理提供了重要的空间基础、机制支撑和技术保障,为提升我国城市的管理能力和精细化管理水平发挥了极其重要、不可替代的历史作用。第十六章"智慧网格创新与城市公共服务深化",基于当前的社会发展趋势,提出了城市管理将向管理与服务职能并重转换的趋势。本章指明,城市网格化管理需要进行智慧化升级,依托技术实现服务标准化、均等化、精细化的创新网格化管理模式。未来,须再以服务深化为目标,根据政府、企业、社会等主体需要，构建一个基于城市数据支撑的我国城市精细化管理的全响应管理服务系统。

不难预见，沿着人民的向往前行，紧密贴合国情、市情，不断提升居民获得感、幸福感和安全感的城市治理的能力、组织与平台建设，必将在我国新时代城市规划、建设和管理的综合体系中发挥极其重要的作用。我和我指导的几届研究生，循着我国城市化发展的实践进程，总结经验、思考问题、追溯根源、寻找对策。借此将部分阶段性成果结集出版的契机，衷心向各位专家、学者、同人求教。囿于时间、精力与能力所限，本书有诸多疏漏与不足，敬希各位朋友不吝赐教，指导我们继续前进。

陆　军

于北京大学廖凯原楼

2020 年 9 月 1 日

目　录

第一章　中国超特大城市的问题、成因与对策……………………（1）
　一、超特大城市现状及问题……………………………………（2）
　二、超特大城市问题背后的机理………………………………（8）
　三、超特大城市治理对策展望…………………………………（12）
　　参考文献………………………………………………………（14）
第二章　社会福利视角下的最优城市规模…………………………（17）
　一、文献回顾……………………………………………………（18）
　二、社会福利视角下最优城市规模研究………………………（19）
　三、数据来源及变量选取………………………………………（24）
　四、模型实证检验与分析………………………………………（26）
　五、结论与政策启示……………………………………………（30）
　　参考文献………………………………………………………（32）
第三章　演化博弈的多中心城市治理体系创新……………………（35）
　一、演化博弈在城市管理中的应用综述………………………（35）
　二、城市精细化管理博弈模型…………………………………（37）
　三、数值分析与模拟仿真………………………………………（40）
　四、构建多中心城市精细化管理模式…………………………（47）

参考文献……………………………………………………………（52）

第四章　"权力-权利"视角的城市社区多重委托代理关系……（54）
　　一、"权力-权利"视角下的社区治理………………………………（54）
　　二、社区利益相关者的委托代理分析………………………………（57）
　　三、构建"权力-权利"良性互动的网络化社区治理结构…………（62）
　　四、城市社区治理网络构建的激励机制……………………………（64）
　　参考文献……………………………………………………………（66）

第五章　中国城市基层治理中的街道改革模式…………………（69）
　　一、城市街道办事处的历史定位和新的要求………………………（70）
　　二、当前城市治理体制改革深化中的街道改革实践………………（73）
　　三、从典型案例到一般规律的街道改革模式比较…………………（76）
　　四、构建街道核心的多维城市基层治理体制………………………（81）
　　参考文献……………………………………………………………（83）

第六章　机动车限行对空气污染治理的效果分析………………（85）
　　一、引言……………………………………………………………（85）
　　二、文献和方法综述………………………………………………（86）
　　三、计量模型………………………………………………………（88）
　　四、结论及政策建议………………………………………………（96）
　　参考文献……………………………………………………………（97）

第七章　地铁如何影响城市治安案件的空间分布………………（98）
　　一、研究设计………………………………………………………（100）
　　二、研究对象及研究数据…………………………………………（102）
　　三、北京地铁发展与城市治安提升………………………………（104）
　　四、结论与政策建议………………………………………………（109）
　　参考文献……………………………………………………………（111）

第八章　城市教育资源分布的空间匹配度实证分析……………（114）
　　一、数据来源与处理………………………………………………（114）
　　二、基于 Voronoi 图的空间布局特征分析…………………………（116）
　　三、基于供给能力指数的空间集聚特征分析……………………（126）
　　四、主要研究结论…………………………………………………（133）
　　参考文献……………………………………………………………（133）

第九章　蔓延的城市空间形态是否影响城市创新质量…………（135）
　　一、问题的提出……………………………………………………（135）
　　二、理论分析与研究假说…………………………………………（136）

三、研究设计与数据来源 …………………………………………………（138）
　　四、实证分析 ………………………………………………………………（140）
　　五、异质性分析 ……………………………………………………………（144）
　　六、结论和启示 ……………………………………………………………（146）
　　参考文献 ……………………………………………………………………（147）

第十章　城市管理用资产负债表：框架与设计 ……………………………（149）
　　一、城市管理的概念和发展模式 …………………………………………（150）
　　二、城市管理模式的制度基础 ……………………………………………（151）
　　三、中国城市管理的制度约束与现实问题 ………………………………（151）
　　四、资产视角下的城市管理逻辑 …………………………………………（153）
　　五、城市管理用资产负债表工具设计 ……………………………………（155）
　　六、城市管理用资产负债表的体制机制 …………………………………（160）
　　参考文献 ……………………………………………………………………（162）

第十一章　大部制下城市管理运维资金的预算统筹机制 …………………（163）
　　一、中国城市管理运维资金预算统筹的背景 ……………………………（164）
　　二、城市管理预算运维资金统筹现状及问题 ……………………………（167）
　　三、城市管理预算运维资金统筹机制优化 ………………………………（169）
　　四、总结与展望 ……………………………………………………………（174）
　　参考文献 ……………………………………………………………………（174）

第十二章　城市蔓延发展模式与地方公共财政负担 ………………………（176）
　　一、问题的提出 ……………………………………………………………（176）
　　二、理论分析与研究假说 …………………………………………………（178）
　　三、研究设计、变量选择和数据来源 ……………………………………（180）
　　四、实证分析 ………………………………………………………………（183）
　　五、结论和政策启示 ………………………………………………………（189）
　　参考文献 ……………………………………………………………………（190）

第十三章　社会影响力债券：一个城市多元治理的工具创新 ……………（193）
　　一、问题的提出 ……………………………………………………………（193）
　　二、社会影响力债券的内涵与意义 ………………………………………（194）
　　三、社会影响力债券的基本框架 …………………………………………（195）
　　四、社会影响力债券：作为工具创新的应用 ……………………………（198）
　　五、社会影响力债券应用的保障条件 ……………………………………（203）
　　六、展望 ……………………………………………………………………（204）

参考文献 ………………………………………………………… (205)

第十四章　城市仪表盘：城市时点监控与时段评价的新工具 ……… (207)
一、城市仪表盘的性质、特征与构建措施 …………………………… (207)
二、城市仪表盘与城市的时点监控 …………………………………… (211)
三、城市仪表盘与城市的时段绩效评估 ……………………………… (214)
四、城市仪表盘方法进行时点监控与时段评价在实践中的改进与
　　应用拓展 ………………………………………………………… (219)
五、城市仪表盘工具有效性的条件 …………………………………… (223)
参考文献 ………………………………………………………… (224)

第十五章　城市最优管理区：分区思路与体系构建 ……………… (226)
一、最优管理区构建理论 ……………………………………………… (227)
二、优化城市管理区划意义 …………………………………………… (227)
三、最优管理区的体系构建 …………………………………………… (228)
四、最优管理区的分区示意图 ………………………………………… (236)
五、总结与展望 ………………………………………………………… (237)
参考文献 ………………………………………………………… (238)

第十六章　智慧网格创新与城市公共服务深化 …………………… (240)
一、传统城市管理服务的问题与困境 ………………………………… (241)
二、网格化管理的特征、模式与试点应用 …………………………… (241)
三、服务深化对网格化管理的创新要求 ……………………………… (243)
四、城市网格化管理的智慧技术升级 ………………………………… (245)
五、智慧网格与服务深化的核心环节 ………………………………… (248)
参考文献 ………………………………………………………… (251)

后记 ………………………………………………………………………… (253)

第一章　中国超特大城市的问题、成因与对策

2014年,中华人民共和国国务院发布《关于调整城市规模划分标准的通知》,明确了以城区①常住人口为统计口径划分城市规模,调整后定义中国超大城市(人口规模1000万以上②)有7个,分别为上海、北京、深圳、广州、天津、重庆和武汉;特大城市(人口规模500万以上1000万以下)有11个,分别为成都、南京、佛山、东莞、西安、沈阳、杭州、苏州、汕头、哈尔滨和香港特别行政区。这些城市得益于人口集聚,有效促进了城市化进程、产业发展和技术进步,有效带动了周边区域的发展,成为带动中国经济增长的"主力军"。

然而在发展的背后,与国际化大都市相似,中国这些超特大城市的一些通病也逐渐凸显出来。最早提出"城市问题"的是英国经济学家William Petty,其后Chadwick(1842)进一步指出由于人口集聚导致的城市污染问题。20世纪30年代以来,随着世界各国城市的发展和扩张,城市所暴露出来的问题也越

---

① 其中,城区是指在市辖区和不设区的市、区、市政府驻地的实际建设连接到的居民委员会所辖区域和其他区域。常住人口包括:居住在本乡镇街道,且户口在本乡镇街道或户口待定的人;居住在本乡镇街道,且离开户口登记地所在的乡镇街道半年以上的人;户口在本乡镇街道,且外出不满半年或在境外工作学习的人。

② 划分标准以上包括本数,以下不包括本数。

发受到学术界关注(任成好,2016)。国内外学者通过经济学理论和模型对世界各国城市的规模进行测定,得出结论,目前世界上所谓的"大中城市",并不是其城市规模越大就一定是经济效率最高的,相反交通拥堵、房价过高、环境问题加重、城市治理成本增加、投资效率下降等一系列"城市病"开始普遍存在于这些大城市中(孙久文 等,2015)。因此,为实现超特大城市可持续发展、发挥中心极职能以辐射和带动周边区域,在社会主义新时代市场经济发展的重要阶段,应对超特大城市进行综合、精细化治理,以尽快缓解城市难题,突破城市经济、社会发展困境,使其真正成为带动中国经济整体发展的先头马车。

一、超特大城市现状及问题

改革开放以来,由自然禀赋和人口集聚形成的中国超特大城市的经济得到飞速发展,城市居民的生活水平也得到显著提高。2017 年中国 18 个超特大城市 GDP 总计 24.65 亿元,同比增长 9.62%,产值贡献占到全国的 33.15%。然而在获得这一辉煌成绩的同时,与国际化大都市相似,一些经济、社会、环境、政治和文化等方面的问题也随之暴露出来:交通拥堵、贫困失业、房价攀升、环境污染、治安问题、资源短缺等逐渐成为中国超特大城市普遍存在的通病(倪鹏飞,2001;焦晓云,2015)。

(一) 经济问题

经济问题是与城市经济增长相伴相生的。超特大城市的经济问题主要指在超特大城市治理过程中所遇到的,对城市宏观经济发展和居民生活改善产生抑制效应的现象和困境,如房价激增、贫困失业、产业结构失衡等。

1. 城市房价大幅攀升

房价激增是各国大都市在人口聚集到一定程度时普遍面临的问题。据全球地产代理及物业顾问公司莱坊(Knight Frank)2016 年发布的《全球城市报告》显示,自 2008 年金融危机以来,美国大都市区(如纽约、洛杉矶等)房地产市场呈井喷式暴涨;英国伦敦的房价除因市场供需而使价格提升外,来自中东和亚洲的房地产投机者人为炒高市中心房价,使得市区内产生许多"无人区"。高额的房价使得大量中低收入家庭无法支付城市房价,而不得不居住于通勤成本较高的城市边缘。在中国,房价可谓是困扰超特大城市工薪阶层的最大难题。在全国房价最高的 35 个城市中,超特大城市就占到 11 个。其中,深圳是房价最高的城市,同时也具有最高的房价收入比,2017 年新房平均成交价格为 57 348 元/m²,房价收入比为 39.64;上海新房平均成交价格为 47 865 元/m²,

房价收入比为 27.98①,这一数据已超过 20 世纪 80 年代时房地产市场极度泡沫的东京。

2. 城市内部产业结构失衡

城市产业结构单一,往往影响城市长期增长动力。墨西哥城是典型的工业产业主导城市,化工产品、汽车、无线电等创造了该市 56.4% 的经济产出。然而当前由于主导产业单一、缺乏新兴产业集群,使其生产总值低于全国平均水平(段霞,2012)。19 至 20 世纪,美国著名"汽车城"底特律凭借紧邻五大湖区的地理优势,依靠当地优厚的禀赋条件,逐步形成了庞大的汽车工业体系,城市规模得到快速扩张,汽车产量一度占据美国的 80% 和世界的 70%。然而,随着汽车生产规模化程度越来越高,行业竞争日益激烈,过于单一的城市产业结构使得底特律的产业利润被大幅压缩,继而引发就业骤减、财政收支失衡、治安环境恶化等一系列问题,最终以高达 185 亿美元的债务宣布破产(刘翰波,2015)。

中国超特大城市主要集中在东部地区,大多遵循先人口城市化,后制度、经济城市化的城市发展模式,依托便利的交通运输和禀赋条件,拉动了当地经济和就业。然而近年来,随着高新技术发展和工业产值日趋饱和,以工业、运输业为主的特大城市产业结构相对单一等问题,工业产值的驱动力不足,使一些原本由工业产业集聚带动实现兴起和繁荣的超特大城市,在当今信息技术高速发展的时代背景下,经济发展的后续动力明显不足。如成都、哈尔滨等工业占比较大的城市,对创新人才的吸引力也相当有限,在一定程度上制约了城市经济的可持续发展。如图 1-1,以成都为例,2015 年成都第一、第二、第三产业生产总值所占比重分别为 3%、44% 和 53%,较 2010 年第二产业产值比重增加 7 个百分点,而第三产业产值比重并未发生明显变动。其中,金融行业、高新技术产业等服务类行业贡献率并未增加,且低端批发和零售产业占比较高,经济增加值仍以工业、制造业等过剩产能拉动,可持续发展动力不足(陆小成,2016)。

(二)社会问题

经济问题的产生直接制约了超特大城市的可持续发展和生产力的提高,而城市运营过程中所暴露的社会问题,则可能导致社会治安的不稳定和居民生活满意度的降低。激增的人口数量给有限的城市空间带来巨大压力,外来人口的不断涌入使城市原本有限的自然和公共资源更为紧俏,治安、教育、交通、基础

---

① 其中,房价收入比=住房总价/家庭可支配收入=(新建商品住宅成交均价×城镇家庭户均面积)/(城镇居民人均可支配收入×城镇家庭户均人口)。其中,城镇家庭户均面积取值为中华人民共和国国家统计局 2016 年公布的数据(36.6 m²);城镇家庭户均人口取值为 2015 年中华人民共和国国家卫生和计划生育委员会公布的数据(3.02 人)。

设施等关系到城市居民生活舒适性的各个环节所暴露的问题将影响城市的综合竞争力。

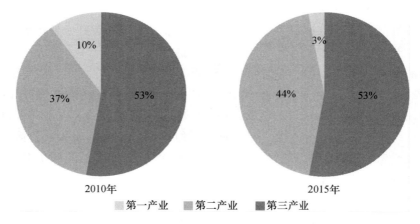

图 1-1　2010、2015 年成都市三类产业生产总值占比情况
数据来源：根据 2011、2016 年《中国城市统计年鉴》相关数据自行整理。

1. 城市治安安全问题

安全关系到城市的稳定和居民生活的幸福程度，是超特大城市治理过程中需关注的首要问题。超特大城市人口密集，人员结构复杂，由此引发的治安安全问题令人深思。芝加哥是人口规模和 GDP 均居美国第 3 位的东海岸大都市，但在经济迅猛发展的同时，诸多社会和阶级矛盾也随之而来。在这些城市内部，枪击和抢劫事件时有发生，成为萦绕在这座世界级大都市的"阳光下的阴影"。芝加哥一直是美国犯罪率排名前 25 的城市，2016 年平均犯罪率每 10 万人 1106 起，虽然近几年城市治安较 20 世纪 90 年代初期稍有好转，但仍是全美平均犯罪率（犯罪率每 10 万人 386.3 起）的 2.86 倍[1]。在中国超特大城市，虽然类似犯罪、枪击这类暴力事件发生较少，但由人口拥堵、违章搭建引起的重大事故却依然触目惊心。如 2014 年跨年夜上海外滩踩踏事件，共造成 36 人死亡，49 人受伤[2]，人口密度过高、城市治安与应急管理经验不足等问题一并暴露。2017 年，北京大兴区发生重大火灾事故，造成 19 人死亡，8 人受伤，其后排查发现，起火原因系人员密集和违章搭建，而北京具有类似安全隐患的地区竟超 25 000 处（戴轩，2017）。

---

[1] 根据美国联邦调查局（Federal Bureau of Investigation）公布的《2016 年全美犯罪报告》（2016 Hate Crime Statistics Released）相关资料自行整理。

[2] 中国新闻网.上海外滩踩踏事件遇难者家属将获 80 万抚慰金[EB/OL].(2015-01-21)[2018-14-22].http://www.chinanews.com/gn/2015/01-21/6992534.shtml

2. 贫富差距及失业问题

在超特大城市经济高速增长、各大行业繁荣发展的背后,由于产业、职位差异所导致的收入差异也在不断加剧。即使是在纽约、芝加哥这些世界级繁华大都市区内,也存在着贫穷、低收入群体,为获得谋生的工作和便宜的房租集聚在"贫民窟"中。据美国官方数据统计,2016 年纽约的贫困率为 31.6%,芝加哥为 22.3%(UN-Habitat,2016),均高于全美同年平均水平。在纽约的布朗克斯区,有 44% 的居民生活在贫困线以下(石中玉,2015);市内最富裕的 5% 家庭收入是最贫穷的 20% 家庭收入的 88 倍(Holland,2014)。与纽约、芝加哥的"贫民窟"相似,在中国超特大城市内部也形成了"棚户区""城中村"等非正规社区。大量外来人口受到价格机制、制度政策等各方面限制而无法获得正规房屋,但又为获得城市多元就业机会和优厚收入而聚集在城市的非正规社区(任成好,2016)。虽然一些城市政府通过各类手段企图清除这些非正规社区,但大多以失败告终。因为这些手段只是改变了其空间区位和居住密度,清理出来的低收入人口会被迫迁到其他地方,而城市中非正规社区数量不会减少(丁成日,2015)。

3. 公共设施与资源分布不均

与其他国家相比,得益于相关法律的限制,中国超特大城市社会治安隐患相对较轻,但在教育和基础设施等方面的社会问题则较为严峻。作为政府公共设施投资的来源,传统的财政体制无论是以财政收入和支出责任划分,还是财政转移制度设计,均是假定人口不流动前提下以辖区户籍人口为单位进行。但现实中由于大量流动人口的存在,使得超特大城市与中小城市、周边农村地区的基础设施在时空上呈现分布不均状态。与此同时,在超特大城市内部,诸如公共服务和设施供给能力不足、优质公共服务资源空间分布不均衡、社会阶层固化等导致的社会民生问题,也为城市的和谐稳定敲响了警钟。如在教育资源的分布上,北京 207 所高中大多聚集在城市中心区,重点中学过于集中但招生辐射能力有限,公共资源的分布不均使得有特定需求导向的人口,向某一区域过度集聚。

4. 城市拥堵问题

随着人口规模和城市经济的高速发展,城市交通需求的增长使交通拥堵成为世界大都市的通病。纽约市拥有全世界最发达的交通系统,以保证大都市交通和物流的通达性和及时性。但这种四通八达的道路和便捷的出行方式,同时促进了全国各地人口的不断涌入,交通负荷日益繁重,公共交通设施内部拥挤不堪,路面常常出现长时间拥堵现象(杨青山,1995)。人口规模世界第一的东京,是交通拥堵最严重的城市之一。尽管东京政府每年花费财政预算中的 15%~20% 和城市基础设施投资的 1/3 专门用于城市交通建设和维护,但拥堵情况却不降反增,东京城铁每天的实际乘车量是设计之初预计容量的 250%,高于人口规模居世界第 2 位的雅加达的 66.67%(丁成日,2015)。

这种拥堵现象在中国超特大城市也普遍存在。据高德地图联合交通运输部发布的《2017 年度中国主要城市交通分析报告》显示,中国交通拥堵城市前 10 位中,超大城市占到 4 个,特大城市 1 个①。北京是交通拥堵第 2 位的城市,高峰时拥堵延时指数 2.033,也就是说单位里程通过时间是通畅条件下的 2.033 倍;高峰时期每出行 1 小时,就有 30 分钟耗费在堵车上。哈尔滨是早高峰最堵的城市,延时指数达 2.052,使许多上班族早晨一大部分时间白白浪费在路上(高亢,2018)。作为中国经济发展最快的地区,这些超特大城市吸引了大量人口和产业集聚,人口密度的大幅增加使城市原有公共交通设施超过负荷,使有限的交通资源显得异常拥挤,呈现拥堵、长时间排队等低效率现象,形成如东京、雅加达一样拥堵、低效的运营状态。在 2017 年机动车保有量排名前 10 位的城市中,超特大城市占 9 席。排名第 1 位的北京市,虽使用抽签摇号机制严格限制增量,但机动车保有量仍居高不下,2017 年总量达 564 万辆,同比增长 2.92%,是位列第 2 的成都的 1.25 倍,重庆、上海、苏州、深圳等超特大城市紧随其后,保有量均突破 300 万辆大关②。

(三) 环境及资源问题

20 世纪 90 年代环境库兹涅茨曲线(EKC)的提出,更直观揭示出区域经济与环境质量间的相互作用关系。近年来,中国超特大城市以经济建设为主要导向的发展模式,使得城市生态问题一度被公众忽视,污染和资源短缺问题极为严重。尽管在后期,这些城市加大了在污染控制和环境基础设施建设方面的投资,但仍出现排放量日益增长情况(任成好,2016)。在一些污染比较严重的城市,开始出现"环境移民""环境难民"等现象(郭剑平、施国庆,2010)。

1. 环境污染问题

生态问题可按资源短缺和环境污染划分为两类。环境污染主要产生于片面注重经济增长的阶段,而忽略了对环境的损害。20 世纪伦敦和洛杉矶都曾被这一污染所困扰,导致城市居民产生大规模健康问题(陆小成,2016)。城市的污染不仅会对城市内部造成危害,其通过流动也会影响周围区域的环境质

---

① 其中,5 个超特大城市按高峰时拥堵延时指数由高到低排序依次为:北京、哈尔滨、重庆、广州和上海。

② 其中,2017 年全国机动车和驾驶人保持高位增长,新注册登记机动车 3352 万辆,新增驾驶人 3054 万人。新京报. 公安部交管局:去年新增机动车 3352 万辆,新增驾驶人 3054 万人[EB/OL]. (2018-01-15)[2018-08-25]. http://www.bjnews.com.cn/news/2018/01/15/472517.html

量。在人口超过1400万的全球特大城市中，2011—2015年的监测数据显示，德里、开罗、达卡、加尔各答、孟买是全球颗粒物污染水平最高的5个特大城市，北京与上海分别位列第6位和第7位（张淼，2016）。

除大气污染外，生活垃圾、污水排放、光污染、噪声污染等都为城市环境带来了负效应，威胁城市居民身体、心理健康和生活舒适感。水体污染是中国城市中仅次于大气污染的另一污染源。尤其是依靠工业发展起来的一些特大城市，工业废水未得到有效治理和控制，乱排偷排现象严重；城市污水处理设施滞后，使得生活污水无法及时处理。据2014年大自然保护协会（TNC）牵头发布的《中国城市水蓝图》报告显示，中国17个城市面临严重的水污染压力，其中深圳、西安、成都、天津最为严重，水源均面临重度沉积物污染（付丽丽，2014）。

2. 资源稀缺问题

水、土地、空气等自然资源是人类赖以生存的物质基础，随着超特大城市的发展，资源的有限性决定了其供给不足的问题。资源稀缺表现最明显的是印度的德里。这座人口规模世界排名第12位的城市，其水资源供给却极为有限且氟和砷的含量严重超标（艾亚尔，2016）。2010年仍有5%以上的人口需要从比供水管道高出5倍价格的水车上购买饮用水，最贫困家庭需为日常用水支付收入的6%～25%（Varis，2006）。过度依赖地下水资源，更导致了地面沉降速度的加快（丁成日，2015）。中国的特大城市，尤其是一些东部城市也存在水资源短缺问题。以北京为首的中东部超大城市，水资源常年面临短缺问题，2014年水资源总量仅有21.6亿立方米，人均不到100立方米，远远低于国际公认的500立方米警戒线，属"极度缺水"城市（任成好，2016）。土地是城市存在和发展的基本承载条件，土地资源的有限性和利用效率不足，使得土地价格一路飙升。中国土地为国有，地方政府为了获得财政收入，通过开发新城新区获得高额土地出让金，城市建设不是基于自然发展规律而是基于投机心理。有限城市空间难以承载和消纳不断增加的环境压力，城市"摊大饼"式的无序开发更增加了对土地的需求，进一步加剧了土地资源的短缺。

（四）文化问题

除经济、社会和生态问题外，超特大城市的可持续发展也或多或少受到来自多元文化、网络暴力等方面的冲击，对城市居民的心理和精神层面产生负面影响。一些经由电视节目、电影和广告等渠道的文化价值观渗透，使中国传统文化受到冲击，公众文化认同感受到威胁（王伟杰，2014）。在上海、深圳等超特大城市，圣诞节、万圣节等节日活动五彩纷呈，使城市居民，尤其是青年人对传统节日的热情逐渐淡化。在多元文化充斥下，城市居民缺乏具有认同感的共性价值观,缺乏正确引导,对陌生信息甄别能力不足,甚至衍生出多起网络暴力事件。在以经济发展为主的背景下,城市原有的优质文化被忽视甚至濒临失传,规划和发展缺乏特色而向发达国家大都市同质性特征靠拢。

(五)政治问题

超特大城市的政治问题在中国社会主义体制下表现得并不十分明显,但城市中存在的非正规社区却也反映出政府治理不当、贫富差距失衡,社会矛盾的激化继而诱发上访、静坐、游行等威胁地方稳定的群体事件。相比之下,在西方资本主义国家由贫穷和阶级差异引发的社会问题进一步恶化,加之涉及种族间矛盾,逐步上升为城市的政治问题。20世纪60年代,由于劳工住房、就业矛盾,法国巴黎发生"五月风暴",学生运动和工人罢工一度使城市经济陷入瘫痪状态(牛俊伟,2013)。1963—1968年,由于长期积压的权力与财务的不平等和社会阶级间的冲突,美国爆发了为期703天的"贫民窟"暴乱和严重种族冲突系列事件,导致221人死亡,8000余人受伤(邓蜀生,1990)。以芝加哥、洛杉矶为首的美国大都市区均存在根深蒂固的种族隔离问题,种族歧视和偏见已经融入了长期占美国社会主流、掌握着各方面的权力机构和资源的白种人的深层次意识和心理结构之中,种族间公共资源分配不均、司法制度不公等诱发暴力事件层出不穷,严重影响着城市治安和政权的稳定,而这种矛盾也成为各政党在争夺政权支持率时的有力砝码(张聚国,2014)。

二、超特大城市问题背后的机理

上述问题和病症的存在,严重制约了超特大城市的经济增长和可持续发展潜力。究其根源,主要可归因于人口规模激增、密度过高、市场失灵、政府治理低效等。一定的人口规模是超特大城市形成的基础,为产业发展带来了源源不断的新增劳动力,促进了区域经济增长。然而同时随着城市人口无限制增长和人员结构的失衡,交通拥堵、资源短缺、环境污染和贫富差距等由人口引发的弊端逐一暴露出来,人口规模为城市经济带来的集聚效应逐渐被其产生的拥挤和外部性所替代,呈现"规模不经济"等状态(王俊、李佐军,2014)。

(一)人口规模与密度激增、结构失衡是"通病"根源

人口规模和密度的快速增长,使得超特大城市有限的资源和公共设施超负荷运转,继而诱发各类经济、生态和社会问题,是城市病的"原罪";而人口结构调整不当更会制约城市经济的可持续发展。据国家统计局相关数据显示,中国城镇人口正以每年2000万左右的速度增长,城市面临着前所未有的拥挤状况。这种现象在超特大城市尤为明显,从中国超大城市近6年的常住人口数据来看

(见表 1-1),各城市人口均呈现逐年上升趋势,有 3 座城市的增长幅度在 30%以上。特大城市的人口数量也整体上扬,但涨幅较超大城市相对较低,自 2010 年第六次全国人口普查后,近 6 年来人口涨幅最高的特大城市是沈阳(涨幅 14.66%),其次是成都,涨幅为 10.36%。

表 1-1　2011—2016 年中国超特大城市常住人口数量

城　　市	年　份					
	2011	2012	2013	2014	2015	2016
上海	2347	2380	2415	2426	2415	2420
北京	2019	2069	2115	2152	2171	2173
重庆	2919	2945	2970	2991	3017	3048
天津	1355	1413	1472	1517	1547	1562
深圳	1047	1055	1063	1078	1138	1191
广州	1275	1284	1293	1308	1346	1400
武汉	1002	1012	1022	1033	1061	1077
成都	772	795	809	819	835	852
南京	811	816	819	822	824	827
佛山	723	603	730	735	743	743
东莞	825	645	832	834	825	826
西安	847	855	859	863	871	883
沈阳	723	823	826	829	829	829
杭州	874	880	884	889	902	919
苏州	1052	1055	1058	1060	1062	1065
汕头	542	545	548	552	555	558
香港特别行政区	707	715	718	723	729	734
哈尔滨	993	994	995	987	961	962

数据来源:根据 2012—2017 年《中国城市统计年鉴》《中国统计年鉴》数据自行整理。

与规模相比,人口密度能够更直观地反映城市有限区域内承载的相对人口数量。从 2016 年中国超特大城市的人口密度情况来看(见图 1-2),除香港特别行政区外,人口密度最高的为深圳市,平均每平方千米有 5689.45 个人,是世界第 5 大人口密集城市。上海紧随其后,其人口密度为 3833.76 人/km^2,排世界第 10 位。由于城市的空间范围差异,人口规模与密度间排序也存在一定差别:珠江三角洲地区城市人口密度最高,如香港特别行政区、东莞和汕头等特大城市的人口规模均排在前列,而重庆、天津、北京等超大城市排位则相对靠后。当人口规模和密度增长超过资源负荷时,城市规模反而会倾向于萎缩(周海春、许江萍,2001)。因此从土地和自然资源承载力的角度而言,某些特大城市的生态问题和社会矛盾可能更为严峻。

除规模与密度外,人口结构也关系到城市经济和高新技术产业的发展活力。城市规模的长期发展和扩大取决于人口教育水平的高低,但中国超特大城市大多通过劳动密集型产业吸引大量外来劳动力进入,却对高新科技人才的吸引不足(Henderson and Wang,2004)。与获得就业机会改善收入水平的一般劳动力不同,具有高学历、高创新能力的人才则往往追求更好的就业机会和更舒适的居住环境(温婷 等,2014)。随着这些超特大城市人口过度集聚,公共设施、交通与资源环境方面的拥挤效应对高端人才形成分散力,加之其他中小城市的人才引进政策的激励效应,使得这些超特大城市的人才在慢慢流失,人口结构失衡。

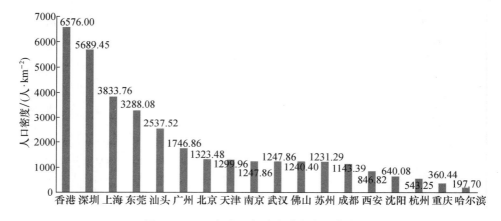

图 1-2　2016 年中国超特大城市人口密度

数据来源:根据 2017 年《中国城市统计年鉴》数据自行整理。

(二) 资源环境问题是追求经济增长的外部性代价

推动经济可持续发展是每个超特大城市管理者的愿景,然而一味追求经济增长的发展模式,使得具有市场外部性的环境与资源问题往往被忽视,收入差距更会诱发社会矛盾。由经济增长所引发的城市问题是双重的。一方面,经济发展需耗减大量资源并排出废弃物。市场经济体制下追求效益最大化而忽视生态外部性资源的有限性,使城市资源耗减,导致土地价格和物价上升;过大的城市规模使社会成本上升,多产业的污染排放使得城市环境承载压力增大,环境污染事件频发,限制了城市的经济发展和吸纳人口能力。另一方面,经济的增长继而吸引了人口和产业集聚,又进一步为城市原本有限的自然和公共资源增加了承载压力。当经济增长所带来的聚集收益无法覆盖人口增加所导致的拥挤成本时,原本被规模经济增长所掩盖的城市资源稀缺、公共设施拥堵以及环境污染等问题也继而逐一暴露出来,城市呈规模不经济的发展状况,导致社会福利损失,净效益下降

(王小鲁、夏小林,1999;肖文、王平,2011);城市中集聚的人口由于收入、职位的差异所产生的贫富差距,更会诱发治安安全、非正规社区等社会问题。

城市经济增长的代价也具有外溢性,导致区域公共资源的大量浪费。临近的超特大城市由于功能与服务辐射区域交叠,为争夺资源和优质产业而形成竞争与博弈关系,引致招商引资的无序竞争和资源浪费,大都市区域整体发展低效。如北京、天津利用区位和资源优势,在金融服务后台、电子、医药等方面均与邻近地区展开项目争夺,形成逐底竞争;珠江三角洲是超特大城市密集区,包括香港、澳门在内,不到200公里直径范围就有香港、广州、深圳、澳门及珠海5个机场,其中4个是国际机场;深圳港的建设已对香港港形成巨大冲击,但广州、东莞的"南沙大港"和虎门港仍在投建中,珠海也将建设港口纳入城市规划中,形成公共设施上的竞争与资源浪费(吴唯佳,2009)。因此,超特大城市目前的资源与环境问题,是经济发展的代价。

(三)政府政策导向是城市问题产生的动因

除市场因素外,城市的规划与发展离不开政策的激励和引导,它既是市场失灵时的控制手段,更是调节城市规模的工具。在市场经济体制下,规模经济与集聚不是城市规模增长绝对有力的诱因,行政干预、制度的缺陷都会引发城市规模过快扩张、资源短缺等问题(Ades and Glaeser,1995;Au and Henderson,2006)。在大力发展生产力的中央政府战略指导下,地方政府均以追求经济效益为主要政策导向,将精力和政策导向的重心聚焦于经济建设和政绩上,而牺牲了对公共设施建设、生态效益和社会效益等维度的维系。地方政府为追求在职期间的政绩,通过卖地建楼,推进制造、工业等产业园建立,实现对城市整体经济和财政收入的快速有效提高(曾广宇、王胜泉,2005);而公众则希望获得就业机会和舒适的生活环境,享受城市优厚的公共设施。这种政府与公众目标的偏差,使得政府在城市人口规模增长与结构失衡时未进行及时、有效疏解,导致房价激增;为追求经济增长而忽略公共设施及城市环境等方面的财政投入,对贫富差距、失业等问题关注不足,以致侧面助长了非正规社区、犯罪等社会问题。

(四)政府治理失灵与低效是城市问题恶化的内因

Henderson(2009)曾指出中国大城市的人口集聚主要在于政策原因。在中国的政治体制下,中央和地方政府行为对城市的影响极为深远,因而中国超特大城市问题的恶化与政府决策失灵、行为低效息息相关。在城市问题发生并被甄别的条件下,政府由于内部存在统筹协调不够、职责不清、督促检查不力和措施不落实等问题,使得制定的相关政策并未达到预想的治理结果:有的在实践中由于上传下达存在滞后性;有的过于强制,管理观念不够人性化、手段相落后低效，如北京市为缓解城市人口压力、减少突发事故发生概率，开展安全隐患大排查大清理大整治专项行动，对居住在有安全隐患地区的人口进行强制性清理，虽然短期内可以减少"城中村"、乱搭乱建等现象，但从长期看却无法限制这些人口的回流和空间转移，更减少了城市建设、服务等基础行业的主要劳动力，制约了城市经济的增长；有的由于部门之间职能或权责的重叠而导致治理低效或发生"寻租"现象，如房地产市场由于政府政绩观与房地产商的利益观存在相互满足的合作解，因而产生"政企关系"诱发"寻租"行为，侧面助长了城市房价的恶性增长，社会总福利水平下降。

三、超特大城市治理对策展望

（一）加强人口管控与疏解，改善人口结构

适时调节城市人口规模、密度与结构，协调人口增长与城市公共设施、生态资源间关系。在进行人口规模管理过程中，顺应市场需求，通过改善产业结构推动城市人口结构转变；在人口密度过载时，联合周边中小城市采取人口疏解，以缓解超特大城市资源与管理负担。用引导性政策推动人口结构转换，避免特定人群过度集聚而导致城市治安和贫困问题，积极促进创新技术人才流入，以实现产业可持续发展，提高城市国际竞争力。

> **案例1　美国与新加坡的城市人口结构调整政策**
>
> 美国没有"户口"这一概念，而是通过社会保障号及其关联功能（如工资、信用）来对人口移动进行自然管束；公民享有自由迁移和移居的权力，但其生活状态（如住房面积、收入水平等）必须满足该城市卫生及相关法律规定。新加坡为吸引高端人才，专门设置"准证制度"，获批后可随时赴新加坡工作及参与培训进修等，并可享受市民待遇，可申办永久居留权（汪怿，2012）。

（二）注重资源利用效率，实现生态与经济协同发展

超特大城市可持续发展的实现，离不开对稀缺资源的保护和对市场稳定的维系。通过专门的政策引导，提高城市土地、水资源利用效率，提高城市资源续航和可持续供给能力，以应对城市经济增长所引致的人口规模激增问题。2000年由美国规划协会提出的"精明增长"城市发展模式，为协调人口增长与城市扩张的关系，促进经济和环境"双赢"发展提供了新的思路。通过建筑设计和技术创新用足城市存量空间，促进垃圾的及时回收降解以减少堆积掩埋等土地占

用;在城市不同区域配置适宜的土地利用结构,重新开发废弃、污染工业用地等,形成人与自然和谐相处的城市发展格局。

> **案例2** 美国"玫瑰之城"波特兰
>
> 波特兰是美国著名的港口城市,该市通过制订土地利用规划、集约开发交通沿线和推行绿色交通三步走的举措,将城市现有用地需求集中在现有中心和交通线路周边,增加现有中心的居住密度,减少每户住宅的占地面积;同时加强公共交通建设,增加并改善环保出行工具,重点发展轨道交通(轻轨)。10年间,该市人口增长了一半,但土地面积仅增长约2%;在城市西部建立的开发区聚集了约1200个高科技企业,成为美国的运动用品制造中心(黄小青,2013)。

(三)推动社会参与决策,健全公共服务与治安管理体系

明确服务型政府定位,积极推动居民及私人部门参与城市建设,健全公共服务与治安管理体系。发挥政府在公共设施和生态发展方面的调节和服务职能,提高居民公共服务决策参与度,通过"小政府,大社会"的管理模式,促进城市公共物品社会多元化需求,提高服务供给质量与效率(许前飞,2006)。如积极推动公私合作,实现社会资本参与城市基础设施建设,对政府而言有助于缓解地方政府财政压力,提高社会公众关注度和参与度,有助于提升公共服务质量,增加社会整体经济效益;对参与投资的企业和机构而言,在分散投资风险的同时,通过参与城市建设,实现将经营的外部成本内部化。

(四)优化部门合作分工,提高城市治理效率

城市的稳定与可持续发展离不开政府的有效引导与治理。因此,在城市问题的治理过程中,应在区分症源的基础上,秉承"以人为本"的治理理念,有针对性地实施监督管理手段,通过城市合理布局、城市棕地再造、交通引导等一系列措施,实现对有限土地空间的挖掘和高效利用,促进城市经济与环境的协调和可持续发展。通过加强监管、明确权责所属以杜绝政府治理低效行为,通过流程简化和信息化网络实现政策下达的有效性和及时性,通过细化部门职能进行分权,实施层级管理提高政策制定和实施效率。用引导性政策替代强制性法规,健全公共服务与治安管理体系,为居民营造安全舒适的城市生活环境。

> **案例3** 发达国家精细化管理思路
>
> 美国纽约采用的反涂鸦治理方法,在专门立法的基础上,利用现代化网络

系统和实施实时监控，构建公民参与与社区辅助相结合的治理体系，形成分工专业化、立法明细化的管理模式，治理行动取得显著性效果。日本首府东京所实施的社区组织管理模式注重以社区为依托的城市微观管理，通过"自治会"根据每个社区的特点实施有针对性的管理，提高了公共服务的质量与效率（叶南客、李芸，2000）。

参考文献

戴轩.北京市安委会："驱赶低端人口"一说毫无根据[EB/OL].（2017-11-26）[2018-10-22].http://news.ifeng.com/a/20171126/53588127_0.shtml

邓蜀生.美国黑人的历史地位和现状[J].史学集刊,1990(04)：48-56+62.

丁成日.世界巨（特）大城市发展——规律、挑战、增长控制及其评价[M].北京：中国建筑工业出版社,2015.

段霞.全球化进程中的大都市治理[M].北京：中国经济出版社,2012.

付丽丽.我国17个城市面临严重水污染[EB/OL].（2014-11-19）[2018-08-23].http://scitech.people.com.cn/n/2014/1120/c1057-26057150.html

高亢.三机构联合报告：2017年我国城市拥堵趋势有所下降[EB/OL].（2018-01-18）[2018-08-23].http://www.xinhuanet.com/2018/01/18/c_1122280784.htm

郭剑平,施国庆.环境难民还是环境移民——国内外环境移民称谓和定义研究综述[J].南京社会科学,2010(11)：93-98.

黄小青.城市规模预测方法与应用——以广西北部湾经济区城市群为例[M].北京：社会科学文献出版社,2013.

焦晓云.城镇化进程中"城市病"问题研究：涵义、类型及治理机制[J].经济问题,2015(07)：7-12.

刘翰波.美国底特律破产事件的回顾和启示[J].地方财政研究,2015(09)：91-96.

陆小成."城市病"治理的国际比较研究——基于京津冀低碳发展的思考[M].北京：中国社会科学出版社,2016.

倪鹏飞.中国城市竞争力报告[M].北京：社会科学文献出版社,2011.

牛俊伟.城市中的问题与问题中的城市[D].南京：南京大学,2013.

艾亚尔.港媒：印度记者比较北京和德里的空气污染[EB/OL].（2016-12-12）[2018-08-27].http://world.chinadaily.com.cn/2016-12/12/content_27642137.htm

任成好.中国城市化进程中的城市病研究[D].沈阳：辽宁大学,2016.

石中玉.纽约极端贫富差距,贫穷社区高失业高犯罪率[EB/OL].（2015-11-03）[2018-10-22].http://world.people.com.cn/n/2015/1123/c157278-27842985.html

孙久文,李姗姗,张和侦."城市病"对城市经济效率损失的影响——基于中国285个地级市的研究[J].经济与管理研究,2015,36(03):54-62.

汪怿.技术移民政策比较:以新加坡、香港、台湾、上海等地为例[C]//北京理工大学法学院,北京国际法学会,中国与全球化研究中心.第四届移民法论坛:出境入境管理法、中国和世界论文集,2012.

王俊,李佐军.拥挤效应、经济增长与最优城市规模[J].中国人口·资源与环境,2014,24(07):45-51.

王伟杰.文化产业开发过程中的文化价值冲突与选择问题研究[D].武汉:华中师范大学,2014.

王小鲁,夏小林.优化城市规模推动经济增长[J].经济研究,1999(09):22-29.

温婷,蔡建明,杨振山,等.国外城市舒适性研究综述与启示[J].地理科学进展,2014,33(02):249-258.

吴唯佳.中国特大城市地区发展现状、问题与展望[J].城市与区域规划研究,2009,2(03):84-103.

肖文,王平.外部规模经济、拥挤效应与城市发展:一个新经济地理学城市模型[J].浙江大学学报(人文社会科学版),2011,41(02):94-105.

许前飞.论中国社会转型时期的政府职能转变——海南省"小政府,大社会"行政管理模式评析[J].中共中央党校学报,2006(05):42-49.

杨青山.美国城市公共交通概况[J].城市公用事业,1995(02):5-6.

叶南客,李芸.当代城市发展战略的转型——中国都市社区更新与可持续发展方案[J].江海学刊,2000(03):61-64.

曾广宇,王胜泉.论中国的城市化与城市病[J].经济界,2005(01):54-57.

张聚国.种族问题,美国社会难以治愈的"癌症"[EB/OL].(2014-12-12)[2018-10-22].http://book.ifeng.com/shuping/detail_2014_12/12/1038479_0.shtml

张淼.世卫新数据:全球80%以上城市空气污染超标[EB/OL].(2016-05-13)[2018-08-23].http://www.xinhuanet.com/world/2016-05/13/c_128979460.htm

周海春,许江萍.城市适度人口规模研究[J].数量经济技术经济研究,2001(11):9-12.

ADES A F,GLAESER E L. Trade and circuses: explaining urban giants[J]. The Quarterly Journal of Economics,1995,110(01):195-227.

AU C C,HENDERSON J V. Are Chinese cities too small? [J]. The Review of Economic Studies,2006,73(03):549-576.

CHADWICK E. Report on the Sanitary Conditions of the Laboring Population and on the Means of its Improvement[M]. Edinburgh: Edinburgh University Press,1984.

HENDERSON J V,WANG H G. Urbanization and city growth 1[J]. Regional Science & Urban Economics,2004,37(03):283-313.

HENDERSON J V. Urbanization in China: policy issues and options[R]. Brown University and NBER,2009.

HOLLAND J. "Tale of Two Cities": New York Has Become the Capital of Inequality

[EB/OL]. (2014-09-20)[2018-10-24]. http://billmoyers.com/2014/09/18/tale-of-two-cities-new-york-has-become-the-capitol-of-inequality

United Nations Human Settlements Programme (UN-Habitat). World Cities Report 2016: Urbanization and Development: Emerging Futures[EB/OL]. (2016-05-18)[2018-10-22]. http://www.indiaenvironmentportal.org.in/content/429244/world-cities-report-2016-urbanization-and-development-emerging-futures/

VARIS O. Megacities, development and water[J]. International Journal of Water Resources Development, 2006(22): 199-225.

第二章　社会福利视角下的最优城市规模*

中国正处于快速城镇化的过程中。据十九大报告显示,2012—2017年中国城镇化率以年均1.2个百分点的速度不断增长。2016年,中国常住人口突破100万人的大型城市达71座,是1996年数量的2.09倍;城镇常住人口比重达57.35%,较1996年增加26.78个百分点(陈炜伟,2017)。城市人口的不断增长和城市规模的持续扩张既为城市经济发展带来源源不断的动力,又通过这种空间集聚实现了社会规模收益的增加。然而,人口过度膨胀所导致的负面效应也随之而来,交通拥堵、环境污染、资源短缺和公共设施供给不足等问题的接连暴露,使中国城市发展开始面临世界国际化大都市的"通病"(焦晓云,2015)。为了解决城市发展过程中效益与成本相协调的问题,基于城市规模的研究开始兴起并逐步发展起来。在这一背景下,学界开始关注是否存在最优城市规模,以及如何能够实现城市经济增长与社会、文化、生态领域均衡发展等问题。基于前人的研究成果,以提高城市社会福利水平为根本出发点,试图探究能够实现效益与成本协调的城市规模,以期为相关领域研究提供新的视角,也为城市管理者更好地进行城市治理提出建议。

---

* 原文刊发于《北京社会科学》2019年07期,后经作者修改、整理。

一、文献回顾

（一）城市规模及最优选择

广义上的城市规模，是指在城市地域空间内聚集的物质与经济要素在数量上的差异及层次性，主要包括人口规模、用地规模和经济规模等（Henderson，1974）。由于城市是人口集聚的结果，因此在实证研究中，学者们往往将城市用地规模和经济规模转换为人口规模进行讨论。城市规模概念不等同于城市大小，它是包含城市经济、土地和人口等多因素在内的综合指标，强调等级的概念和垂直的差异性（Way，2016）。这一概念的提出，为理解城市扩张机制，以及技术、劳动力、成本、知识和环境等因素对城市扩张的影响提供了逻辑基点（Duranton and Puga，2003）。

对最优规模的界定，最早可追溯到19世纪中期。经济学家夏尔·傅立叶就工业革命所导致的拥挤和污染问题，第一次提出以每个公社1500～2000人组成的理想社会。Arturo Soria Y Mata则提出了对城市规模的另一种构想，他提出的"马塔线性城市"主张以交通主干道为核心向外延展，通过构建射线型城市模式，便于人口流入促进产业发展（刘承良 等，2011）。而Howard（1902）针对城市无计划发展带来的拥挤、低效和高费用等弊端，则主张重塑一种具有空间层级的"田园城市"，认为人口规模在32 000人的区域可实现兼有"城市活动、机遇和乡间"的合理布局。随着城市规模研究的不断深入，为了量化最优规模，经济学家逐步尝试通过结合经济学理论进行量化运算，形成多种城市最优规模的计算方法。根据所采用经济学原理的差异，可大致分为：成本收益分析、社会成本分析、社会福利分析、集聚与拥挤效应分析和公共产品供给等5类，分别采用城市成本效益均衡、成本最小化、社会福利最大化、经济地理动态均衡和地租与公共产品福利关系等经济学机理，通过建立模型估计出在这些条件约束下的最优城市规模（Harvey，1981；王小鲁、夏小林，1999；Capello and Camagni，2000；傅红春 等，2016）。

由于所依据的经济学理论假设不同，上述方法得到的最优城市规模测算结果也存在较大差异。然而就城市发展是实现人的全面发展和国民生活质量改善的这一最终目的而言，从社会福利最大化角度确定城市规模的均衡水平，与城市管理者的目标显得更为贴近（万庆、吴传清，2017）。基于福利视角，可将环境污染、资源耗减等成本实现内部化，突破经济学的成本效益研究维度，将整个城市居民净效用最大化作为考量城市规模的标准，得到的预测结果更接近现代城市管理目标和可持续发展的要求。

（二）城市规模与社会福利的关系

福利是人类幸福与快乐的总和，社会福利则兼具经济福利和友谊、正义、自由、愉快等非经济福祉的双重意义（Davey，2002；Bentham，2009）。福利经济学认为，一个国家或地区的最优规模，是能够实现城市福利（幸福感、生活满意度）最大化的人口数量（Pigou，1920）。与古典经济学所强调的帕累托最优状态不同，福利经济学的规模最优不仅强调经济效率的保证，更要兼顾社会公平的实现。因此，如何通过协调人口规模，实现城市社会效益与成本的稳态均衡，实现社会效率与公平的兼顾和居民福利的提升，是社会福利视角下研究城市规模问题的目的。

在社会福利视角下对最优城市规模的测算，首先要对福利这一概念进行量化。为了方便运算，目前这一领域的研究成果中主要采用幸福感来替代福利，通过对居民主观幸福感及其影响因素的分析，来构建城市规模与福利的关系。然而，由于选取的样本不同，得到的结论也大相径庭。有学者通过实证分析，得出规模越大的城市居民幸福感越低（Gerdtham and Johannesson，1997；John et al.，2009）；而另有学者认为，居民幸福感与城市规模无直接因果关系（Berry and Okulicz-Kozaryn，2009）。在对最优规模的估算方法上，傅红春等（2016）运用调研数据得到的居民主观幸福感程度做因变量，用人均收入、财政支出、教育机会和交通状况等作为中间变量来解释城市规模与幸福感之间的倒 U 形关系，并得出最优城市规模在 500 万~780 万人之间。虽然方法缺乏经济学原理的支撑，但量化福利相对直观，是目前城市规模领域福利研究使用的最普遍方法（袁正 等，2012；蔡景辉 等，2016）；Shi 等（2010）用个体消费函数加总的形式来表示社会福利，通过对经济、社会、资源、基础设施和环境五大子系统最大化效用的计算，得出其中的最小值即为居民幸福感最大化水平下的最优规模。然而目前这类运用福利函数分析城市规模最优问题的研究仍较少，一方面由于社会福利函数的具体形式本身存在争议，另一方面是影响福利的因素复杂且难以量化。

为了更为有效地探究最优城市规模，结合前人研究成果，以社会福利最大化为前提，通过对社会效益与社会成本函数的估计，以弥补先前研究对社会福利视角研究的不足，试图通过对社会效益和社会成本影响因素的分析，从实现社会整体福利最大化的角度，评估最优城市规模。

二、社会福利视角下最优城市规模研究

（一）社会福利的理论模型

社会福利函数形式的设定，是构建社会福利视角下最优城市规模研究框架

的基础。最早对于社会福利的理解,认为社会福利基于个人福利而又有别于个体效用,其最大化的实现并不一定是帕累托最优状态,而是一种兼顾公平与效率的均衡(Bergson,1938)。Samulson(1947)将这一概念进一步理论化,得到早期社会福利函数(social welfare function,简称 SWF)形式:

$$W(x)=W(u_1(x),u_2(x),\cdots,u_H(x))$$

其中 u 表示个人效用,由生产要素、利率水平、国际政策与天气变化等因素共同决定。

此后,随着福利经济学研究的深入,社会福利函数逐渐演化为多种表达形式,如功利(边沁)社会福利函数 $\left(W(x)=\sum_{i=1}^{H}u_i(x)\right)$、纳什社会福利函数 $\left(W(x)=\prod_{i=1}^{H}u_i\right)$、罗尔斯社会福利函数($W(x)=\min(u_i)$)和精英(尼采)社会福利函数($W(x)=\max(u_i)$)等。这些函数虽然表达形式不同,但均以个人效用为基点来反映社会整体福利,而经济学中的效用往往体现于消费能力上,不能完全反映社会福利兼顾效率与公平的初衷(汪毅霖,2013)。现代福利经济学从社会整体效用角度出发对社会福利函数进行了改进,认为社会福利是衡量居民生活幸福感的指标,更多与消费而非与生产有关(Nordhaus and Tobin,1971;Blundell and Presto,1998)。Sen 在合理假设条件下提出社会福利函数形式:

$$W=y(1-g)$$

其中 y 是人均收入,g 是基尼系数。通过基尼系数的引入将公平问题纳入福利函数中,使函数在一定程度上能够反映区域效用水平与公平程度:当社会平均收入越高,则社会福利越大;基尼系数越大,则社会福利越小(Sen,1976;Camagni et al.,2013)。这也是在社会福利视角下探究最优城市规模问题的基础。

(二)社会福利影响因素的确定

除收入与公平外,影响社会福利水平的因素还包括人文、生态、社会和健康等多个方面,仅用上述理论函数形式来表达现实中的社会福利问题存在明显不足。因此,为实现对社会福利更为全面的表达,从而更准确地估计出其最大化条件下的最优城市规模,结合成本效益理论,将社会福利问题转化为对考虑公平因素的社会净效益研究,通过分别对社会效益与社会成本函数变量和形式的确定,测度在受到城市规模变化影响时,社会净效益的变化水平。

1. 人均收入及基尼系数

目前对社会福利的考量维度,以经济福利因素和外部性因素为主。经济福利因素主要借鉴 Sen(1976)的社会福利函数表达形式,使用人均收入和基尼系数来反映个体效用水平。与传统最优规模研究领域的成本效益分析不同,对于效益指标的考量,一方面用居民效用角度来替代生产力角度,弥补传统成本-效益分析中对个体效用估计的不足,以期从城市居民满意度角度来反映城市规模变化与社会福利的关系。另一方面,基于福利经济学的研究成果,从社会整体角度来兼顾公平与效率,通过加入基尼系数来平衡城市内部存在的贫富差距问题,以反映考虑公平后的社会效益水平。

2. 地租与公共财政支出

地租是传统成本-效益函数中对城市规模研究中的重要考量变量,也是经济地理学中认为的对城市人口规模起到决定性影响的因素,国外学者常用地租来作为城市社会成本构成因素之一,作为模型中的主要变量参与结果讨论(Camagni et al.,2013)。但就中国而言,由于土地公有制形式区别于其他私有制国家,且中国的土地开发价格和房地产销售价格存在一定泡沫,与供给环节脱节(邵新建、巫和懋,2012),无法反映城市土地供给的真实情况。为不失文章模型的一般性,借助亨利·乔治(2011)对地租与公共物品供给间关系的研究结论,通过用公共物品支出情况来反映社会成本,不仅在一定程度上可以反映真实地租对城市规模的影响,还涵盖了包括环境、科学、教育、国防等其他公共设施领域的所有社会成本支出。

3. 人口福利指标

为了对社会福利进行更为全面、细致的量化,在社会效益的表达形式上除引入考虑公平后的人均收入外,还引入了人类发展指数(human development index,简称 HDI)中除人均收入外的另外两个测定维度——预期寿命、教育,以及社会保障水平来评价城市给居民带来的舒适感和发展水平。这一指标的引入,为社会福利层面的最优规模研究提供了多维思路,使城市规模研究不局限于传统理论体系中的经济收益与经济成本,而且拓展到对人口幸福感、社会福利层面的考量。除使用 HDI 的测定维度外,文中还引入社会保障水平的概念,以社保的投保率高低来测度城市社会福利中医疗保健、社会保险维度上的服务水平,以期更为全面、多角度地描述城市社会福利水平(郑功成,2000)。

4. 社会治安与环境污染

环境成本和社会冲突与城市人口规模高度相关(Ridker and Henning,1967;Wilkinson,1973)。社会稳定是引起人口规模增加的重要因素,相反动荡和不稳定会限制人口规模;而环境污染与人口的关系在新经济地理学的模型中已被证明,其作为一种抑制集聚的分散力,会限制城市规模的增加。与公共财政支出强调城市经济成本不同,这两个维度反映了城市的外部成本,强调了城市外部性对社会福利的影响。对于社会治安的量化过程,Capello 和 Camagni

(2000)运用各市犯罪率数据来反映社会不安程度,然而中国各省市目前尚没有各类案件犯罪情况的统计口径。实证研究结果揭示,城市失业率的增加是引起城市犯罪率增长的重要原因(Altindag,2012;Blomquist and Westerlund,2014)。基于这一结论,运用城市失业率替代犯罪率,来反映城市的治安水平。城市环境污染程度用排污量表示,由于废水和废气是城市环境污染的主要来源,因此主要采用对废水和二氧化硫的排放量来反映城市的污染排放水平。

(三)社会福利视角下成本-效益函数的设定

基于上述对理论和影响要素的确立,在借鉴 Camagni 和 Shi 等人文章思路的基础上,通过构建社会效益与社会成本函数,来考量城市规模对社会福利的影响,并根据均衡理论得出最优城市规模(Shi et al.,2010;Camagni et al.,2013)。基于成本-效益模型分析框架,从社会福利角度进行变量选取与模型构建,分别设定效益与成本函数形式,认为社会福利水平的提升表现为社会效益与社会成本差值的增加。从消费者效用角度出发,将考虑公平因素的人均收入($income(1-G)$)、HDI 和社会保障水平等测定维度($education,live,social$)纳入社会效益函数,以补充社会收益的影响因素,并考虑收入不平等、教育水平等问题;运用公共财政支出($public$)、环境污染($pollution$)与失业率($malaise$)来量度社会成本。在动态均衡条件下,最优城市规模在边际社会效益与边际社会成本相等处,即社会总效益与社会总成本曲线切线斜率相等时取到(见图2-1)。

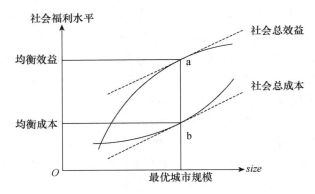

图 2-1 社会效益与社会成本曲线与最优规模水平

参考文献:Harver,1981.

在函数形式的选取中,对社会效益和社会成本均采用 C-D 函数表达形式,不仅便于对数据的处理,同时避免了变量弹性不合理的假设(Uzawa,1962)。由此得出如下函数形式:

社会效益函数

$$B = f(size, income, education, live, social) = size^{\kappa} income^{\zeta} education^{\theta} live^{\chi} social^{\mu}$$

社会成本函数

$$C = f(size, public, malaise, pollution) = size^{\alpha} public^{\beta} malaise^{\delta} pollution^{\gamma}$$

为提高模型可控性，在不失通用性的情况下，假设每个参数在区间(0,1)上有界。唯一意外的是社会成本函数中的人口规模要素，假定其系数大于1，以反映人口拥挤对社会成本函数的影响。为得到最优规模，需保证社会效益与社会成本函数满足成本效益理论中对函数凹凸性的假设：

$$\begin{cases} \dfrac{\partial C}{\partial size} = \alpha size^{\alpha-1} public^{\beta} malaise^{\delta} pollution^{\gamma} > 0 \\ \dfrac{\partial^2 C}{\partial size^2} = \alpha(\alpha-1) size^{\alpha-2} public^{\beta} malaise^{\delta} pollution^{\gamma} > 0 \end{cases}$$

$$\begin{cases} \dfrac{\partial B}{\partial size} = \kappa size^{\kappa-1} income^{\zeta} education^{\theta} live^{\chi} social^{\mu} > 0 \\ \dfrac{\partial^2 B}{\partial size^2} = \kappa(\kappa-1) size^{\kappa-2} income^{\zeta} education^{\theta} live^{\chi} social^{\mu} > 0 \end{cases}$$

同时，依据均衡理论对函数求偏导以得到最优规模，需保证除人口规模外，其他变量均与人口规模大小无关。根据社会净效益最大化求解原理，最优规模在边际成本与边际效益相等处取到，即社会效益与社会成本函数分别对城市规模（$size$）求一阶偏导，得到的模型结果即为最优城市规模：

$$\frac{\partial B}{\partial size} = \frac{\partial C}{\partial size} \tag{2-1}$$

$$\kappa size^{\kappa-1} income^{\zeta} education^{\theta} live^{\chi} social^{\mu} = \alpha size^{\alpha-1} public^{\beta} malaise^{\delta} pollution^{\gamma} \tag{2-2}$$

$$\frac{size^{\alpha-1}}{size^{\kappa-1}} = \frac{\kappa}{\alpha} \frac{income^{\zeta} education^{\theta} live^{\chi} social^{\mu}}{public^{\beta} malaise^{\delta} pollution^{\gamma}} \tag{2-3}$$

$$size^{\alpha-\kappa} = \frac{\kappa}{\alpha} \frac{income^{\zeta} education^{\theta} live^{\chi} social^{\mu}}{public^{\beta} malaise^{\delta} pollution^{\gamma}} \tag{2-4}$$

通过均衡理论对社会成本与社会效益函数分别求偏导的好处在于，可以在无法估算社会成本和社会效益总量的情况下，根据理论模型的转换得出各福利因素对城市规模的影响权重，并在此基础上得出最优城市规模的估计值。

为方便进行实证运算，对公式(2-4)进行对数线性化转换，从而得到一个可估计函数：

$$(\alpha-\kappa)\ln(size) = \ln\frac{\kappa}{\alpha} + \zeta\ln(income) + \theta\ln(education) + \chi\ln(live) + \mu\ln(social) - \beta\ln(public) - \delta\ln(malaise) - \gamma\ln(pollution) \tag{2-5}$$

整理得到最终待估函数形式

$$\ln(size) = \frac{\ln\left(\frac{\kappa}{\alpha}\right)}{(\alpha-\kappa)} + \frac{\zeta}{(\alpha-\kappa)}\ln(income) + \frac{\theta}{(\alpha-\kappa)}\ln(education) +$$

$$\frac{\chi}{(\alpha-\kappa)}\ln(live) + \frac{\mu}{(\alpha-\kappa)}\ln(social) - \frac{\beta}{(\alpha-\kappa)}\ln(public) -$$

$$\frac{\delta}{(\alpha-\kappa)}\ln(malaise) - \frac{\gamma}{(\alpha-\kappa)}\ln(pollution) \tag{2-6}$$

三、数据来源及变量选取

(一) 数据来源

为验证函数的可行性和实证研究性,并估计社会福利视角下中国最优城市规模水平,使用 2012—2015 年《中国城市统计年鉴》和各省地级市层面的统计数据,对社会福利视角下的最优城市规模测定进行实证检验。在样本选取上,为获得每个城市的最优规模估计结果,并结合实际人口规模的差异进行分类分析,采用随机抽样方式,从中国 290 个地级市中按 2014 年下发的最新城市规模划定标准——《关于调整城市规模划分标准的通知》(以下简称《标准》)对城市进行抽样,分别抽取小、中、大及超特大城市共计 60 个进行模型估计(见表 2-1)。

表 2-1 城市选取抽样分布情况

划分标准/万人	城市规模	抽样个数	抽样样本城市名称(按城市规模升序排序)
500 以上	超特大城市	10	佛山、南京、成都、杭州、武汉、深圳、广州、天津、北京、上海
100 以上 500 以下	大城市	17	德州、秦皇岛、湖州、呼和浩特、日照、台州、吉林、惠州、芜湖、福州、南通、扬州、合肥、南昌、淄博、唐山、长春
50 以上 100 以下	中等城市	16	衡水、汕尾、张家界、白山、南平、鹤壁、荆门、德阳、梧州、曲靖、郴州、廊坊、辽阳、萍乡、咸阳、锦州
50 以下	小城市	17	黑河、普洱、吕梁、河池、云浮、黄冈、百色、怀化、丽水、酒泉、许昌、铁岭、通化、黄山、石嘴山、宁德、娄底
合 计		60	

数据来源:根据国务院 2014 年 10 月 29 日颁布的《关于调整城市规模划分标准的通知》和 2012—2015 年《中国城市统计年鉴》自行整理。

注:城市规模以城区常住人口为统计口径划分,城区是指在市辖区和不设区的市、区、市政府驻地的实际建设连接到的居民委员会所辖区域和其他区域。常住人口包括:居住在本乡镇街道,且户口在本乡镇街道或户口待定的人;居住在本乡镇街道,且离开户口登记地所在的乡镇街道半年以上的人;户口在本乡镇街道,且外出不满半年或在境外工作学习的人。划分标准以上包括本数,以下不包括本数。

（二）变量选取

由于城市人口规模是一种动态流动过程，人口往往在接收到相关信息，或连续接收相关信息后产生空间行为决策。因此，在对人口规模进行估算时，考虑成本效益因素对人口流动行为存在的滞后影响，作为因变量的城市人口规模取 2013—2015 年的数据，而作为自变量指标则取其前置年份（2012—2014 年）数据的平均值。这一取值方式也在一定程度上实现了平滑异常值、避免可能存在的多重共线和异方差等问题的目的。

在对影响因素进行量化时，参考相关领域研究的基础上进行优化改进，充分考虑数据可得性和模型可估性，用人均收入与对应年限的基尼系数计算得到福利水平下的人均收入、社会保障水平、人均预期寿命和教育水平表示社会效益指标，用人均公共财政支出、环境污染和失业率表示社会成本（见表 2-2）。

表 2-2 模型变量及数据说明

变量		变量名称	定义	预期参数符号
因变量	$size$	城市规模	2013—2015 年市辖区人口数量平均值①	
自变量	$income$	人均收入	基尼系数调整后的人均收入②	＋
	$live$	人均预期寿命	2010 年各城市人均预期寿命③	＋
	$social$	社会保障水平	2012—2014 年社会保险参保率平均值	＋
	$education$	教育水平	2012—2014 年城市大专类以上高校数量	＋
	$public$	人均公共财政支出	2012—2014 年政府人均财政一般支出平均值	－
	$pollution$	环境污染	2012—2014 年人均污染物排放量平均值	－
	$malaise$	失业率	2012—2014 年失业率平均值	－
工具变量	$book$	藏书量	2012—2014 年各城市图书馆每百人藏书量平均值	＋

数据来源：变量数据根据 2013—2016 年《中国城市统计年鉴》和《中国统计年鉴》相关数据整理，其中常住人口数据和个别城市的缺省数据来源于对应省市当年的统计年鉴。

注：① 为与目前中国城市人口规模划定标准相统一，选取常住人口作为城市人口规模的数据维度，没有常住人口统计口径的城市，则选择市辖区人口数据进行替代。

② 修正后的人均收入是指考虑公平因素后的城市居民人均收入水平，计算公式即数据来源为：2012—2014 年平均人均收入×（1－基尼系数）。

③ 预期寿命是全国人口普查的统计口径，因此采用 2010 年的普查数据，对部分没有该统计指标的城市，采用所在省的人均预期寿命替代。

四、模型实证检验与分析

（一）模型修正与估计

在进行模型估计前，首先对变量间可能存在的反向因果和多重共线关系进行排除和修正，避免干扰模型估计结果，保证估计的准确性。通过两步骤进行这一调整：一方面，在数据选择过程中对自变量进行滞后处理，即因变量取2013—2015年间的平均值，而自变量取2012—2014年间的平均值或2010年的人均值；另一方面，采用工具变量对可能存在的内生性变量进行替代和修正。由于高水平学校会倾向于在大规模城市形成聚落现象，因此城市规模扩大可能是导致高校数量增加的原因（Porter，1998；阎光才，2003；曾鹏 等，2015）。为避免这种反向因果产生的内生性问题，采用通过相关性检验的工具变量"平均每百人藏书量"这一与城市教育水平有关，而与其他变量和随机误差项无直接关联的变量来修正原有变量 $education$ 并进行 2SLS 回归，通过一步回归得到的 OLS 估计值用变量 $book$ 表示，再通过二步回归得到剔除内生性问题后的模型结果。

在进行工具变量替代的基础上，为避免变量之间可能存在的多重共线问题，在模型运行过程中采用逐步回归法，将所选自变量分别与因变量进行 OLS 回归并进行因果关系检验，得到 7 组 R^2 值，根据 R^2 由大到小的顺序依次将变量代入模型中（见表 2-3 中第（1）—（7）列），观测模型参数估计值变动情况。在逐一代入过程中，参数符号未发生变化且 R^2 波动幅度较小，因此认为模型不存在明显的多重共线。

（二）模型结果分析

从表 2-3 中第（7）列的估计结果来看，变量参数均符合前期公式预期要求且都通过了 1% 的显著性检验，模型在一定程度上可以解释社会福利维度下的最优城市规模。得到工具变量的 Anderson L R 检验结果为 8.45 且拒绝原假设，认为加入工具变量与其他变量间不存在相关性，在一定程度上减少了模型的内生性问题。模型结果显示，考虑公平的人均收入、人均预期寿命、社会保障水平和教育水平的系数估计值符号为正，是促进城市规模扩大的集聚因素；而公共财政支出、环境污染和失业率的系数估计值符号为负，是抑制城市规模扩大的分散因素，其系数估计值分别揭示了对城市规模的影响权重。常数项符号为负且在 0.1% 的置信区间内显著，表明现实中可能存在其他对社会福利产生影响的因素没有被纳入模型分析中，这些要素总体呈现对人口规模的分散效应。

表 2-3 模型分析结果

变量	(1)	(2)	(3)	(4)	(5)	(6)	(7)
cons	−22.669 88*** (2.07)	−15.037 91*** (2.49)	−7.517 745*** (2.51)	−8.203 813*** (3.20)	−12.864 690*** (3.47)	−12.676 210*** (3.44)	−11.582 010*** (3.22)
income	2.607 403*** (0.20)	1.688 743*** (0.27)	1.428 968*** (0.23)	1.414 978*** (0.28)	1.490 619*** (0.26)	1.459 899*** (0.26)	1.464 415*** (0.24)
book		0.477 362 0*** (0.11)	0.382 659 9*** (0.10)	0.437 006 9*** (0.11)	0.384 000 6*** (0.10)	0.347 454 1*** (0.10)	0.328 206 9*** (0.10)
pollution			−0.352 094 5*** (0.08)	−0.291 489 6*** (0.09)	−0.236 358 1*** (0.09)	−0.235 900 9*** (0.09)	−0.249 590 5*** (0.08)
live				0.019 605 1* (0.14)	0.026 531 5 (0.13)	0.018 388 4 (0.13)	0.437 040 1** (0.19)
social					0.576 033 9*** (0.21)	0.492 895 5** (0.21)	0.501 890 1** (0.20)
malaise						−0.164 101 4* (0.10)	−0.187 869 5** (0.09)
public							−0.636 853 5*** (0.21)
F	117.18	116.95	96.94	71.39	65.63	53.89	52.81
R^2	0.7566	0.8096	0.8434	0.8435	0.8632	0.8616	0.8830
Adjusted R^2	0.7523	0.8027	0.8347	0.8316	0.8450	0.8501	0.8662
Robust standard errors	Yes	Yes	Yes	Yes	Yes	Yes	Yes

数据来源：作者自行计算整理。

注：因变量为均衡城市规模（2014—2016 年人口规模平均数的对数）；括号中是变量参数估计标准差，*、** 和 *** 分别表示参数估计结果通过 1%、0.5% 和 0.1% 的显著性检验。

将参数估计结果代入模型中,进一步预测样本城市社会效益与社会成本均衡时的最优规模,得到预测的最优城市规模与实际规模的关系分布(见图2-2)。模型得出,所谓的最优城市规模并不是唯一、恒定的,而是由某一时点的城市特性和社会福利状况综合决定,城市间具有异质性并随相关要素的时空演化而产生相应的动态变动。从预测结果来看,样本城市的实际规模较其最优规模预测值的浮动比例在 $-54.33\% \sim 90.52\%$ 之间。在社会福利考量维度下,城市实际人口规模超过其可容纳最优规模的城市有 25 个,占样本总数的 41.67%;仍具有进一步人口容纳能力的城市有 35 个,占样本总数的 58.33%。其中,城市实际规模最接近最优规模,即实现社会净效益最大化的城市是江苏南通市和浙江丽水市,其浮动比例分别为 1.1% 和 -0.44%。广西河池市是实际城市规模超出最优规模最多的城市,其实际人口规模为 31 万人,而由其资源和城市功能供给能力所决定的最优人口规模仅为 16.26 万人。宁夏石嘴山市和安徽黄山市是样本中可通过进一步扩大人口规模、拉动经济增长潜力最大的城市,其实际城市规模尚未达到最优人口规模水平的 50%。

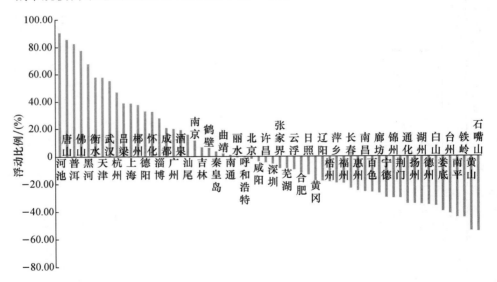

图 2-2 样本城市实际规模较最优规模估计值间的浮动比例

数据来源:根据模型结果计算整理。

按城市规模分类来看,模型样本中人口规模在 50 万人以下的小型城市,最优规模范围为 12.52 万~97.81 万人,部分城市的社会福利水平已满足中型城市的人口承载能力(见表 2-4)。这类城市的平均最优规模 48.45 万人,其中有 64.71% 尚未达到自身社会福利所能满足的人口水平,具有继续集聚扩张的潜力。规模在 50 万~100 万人的中型城市,平均最优规模为 82.13 万人,超过其最优值的城市占 37.5%,其中南平、廊坊、辽阳、萍乡和锦州得到的估算结果均超过《标准》划定的规模上限(100 万人)。在实际规模为 100 万~500 万人间的大城市中,有 29.41%超过城市规模的最优水平,其中实际规模与最优估计值最为接近的是呼和浩特市和秦皇岛市,浮动比例分别为 0.73% 和 3.61%,是目前人口规模实现社会净效益最高的大型城市。而在规模为 500 万人以上的超特大城市中,佛山、上海、武汉、天津、杭州、成都、广州和南京的实际城市规模均超过了其社会福利水平决定的最优人口数量,人口规模的超负荷承载使得城市发展呈现边际效益递减趋势。为实现城市发展的高效性、增加城市发展活力和综合竞争力,需对城市规模进行适当缩减或提高社会福利水平,如增加就业机会、加强环境污染防治、提高教育水平和公共服务能力等。相反,北京和深圳的浮动比例分别为 -1.79% 和 -5.25%,其现有规模较最优值还有一定增长空间,社会综合福利条件仍具备一定人口吸纳能力,可通过人口规模的适度扩张而实现提高经济增长和社会效益提升的目的,但应注重人口结构和空间分布密度的调节,以增加城市可持续发展能力。

表 2-4 基于城市规模划分标准的实际规模与最优规模分布情况

城市划分	实际规模 /万人	最优规模范围 /万人	最优规模平均值 /万人	实际规模超过最优 规模的城市占比/(%)
小型城市	<50	12.52~97.81	48.45	35.29
中型城市	50~100	31.90~137.66	82.13	37.50
大型城市	100~500	102.63~505.33	227.53	29.41
超特大城市	≥500	414.16~2185.10	1024.54	80.00

数据来源:根据模型结果计算并整理。

(三) Zipf 法则检验

为进一步检验模型结果的可靠性,采用城市规模研究领域通用的 Zipf 法则进行检验(Zipf,1949;Camagni et al.,2013)。Zipf 法则是用于验证城市体系规模分布演化的位序-规模定律,Rosen 等人和 Krugman 等学者通过运用不同国家或地区的数据分别验证了这一法则,认为这是城市自然集聚与分散所形成的人口规模分布状态(Rosen and Resnick,1980;Krugman,1996)。该法则的表达式为

$$R_i(size > S_i) = \frac{a}{S_i^{\xi}} \tag{2-7}$$

这一理论模型可引申推导为对数形式

$$\ln R_i = a - \xi \ln S_i \tag{2-8}$$

其中 a 为常数,S 为城市人口规模,幂指数 ξ 为 Zipf 系数,R_i 表示第 i 个城市按

人口规模的位序(Zipf,1949)。通过 OLS 回归,得到 Zipf 系数的估计值为 $\xi=0.7214231$($R^2=0.9120$),接近于1,基本符合 Zipf 法则描述,但小于其所描述的集中状态,城市人口规模相对更趋于均匀分布(见图 2-3)。

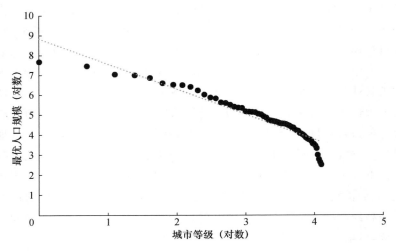

图 2-3　模型估计结果的 Zipf 法则检验

数据来源：根据模型结果计算整理。

估计和检验结果表明,模型在一定程度上可以解释社会福利水平下城市可容纳人口的最优规模。诚然,本模型主要从社会福利角度,基于成本效益分析对最优城市规模进行拟合,涉及的变量也侧重于反映居民效用和幸福感的增减,因而先前一些基于成本效益模型研究中所使用的显著性要素并没有纳入本模型中,如全要素生产率、资本收益率、交通拥堵、城市法律规制和住房成本等,模型最优规模估计值与实际人口规模之间的差异,也可能由这些因素所导致(王小鲁、夏小林,1999;Syverson,2011;邹一南,2017)。如对于实际规模高于最优规模的城市,可能由于具有可持续城市治理规划,或具备良好有效的市场运营能力,使得城市有吸纳大量外来人口的能力(Camagni et al.,2000);相反,对于实际规模低于最优规模的城市,其可能正处于城镇化发展过程中,或具有更为长远的战略规划。

五、结论与政策启示

从社会福利视角出发探究最优城市规模问题,结合福利经济学中对社会福利函数的界定标准,以经过基尼系数调整后的人均收入、HDI 构成指标来衡量社会收益,以政府公共财政支出、环境污染、城市失业率衡量社会成本,构建社会福利视角下的成本效益函数,并根据经济学均衡理论分别对城市规模求偏导,得到社会边际成本与社会边际效益相等点时的最优规模表达式。随后,运用 2012—2015 年间中国地级市的抽样统计数据,通过采用引入工具变量的回归模型进行验证。模型结果表明,所谓"最优"城市规模并非唯一恒定的数值,而是根据不同城市社会福利水平所决定的,禀赋可容纳的、具有差异化的最优人口数量。人均收入和综合福利水平为城市规模的进一步扩张提供了潜力,而外部性成本、环境污染和社会安全等问题则抑制了这种集聚的趋势,这种由社会福利所引发的集聚与分散效应,共同决定了城市的动态最优规模。

从预测结果来看,中国超特大城市目前的规模普遍超过了由其社会福利所决定的最优人口数量。依照边际收益递减原理,城市的社会净效益会随着城市规模的扩张而逐渐下降;相反,大部分规模在 500 万人以下的大城市与中小型城市则仍具有较大的发展潜力,可通过城市化或优惠政策吸引人口流入,加快城市经济发展效率。这一结论的得出,也为中国城市规模布局和空间规划提供了政策性启示。一方面,一些超特大城市现有人口规模已超过社会福利水平,随着城市规模的进一步增加,由人口集聚引发的环境污染、交通拥堵和失业率问题越发严峻,使居民所获得的幸福感增长率边际递减。从城市管理角度,为实现城市的可持续发展和居民生活满意度的稳步增长,这些超特大城市需要采取系列措施,限制人口无序增长的同时,保障生态环境和基础设施建设,提高城市社会福利水平,以满足不断增长的城市人口需求。而对于如北京、深圳两座超特大城市,虽然面临严重的交通拥堵和环境污染问题,但其城市规模还未达到均衡水平,需以效率创新驱动经济转型升级(张自然,2015),优化产业与人口结构,提高社会福利水平。另一方面,具有相对优厚社会福利条件的大城市或中小型城市,可通过积极的人才引进政策和长期稳定的治理规划,吸引人口流入参与到城市经济运行中,实现对超特大城市过剩人口的疏解,缓解城市资源压力,降低社会边际成本,实现帕累托改进。

然而,人口本身具有动态变化性,城市规模是地理区位、历史文化、经济、技术和社会等诸多方面共同作用的结果,一些社会关系和民族文化因素也会影响人口的空间集聚,将这些无形、抽象的因素纳入最优城市规模的社会福利模型中,也是进一步优化的方向。随着技术的增长和城市化进程的加剧,城市边界也会不断向外延展,最优人口规模也会随着城市社会福利条件的改变而产生相应变化。对于城市管理而言,政府的治理行为能够对由经济引起的人口规模变动起到良好的调节作用,因此对最优规模的研究,在一定程度上能够从提高社会福利角度,为地方政府制定城市治理政策提供一些政策性启发。

参考文献

蔡景辉,任斌,黄小宁.城市规模对流动人口幸福感的影响——来自RUMIC(2009)的经验证据[J].贵州财经大学学报,2016(01):89-99.

陈炜伟.十九大报告解读:城镇化率数字折射巨大经济增长潜力[EB/OL].(2017-10-21)[2018-10-21]. http://news.cctv.com/2017/10/21/ARTIcDQBmABS7RIpEY83HVjd171021.shtml

傅红春,金俐,金琳.幸福框架下的最优城市规模[J].城市问题,2016(02):14-24+58.

乔治.进步与贫穷[M].北京:商务印书馆,2011.

焦晓云.城镇化进程中"城市病"问题研究:涵义、类型及治理机制[J].经济问题,2015(07):7-12.

刘承良,余瑞林,曾菊新.国外城市交通系统的空间研究进展[J].世界地理研究,2011,20(01):79-87.

邵新建,巫和懋.中国城市房价的"坚硬泡沫":基于垄断性土地市场的研究[J].金融研究,2012(12):67-81.

万庆,吴传清.六大视角下最优城市规模研究进展与展望[J].区域经济评论,2017(01):107-114.

汪毅霖.基于能力方法的福利经济学——一个超越功利主义的研究纲领[M].北京:经济管理出版社,2013.

王小鲁,夏小林.优化城市规模,推动经济增长[J].经济研究,1999(09):22-29.

阎光才.城市社会中的高校群落现象透视——兼析美国城市高校分布格局的人文生态[J].教育研究,2003(05):51-57.

袁正,郑勇,韩晓.城市规模与居民幸福感的关系[J].城市问题,2012(05):29-33+49.

曾鹏,褚王安,张晓君.就业结构、文化教育和城市规模对城镇化质量的影响——基于中国十大城市群的经验分析[J].统计与信息论坛,2015,30(11):72-77.

张自然.中国最优与最大城市规模探讨——基于264个城市的规模成本-收益法分析[J].金融评论,2015,7(05):18-30+122.

郑功成.社会保障——理念、制度、实践与思辨[M].北京:商务印书馆,2000.

邹一南.最优城市规模与特大城市户籍管制的自增强机制[J].中国人口·资源与环境,2017,27(11):52-60.

ALTINDAG D T. Crime and unemployment: evidence from Europe[J]. International Review of Law & Economics,2012,32(01):145-157.

BENTHAM J. An Introduction to the Principles of Morals and Legislation[M]. New York: Dover Publications Inc,2009.

BERGSON A. A reformulation of certain aspects of welfare economics[J]. The Quarterly Journal of Economics,1938,52(02):310-334.

BERRY B J,OKULICZ-KOZARYN A. Dissatisfaction with city life: a new look at some old questions[J]. Cities,2009,26(03): 117-124.

BLOMQUIST J,WESTERLUND J. A non-stationary panel data investigation of the unemployment-crime relationship[J]. Social Science Research,2014,44(01): 114-125.

BLUNDELL R,PRESTON I. Consumption inequality and income uncertainty[J]. Quarterly Journal of Economics,1998(113): 603-640.

CAMAGNI R, CAPELLO R, CARAGLIU A. One or infinite optimal city sizes? In search of anequilibrium size for cities[J]. Annals of Regional Science,2013,51(02): 309-341.

CAPELLO R,CAMAGNI R. Beyond optimal city size: an evaluation of alternative urban growth patterns[J]. Urban Studies,2000(37): 1479-1496.

DAVEY E. OPT position statement,2002[J]. Optimum Population Trust Journal,2002 (01): 1-2.

DURANTON G,PUGA D. Micro-foundations of urban agglomeration economies[J]. Social Science Electronic Publishing,2003(04): 2063-2117.

GERDTHAM U,JOHANNESSON M. The relationship between happiness, health, and social economic factors: results based on Swedish microdata[J]. Journal of Socio-Economics, 1997(01): 553-557.

HARVEY J. The Economics of Real Property[M]. London: MacMillan Education UK, 1981: 132-159.

HENDERSON J V. The sizes and types of cities[J]. American Economic Review,1974 (04): 640-656.

HOWARD E. Garden Cities of Tomorrow[M]. London: Swan Sonnenschein & Co,Ltd, 1902.

KNIGHT J,SONG L,GUNATILAKA R. Subjective well-being and its determinants in rural China[J]. China Economic Review,2009(20): 635-649.

KRUGMAN P. The Self-Organizing Economy[M]. Oxford: Blackwell Sci,1996.

NORDHAUS W D,TOBIN J. Is growth obsolete? [R]. Cowles Foundation Discussion Papers,1971.

PIGOU A C. The Economics of Welfare[M]. London: MacMillan,1920: 56-78.

PORTER M E. Clusters and new economics of competition[J]. Harvard Business Review,1998(06): 77-90.

RIDKER R G, Henning J. A. The determinants of residential property values with special reference to air pollution[J]. Review of Economics and Statistics,1967,49(02): 246-257.

ROSEN K T,RESNICK M. The size distribution of cities: an examination of the pareto law and primacy[J]. Journal of Urban Economics,1980(08): 165-186.

SAMUELSON P. Foundations of Economic Analysis[M]. Cambridge,Mass: Harvard University Press,1947.

SEN A. Real national income[J]. Review of Economic Studies,1976,43(01): 19-39.

SHI L Y,LI D,ZHAO J Z. A method to estimate urban optimum population conditions: a case study of Xiamen,China[J]. International Journal of Sustainable Development & World Ecology,2010,17(04): 324-328.

SYVERSON C. What determines productivity? [J]. Journal of Economic Literature, 2011,49(02): 326-365.

UZAWA H. Production functions with constant elasticities of substitution[J]. The Review of Economic Studies,1962,29(04): 291-299.

WAY H. Beyond the big city: the question of size in planning for urban sustainability [J]. Procedia Environmental Sciences,2016(36): 138-145.

WILLKINSON R K. House prices and measurement of externalities[J]. The Economic Journal,1973,83(329): 72-86.

ZIPF G K. Human Behavior and the Principle of Least Effort[M]. Cambridge,Mass: Addison-Wesley Press,1949.

第三章　演化博弈的多中心城市治理体系创新

一、演化博弈在城市管理中的应用综述

城市精细化管理包括土地利用、交通出行、拆迁补偿、基础设施建设以及环境治理等多方面，涉及政府、城市活动主体的消费品供给者、公众等不同利益主体，而且彼此之间信息并非完全对称，其影响作用比较复杂（潘峰 等，2014；徐建中、徐莹莹，2015；姜珂、游达明，2016）。

演化博弈在经济学中应用广泛，其兴起既受到博弈论的影响，也受到生物演化的影响（黄凯南，2009；威布尔，2015）。演化博弈理论最早源于 Lewontin、Fisher、Hamilton、Tfive 等遗传生态学家对动物和植物的冲突与合作行为的博弈分析。Price 和 Smith（1973）在他们发表的论文中创造性提出了演化稳定策略（evolutionary stable strategy）的概念。生态学家 Taylor 和 Jonker（1978）在考察生态演化现象时首次提出了演化博弈理论的基本动态概念——模仿者动态。城市精细化管理是一个复杂的动态过程，通过运用演化博弈方法能够将这一过程直观表现出来。

Nash（1950）在其博士论文中指出，均衡概念存在两种解释方式：一种是理性主义的解释，另一种就是"大规模行动的解释"。后者实际上是演化博弈的解

释方式(黄凯南,2009)。传统博弈理论假定参与人是完全理性的,且参与人在完全信息条件下进行,但在现实的经济生活中,参与人的完全理性与完全信息的条件很难实现,参与主体之间往往存在差异,经济环境与博弈问题本身的复杂性所导致的信息不完全和参与人则是一种有限理性(于羽,2014)。因此演化博弈对传统博弈论进行改造,包括将传统博弈论中支付函数转化为生物适应度函数(fitness function)、引入突变机制将传统的纳什均衡精炼为演化稳定均衡(evolutionarily stable equilibrium)以及引入选择机制建构复制动态(replicator dynamics)模型(黄凯南,2009)。

基于此,大量学者运用演化博弈模型对城市管理领域中的问题进行了分析,其中包括城市房屋征收和拆迁、冷链物流配送模式、数据中心建设、群体事件等等。曹昭煜和洪开荣(2017)分析了城市房屋征收补偿有限理性约束和初始条件约束下的演化稳定策略均衡,基于城市房屋征收补偿这个长期反复的博弈过程,研究博弈双方(征收人与被征收人)的策略调整、趋势以及局部稳定性。刘德海等(2016)通过将城市拆迁问题的演化博弈模型与不同对抗成本下的情景预设相结合,研究城市拆迁突发事件中地方政府和被拆迁户之间博弈冲突多种情景下各种演化结果,以及城市拆迁突发事件的影响因素。傅沂等(2015)结合中国城市房屋征收制度演化的实际,从政府为征收补偿主体和开发商为征收补偿主体两个阶段入手,构建演化博弈模型,分析该制度不同阶段的演化特征,探析该制度的演化机制。

许宗萍、孙兴丽等在分析城市冷链物流配送模式的基础上,采用演化博弈理论,构建了城市冷链物流共同配送的动态复制演化博弈模型并进行了求解分析,通过模型参数分析得到了各参数对于系统演化的不同影响,为制定城市冷链物流共同配送决策奠定了理论基础(许宗萍,2012;孙兴丽 等,2014)。陈卉馨和刘伟章(2016)针对数字城市背景下城市数据中心建设主体分析的需求,提出了一种基于演化博弈的城市数据中心建设主体分析模型,对其3个主体市民、信息化主管部门和强势部门进行模型的构建。曹凌燕和邵建平(2016)则借助演化博弈的研究方法,剖析地方治理主体的互动博弈与策略选择,凝练影响治理主体行为选择的关键因素,借助数值模拟的方法表征城市空气污染主体博弈的现实困境,污染地方治理博弈的演化方向以及相应的实现路径。朱德米(2015)用社会心理理论和演化博弈模型解释了城市环境群体性事件演化的决定因素,并且以昆明PX事件为例,用实证数据论证了愤怒、恐惧情绪指数及群体的情绪感染在该类事件中起到的作用,为预防和应对此类事件提出了公共治理的方法。吴虹雨等(2015)运用演化博弈复制动态分析方法,建立政府、企业和消费者的三方博弈模型,考察城市土地低碳利用中三者的互动机制,在假定三方不同策略组合下各自成本与收益的基础上,分析演化博弈稳定性策略。康伟(2018)基于利益相关者理论,探究污染类邻避设施相关利益主体在冲突中所扮演的角色和发挥的作用,进而从博弈论视角出发构建政府、邻避设施营建企业和周边民众之间的三方演化博弈模型。

综上所述,演化博弈在城市管理中的模型构建和实践分析中具有广泛的应用空间,能够将涉及城市管理不同领域的问题模型化,基于博弈策略、演化路径等得出不同主体之间的行为特点,以及系统内部的动态变化方向,从而有助于得出相应的有针对性的政策启示。因此,在城市精细化管理实践中,同样可以借助演化博弈的理论基础,构建博弈模型,分析不同利益主体、不同参数变化所带来的博弈结果的影响。

二、城市精细化管理博弈模型

基于已有的相关研究和城市精细化管理实践,本章从地方政府、公众、城市活动主体的消费品供给者三方视角出发,构建了城市精细化管理的三方动态博弈分析模型,具体涉及的博弈主体、策略和博弈树见图3-1。

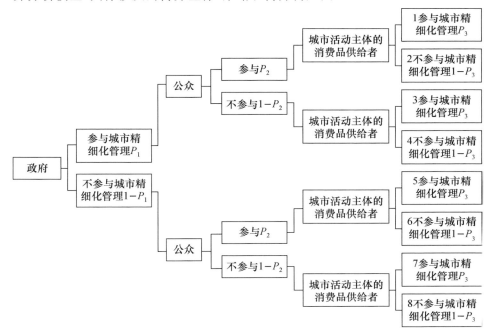

图3-1 地方政府、公众、城市活动主体的消费品供给者三方参与城市精细化管理的博弈树

参考文献:蒋云霞,2010.

假设城市活动主体的消费品供给者生产一单位的最终产品，政府征收 $\tau(0<\tau<1)$ 比例的税收，其中 τ' 为针对城市精细化管理征收的特别税收，α 是政府制定城市精细化管理政策的成本，β 是政府对城市活动主体的消费品供给者的补贴，γ 是政府鼓励公众参与环境治理监督的成本，φ 是政府城市精细化管理的直接投入，τ'、α、β、γ、φ 均小于 τ。c_1、c_2 分别表示城市活动主体的消费品供给者采用主动参与或者不参与城市精细化管理的生产的成本。ψ 表示公众参与城市管理监督的成本，m 为城市管理混乱对公众造成的影响，或者说是公众对城市管理混乱的耐受限度，公众是城市环境质量的最终评价者。并且假定，公众参与环境监督会对城市活动主体的消费品供给者施加一定的影响，公众参与监督成本一部分会转嫁到城市活动主体的消费品供给者 ($\varepsilon\psi$)，除此之外，城市活动主体的消费品供给者需要应对政府城市精细化管理政策带来的压力影响，承担一定的成本 ($\theta\alpha$)，因此 $\varepsilon\psi$ 是城市活动主体的消费品供给者对公众参与监督的正面反馈，$\theta\alpha$ 是城市活动主体的消费品供给者对政府城市精细化管理政策的正面响应。其中，各主体在城市精细化管理对绿色技术创新动态博弈中的支付矩阵见表 3-1。

表 3-1 政府、城市活动主体的消费品供给者、公众三方在城市精细化管理对绿色技术创新动态博弈中的支付矩阵

参与主体策略选择与对应概率			参与主体收益函数		
政府	公众	城市活动主体的消费品供给者	政府	城市活动主体的消费品供给者	公众
x	y	z	$\tau-(\alpha+\beta+\gamma+\varphi)$	$(1-\tau)-c_1+\beta-\varepsilon\psi-\theta\alpha$	$-\psi+\varphi+\gamma$
		$1-z$	$\tau-(\alpha+\gamma+\varphi)+\tau'$	$(1-\tau)-c_2-\tau'-\varepsilon\psi-\theta\alpha$	$-m-\psi+\varphi+\gamma$
	$1-y$	z	$\tau-(\alpha+\beta+\gamma)$	$(1-\tau)-c_1+\beta-\theta\alpha$	γ
		$1-z$	$\tau-(\alpha+\gamma)+\tau'$	$(1-\tau)-c_2-\tau'-\theta\alpha$	$-m+\gamma$
$1-x$	y	z	τ	$(1-\tau)-c_1-\varepsilon\psi$	$-\psi$
		$1-z$	τ	$(1-\tau)-c_2-\varepsilon\psi$	$-m-\psi$
	$1-y$	z	τ	$(1-\tau)-c_1$	0
		$1-z$	τ	$(1-\tau)-c_2$	$-m$

（1）根据博弈的支付矩阵，政府城市精细化管理期望收益方程为

$$U_{z(x)}=[\tau-(\alpha+\beta+\gamma+\varphi)]\times yz+[\tau-(\alpha+\gamma+\varphi)+\tau']\times y(1-z)+[\tau-(\alpha+\beta+\gamma)]\times(1-y)z+[\tau(\alpha+\gamma)+\tau']\times(1-y)(1-z)$$

$$U_{z(1-x)} = \tau \times yz + \tau \times y(1-z) + \tau \times (1-y)z + \tau \times (1-y)(1-z)$$

$$\overline{U_z} = xU_{zx} + (1-x)U_{z(1-x)}$$

其复制动态方程为

$$\frac{\mathrm{d}x}{\mathrm{d}t} = x[U_{z(x)} - \overline{U_z}] = x(1-x)[U_{z(x)} - U_{z(1-x)}]$$

$$= x(1-x)\begin{cases}[\tau-(\alpha+\beta+\gamma+\varphi)] \times yz + [\tau-(\alpha+\gamma+\varphi)+\tau'] \times \\ y(1-z) + [\tau-(\alpha+\beta+\gamma)] \times (1-y)z + [\tau-(\alpha+\gamma)+\tau'] \times \\ (1-y)(1-z) - \tau \times yz - \tau \times y(1-z) - \tau \times (1-y)z - \\ \tau \times (1-y)(1-z)\end{cases}$$

（2）公众参与城市精细化管理的期望收益方程为

$$U_{g(y)} = (-\psi+\varphi+\gamma) \times xz + (-m-\psi+\varphi+\gamma) \times x(1-z) + $$
$$(-\psi) \times (1-x)z + (-m-\psi) \times (1-x)(1-z)$$

$$U_{g(1-y)} = \gamma \times xz + (-m+\gamma) \times x(1-z) + 0 \times (1-x)z$$
$$+ (-m) \times (1-x)(1-z)$$

$$\overline{U_g} = yU_{gy} + (1-x)U_{g(1-y)}$$

其复制动态方程为

$$\frac{\mathrm{d}y}{\mathrm{d}t} = y[U_{g(y)} - \overline{U_g}] = y(1-y)[U_{g(y)} - U_{g(1-y)}]$$

$$= y(1-y)\begin{cases}(-\psi+\varphi+\gamma) \times xz + (-m-\psi+\varphi+\gamma) \times x(1-z) + \\ (-\psi) \times (1-x)z + (-m-\psi) \times (1-x)(1-z) - \\ \gamma \times xz - (-m+\gamma) \times x(1-z) - 0 \times (1-x)z - \\ (-m) \times (1-x)(1-z)\end{cases}$$

（3）城市活动主体的消费品供给者的期望收益方程为

$$U_{q(z)} = [(1-\tau)-c_1+\beta-\varepsilon\psi-\theta\alpha] \times zy + [(1-\tau)-c_1+\beta-\theta\alpha] \times$$
$$x(1-y) + [(1-\tau)-c_1-\varepsilon\psi] \times (1-x)y + [(1-\tau)-c_1] \times$$
$$(1-x)(1-y)U_{q(1-z)}$$

$$= [(1-\tau)-c_2-\tau'-\varepsilon\psi-\theta\alpha] \times xy + [(1-\tau)-c_2-\tau'-\theta\alpha] \times$$
$$x(1-y) + [(1-\tau)-c_2-\varepsilon\psi] \times (1-x)y +$$
$$[(1-\tau)-c_2] \times (1-x)(1-y)$$

$$\overline{U_q} = zU_{qz} + (1-z)U_{q(1-z)}$$

其复制动态方程为

$$\frac{\mathrm{d}z}{\mathrm{d}t} = z[U_{q(z)} - \overline{U_q}] = z(1-z)[U_{q(z)} - U_{q(1-z)}]$$

$$= z(1-z)\begin{Bmatrix} [(1-\tau)-c_1+\beta-\varepsilon\psi-\theta\alpha]\times zy+[(1-\tau)-c_1+\beta-\theta\alpha]\times \\ x(1-y)+[(1-\tau)-c_1-\varepsilon\psi]\times(1-x)y+[(1-\tau)-c_1]\times \\ (1-x)(1-y)-[(1-\tau)-c_2-\tau'-\varepsilon\psi-\theta\alpha]\times xy- \\ [(1-\tau)-c_2-\tau'-\theta\alpha]\times x(1-y)-[(1-\tau)-c_2-\varepsilon\psi]\times \\ (1-x)y-[(1-\tau)-c_2]\times(1-x)(1-y) \end{Bmatrix}$$

因此，构建雅各比矩阵：

$$\begin{bmatrix} \dfrac{\left(\dfrac{\mathrm{d}x}{\mathrm{d}t}\right)}{\mathrm{d}x} & \dfrac{\left(\dfrac{\mathrm{d}x}{\mathrm{d}t}\right)}{\mathrm{d}y} & \dfrac{\left(\dfrac{\mathrm{d}x}{\mathrm{d}t}\right)}{\mathrm{d}z} \\ \dfrac{\left(\dfrac{\mathrm{d}y}{\mathrm{d}t}\right)}{\mathrm{d}x} & \dfrac{\left(\dfrac{\mathrm{d}y}{\mathrm{d}t}\right)}{\mathrm{d}y} & \dfrac{\left(\dfrac{\mathrm{d}y}{\mathrm{d}t}\right)}{\mathrm{d}z} \\ \dfrac{\left(\dfrac{\mathrm{d}z}{\mathrm{d}t}\right)}{\mathrm{d}x} & \dfrac{\left(\dfrac{\mathrm{d}z}{\mathrm{d}t}\right)}{\mathrm{d}y} & \dfrac{\left(\dfrac{\mathrm{d}z}{\mathrm{d}t}\right)}{\mathrm{d}z} \end{bmatrix}$$

根据动力系统理论可知，任何线性系统的解的稳定性问题，都可以转化为对应线性齐次系统的零解的稳定性问题（陆启韶 等，2010）。根据分析问题的实际需要，分别考察$(0,0,0)$,$(0,1,0)$,$(0,1,1)$,$(1,1,0)$,$(0,0,1)$,$(1,0,0)$,$(1,0,1)$,$(1,1,1)$边界点，而不考虑$\dfrac{\mathrm{d}x}{\mathrm{d}t}=\dfrac{\mathrm{d}y}{\mathrm{d}t}=\dfrac{\mathrm{d}z}{\mathrm{d}t}=0$混合均衡点。

以$[x,y,z]=[0,0,0]$为例，雅各比矩阵如下：

$$U=\begin{bmatrix} -\tau & 0 & 0 \\ 0 & -\psi & 0 \\ 0 & 0 & c_2-c_1 \end{bmatrix}$$

由于一般企业的绿色技术生产成本(c_1)大于非绿色技术(c_2),$c_2-c_1<0$,即上述特征值所有特征根为负$(\det(U)=(c_2-c_1)\times(-\psi)\times(-\tau)<0,\mathrm{tr}(U)=(c_2-c_1)+(-\psi)+(-\tau)<0)$，所以该均衡点是稳定（ESS）的，存在收敛。其他均衡点按照上述方法分析，限于篇幅，不再赘述。

三、数值分析与模拟仿真

根据以下参数赋值做数值分析：

τ、$\tau'=0.03$；$\alpha=0.01$；$\beta=0.02$；$\gamma=0.01$；$\varphi=0.02$；
$c_1=0.05$；$c_2=0.01$；$\psi=0.03$；$m=0.05$；$\varepsilon=0.5$；$\theta=0.5$

起始点分别取$(x,y,z)=(0.5,0.5,0.5)$,$(x,y,z)=(0.7,0.7,0.7)$,$(x,y,z)=(0.2,0.2,0.2)$。

在模型中代入上述假定参数,分析可以得到不同博弈主体的演化路径(见图 3-2)。具体来看,图 3-2 中的(a)图为政府、城市活动主体的消费品供给者、公众三者参与城市精细化管理在不同初始概率(决心或者强度)下的演化博弈结果,0.2、0.5、0.7 分别表示三者参与城市精细化管理的概率。在现有的参数分析下,无论初始的城市精细化管理的决心和力度是强烈还是一般,最终演化博弈的结果均是放弃城市精细化管理。图 3-2 中的(b)图给出了在初始政府、城市活动主体的消费品供给者、公众参与城市精细化管理概率为 0.5 的情况下,从三者演化博弈路径可以看到三者最终都会选择不参与城市精细化管理。

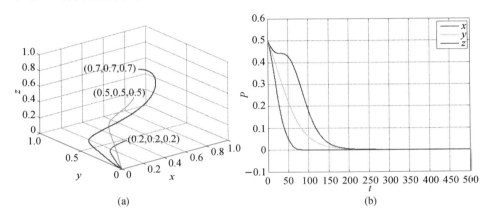

图 3-2 政府、城市活动主体的消费品供给者、公众三方在城市精细化管理中对绿色技术创新演化博弈路径的演变示意

当在保持其他参数不变的情况下,逐一分析不同参数变量变化对政府、城市活动主体的消费品供给者、公众参与城市精细化管理的演化博弈的结果。

(一) 公众监督成本参数变化的影响

为了分析公众监督成本参数的变化对不同主体参与城市精细化管理博弈结果的影响,将该成本从 0.03 降低到 0(具体结果见图 3-3)。在初始参与概率为 0.5 的情况下,最终演化博弈结果是公众会选择监督,而政府、城市活动主体的消费品供给者选择不参与,但是二者最终策略会受到公众决定的影响。而这一结论,从图 3-3 的(a)图得到进一步验证,当改变三者初始参与意愿时,最终参与城市精细化管理的意愿并非完全趋近于 0。由于公众参与环境监督的意愿受成本影响,所以降低其参与成本,则能够鼓励其参与积极性。但是从目前城市精细化管理的现实看,由于公众偏好不尽相同,若要降低全社会公众的参与成本,甚至完全取消,不太切合实际,可操作性不强。

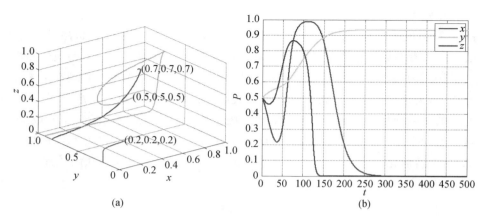

图 3-3 公众监督成本参数变化分析

（二）特别税收参数变化的影响

为了进一步考察特别税收的变化对不同主体参与城市精细化管理博弈结果的影响，考虑增加政府对城市活动主体的消费品供给者不参与城市精细化管理征收特别税收，具体数值从 0.03 提高到 0.3（结果见图 3-4）。图 3-4 的（a）图给出了在不同初始参与城市精细化管理的意愿下，提高特别税收数值对最终参与城市精细化管理的影响。当增加对非参与城市精细化管理税收后，在较高的城市精细化管理参与意愿（0.5、0.7）下最终实现参与城市精细化管理，但是在较低的城市精细化管理参与意愿下则没有影响。从图 3-4 的（b）图看，在初始城市精细化管理参与率为 0.5 的情况下，提高特别税收力度能够激励政府参与城市精细化管理的决心，激励城市活动主体的消费品供给者实现参与城市精细化管理，但不改变公众参与监督决定，公众最终选择不参与监督。

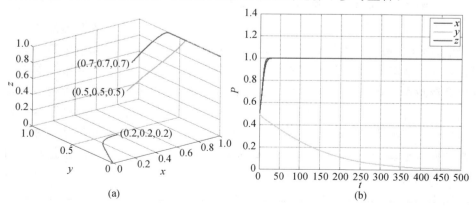

图 3-4 特别税收参数变化分析

(三) 补贴政策参数变化的影响

为了进一步考察补贴政策参数变化对不同主体参与城市精细化管理博弈结果的影响,考虑提高政府对城市活动主体的消费品供给者参与城市精细化管理的补贴,具体参数值从 0.02 提高到 0.2,最终效果类似于增加特别税收带来的影响(见图 3-5)。也就是说,如果政府、城市活动主体的消费品供给者、公众初始参与城市精细化管理的意愿均比较强烈,能够实现三者最终均参与城市精细化管理生产,但如果三者参与的决心不是很明显,补贴政策变化并不能带来正向促进作用,并且对公众参与监督与否没有明显改进。

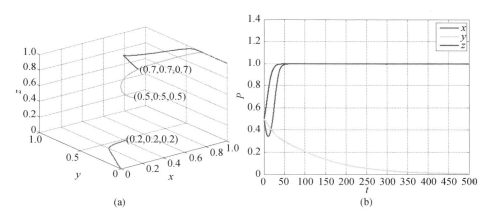

图 3-5 补贴政策参数变化分析

(四) 政府鼓励公众参与参数变化的影响

为了进一步考察政府鼓励公众参与参数变化对不同主体参与城市精细化管理博弈结果的影响,将鼓励公众参与参数从 0.01 提高到 0.1(见图3-6)。从图 3-6 的结果可知,当政府、城市活动主体的消费品供给者、公众参与决心比较强烈(0.7)时,增加对公众参与激励(参数提高为原来的 10 倍)能够最终实现城市精细化管理目标,但是当三者参与决心不是十分坚决的时候(0.5、0.2),鼓励公众参与参数变化对最终的博弈结果没有显著影响,但在博弈过程中会对政府、城市活动主体的消费品供给者的决策带来扰动。

(五) 指令型(环境政策制定成本)城市精细化管理参数变化的影响

为了进一步考察指令型(环境政策制定成本)城市精细化管理参数变化对不同主体参与城市精细化管理博弈结果的影响,将该参数从 0.01 提高到 0.1(见图3-7)。当政府、城市活动主体的消费品供给者、公众参与城市精细化管理共识度(0.7)比较高的时候,提高政府城市精细化管理的行政命令(参数提高为原来的 10 倍),有利于最终实现参与城市精细化管理。当三者城市精细化管理的意愿均不是很强烈(0.5、0.2)时,单纯提高行政命令,采取指令性的城市精细化管理手段不能实现最终城市精细化管理。

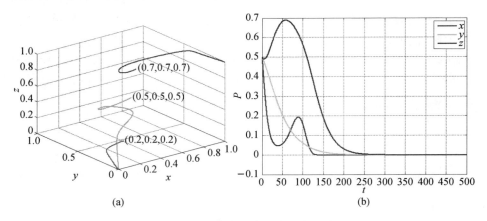

图 3-6　政府鼓励公众参与参数变化分析

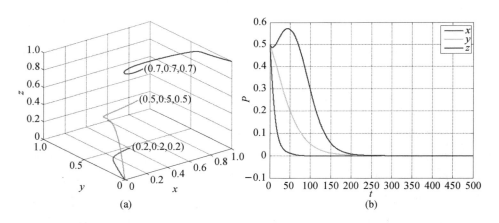

图 3-7　指令型(环境政策制定成本)城市精细化管理参数变化分析

（六）政府城市管理直接投入参数变化的影响

政府城市管理直接投入的大小直接关系到相关参与者的参与意愿,为了考察该指标的影响,将政府城市管理直接投入参数从 0.02 提高到 0.2(见图 3-8)。从图 3-8 中的(a)图可以看出,提高城市管理投入(提高为原来的 10 倍)会产生比较复杂的演化博弈效果。虽然在三者城市精细化管理的意愿不是很强烈情况下,提高城市管理投入并不能产生良好的治理效果,但是只要随着经济进一步发展,当城市管理逐步成为社会共识时,提高城市管理投入即便不能最终实现政府、城市活动主体的消费品供给者、公众三者合作的局面，也能够较好地促进各方深入推进参与城市精细化管理。从图 3-8 中的(b)图可以进一步分析，从政府角度来看，其存在较大意愿提高资金投入来进行城市精细化管理，这是因为提高资金投入不仅能够提高城市活动主体的消费品供给者参与城市精细化管理的积极性和力度，迎合公众环境城市管理的呼声，同时还能够提高国内生产总值，产生经济、社会、技术创新的多维共振效果。从城市活动主体的消费品供给者和公众角度看，根据其博弈路径的演化可以发现，二者的策略选择并非一成不变，但总体充分调动了二者参与城市精细化管理的能动性。值得注意的是，在这个过程中城市活动主体的消费品供给者、公众的决策并非完全同步，甚至在大部分时候是在"唱反调"（波峰与波谷不一致），说明政府增加城市管理投入对城市活动主体的消费品供给者、公众的影响并不完全一致，对城市活动主体的消费品供给者参与城市精细化管理的影响较为直接，而对公众的影响有一个时滞效应。

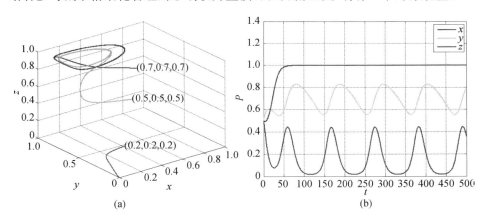

图 3-8　政府城市管理直接投入参数变化分析

（七）公众对城市管理混乱承受度参数变化的影响

为了进一步考察公众对城市管理混乱承受度参数变化对不同主体参与城市精细化管理博弈结果的影响，将该参数从 0.05 提高到 0.5（见图 3-9）。从图 3-9 中的(a)图可知，公众对城市管理混乱从感官感受不能忍受到最终付诸督促政府、城市活动主体的消费品供给者参与治理存在一定的"梗塞阻"。即使将城市管理混乱对公众损害参数不断调高，也难以最终实现城市精细化管理的社会共识。原因可能为如下几方面：第一，可能是城市管理混乱对公众的危害忾是慢性的，公众对此感知时间较长，加上每个个体行为偏好不同，对城市管理混乱的忍受度亦存在差异。第二，由于公众个体异质性比较复杂，在涉及城市精细化管理这样社会公共话题时难以形成有效的"场效应"，行动难以协调。第三,可能从全社会看,政府、城市活动主体的消费品供给者对公众参与环境监督的作用没有得到有效的重视。

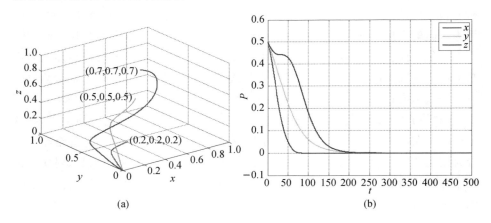

图 3-9　公众对城市管理混乱承受度参数变化分析

（八）城市活动主体的消费品供给者绿色生产成本参数变化的影响

从城市精细化管理总体角度看,城市活动主体的消费品供给者是参与城市精细化管理的主体,技术创新的收益是其参与城市精细化管理的原始动力。为了考察城市活动主体的消费品供给者绿色生产成本参数变化对不同主体参与城市精细化管理博弈结果的影响,将其生产成本参数从 5 降低到 1（c_1/c_2 成本从 0.05/0.01 降低到 0.05/0.05）,具体影响结果见图 3-10。不难发现,降低城市活动主体的消费品供给者绿色创新成本,能够有效地激励城市活动主体的消费品供给者参与城市精细化管理的力度,促进政府、城市活动主体的消费品供给者、公众在城市精细化管理的演化博弈中形成良好互动。

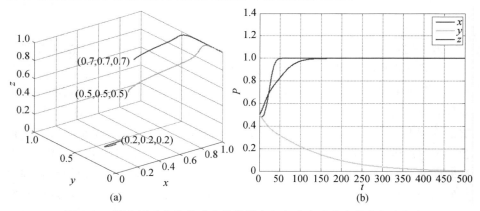

图 3-10　城市活动主体的消费品供给者绿色生产成本参数变化分析

（九）城市活动主体的消费品供给者对政府城市精细化管理、公众参与监督反馈参数变化的影响

为了检验城市活动主体的消费品供给者对政府、公众规制反馈参数变化的影响，将该参数从 0.5 提高至 50，具体结果见图 3-11。结果发现，城市活动主体的消费品供给者对公众和政府城市精细化管理的反馈，只有当全社会城市精细化管理的共识度比较高（参与概率为 0.7）的时候才有比较明显的影响。这也不难理解，在经济发展比较快的时候，即使城市活动主体的消费品供给者很在乎政府的城市精细化管理和公众监督的影响，在生产中努力迎合政府、公众对城市管理的要求，过度重视城市秩序和环境维护，最终会影响到生产的积极性，没有足够的产品剩余用于新的技术创新，不利于社会的长期绿色可持续发展。

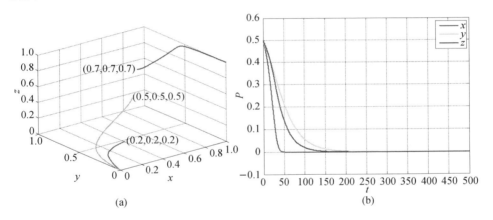

图 3-11 城市活动主体的消费品供给者对政府城市精细化管理、公众参与监督的反馈参数变化分析

四、构建多中心城市精细化管理模式

基于多中心治理理论与城市精细化管理的需要，结合中国城市管理的现状，建立以政府、城市活动主体的消费品供给者、公众和城市精细化管理公益组织"四中心"菱形架构体系，彼此之间是相互关联的"利益共同体"。在过去的研究中，一般把城市精细化管理公益组织放在公众范畴内，这里为了突出其在城市管理中的作用，将其从公众中独立出来成为一个独立的中心（汪泽波、王鸿雁，2016）。

在多中心城市精细化管理过程中要求坚持"利益协调、目标统一、治理合

作、主动自觉"的原则。第一,在政府与城市活动主体的消费品供给者之间,二者不再是监督与被监督的关系,而是合作关系;城市活动主体的消费品供给者成为城市管理主动参与者,与政府达成城市精细化管理协议。第二,在政府与公众之间,政府向公众宣传城市管理知识,提高其主动参与意识;公众对政府采取的城市管理措施进行监督,并提供合理化建议。第三,在城市活动主体的消费品供给者与公众之间,前者采取环境友好的方式进行产品供给,对公众负责;公众对城市活动主体的消费品供给者生产过程和城市管理情况进行监督。第四,在城市活动主体的消费品供给者与城市精细化管理公益组织之间,二者不是简单的监督与被监督的关系,城市精细化管理公益组织会利用自己的专业知识帮助城市活动主体的消费品供给者进行技术革新,提升城市精细化管理的能力。第五,在城市精细化管理公益组织与公众之间,公众根据自身的情况选择加入城市精细化管理公益组织,利用集体的力量维护自身的权利,从而参与政府决策,并对城市活动主体的消费品供给者进行监督;城市精细化管理公益组织运用自身广泛影响力向公众普及环保知识。第六,在政府与城市精细化管理公益组织之间,主要是合作互补的关系,在政府无法监管的领域,城市精细化管理公益组织可以加强协调。

（一）政府角度

在城市管理过程中,政府为实现经济社会发展与城市秩序和环境维护的平衡,需要在宏观层面把控城市管理方向。从以政府为主导的传统城市管理模式转向多中心治理模式需要一个渐进的过程,在转变的过程中政府需要从以下几个方面确定自己在城市管理中的角色,在政策实施过程中阳光操作,做到政策透明、信息公开。

第一,理顺中央政府与地方政府间城市管理权责关系。政府在城市管理中起主导作用。在垂直方向上,中央政府和地方政府在城市管理认识上存在差别,中央政府基于全局考虑制定城市管理的目标,由地方政府去实现目标,表现为"委托-代理"模式,在现实的实践过程中主要存在中央对地方监管和激励不足,使得这一关系失灵;在水平方向上,地方政府之间,由于行政分割、发展差异,在城市管理问题上存在利益博弈和"搭便车"现象。因此,有必要建立中央政府顶层协调的"中央-地方-城市活动主体的消费品供给者"绿色创新协作机制,从短期和长期动态角度,分别考察基于中央政府、地方政府、城市活动主体的消费品供给者参与城市精细化管理的偏好,构建良好的城市精细化管理激励机制,以减少城市精细化管理过程的代理人行为扭曲,并建立多级政府激励考核关键变量,保证中央政府与地方政府激励、考核与监督机制顺畅。

第二，完善地方政府官员城市管理考核制度。在过去一段时间里，在面临经济目标为主导的发展压力下，加上"量化考核、绩效排名与择优提拔力"的政治锦标赛体制（周黎安，2007），地方政府官员在城市管理上存在惰性。因此，城市精细化管理过程中，有必要把资源消耗、环境损害、生态效益等指标纳入经济社会发展综合评价体系，建立城市精细化管理特别税收制度，大幅增加其在地方官员政绩考核中的权重，对领导干部城市建设和管理责任进行审计。

第三，加强中央政府对地方政府督查力度。在促进参与城市精细化管理区域协同机制建立过程中，需要进一步规范和落实基层治理政府主体"党政同责"的责任以及部门"一岗双责"的责任意识和实践导向。在监管模式方面进行创新，借助第三方力量全程督查各区工作，做到信息公开，全社会共治共享。

第四，制定适应跨城市管理的法律法规。党的十八届四中全会对全面推进依法治国进行重要战略部署，在城市管理过程中同样需要加大治理的法治化建设。在完善现有城市管理法律法规的同时，尝试建立适应本地区城市管理特点的城市管理法律法规。城市群内部的地方政府联合起草制定城市管理统一行动标准，明确行动主体、任务分工与协作保障机制以及对治理懈怠的惩罚措施。

（二）城市活动主体的消费品供给者角度

第一，强化自我管理导向意识。城市活动主体的消费品供给者生产经营对环境产生影响，是城市管理的主体，在多中心城市精细化管理模式中的角度以突出"自我管理"为主。在传统城市管理模式中，城市活动主体的消费品供给者，与政府是一种博弈关系。在多中心治理模式中，城市活动主体的消费品供给者改变政策被动接受角色，成为城市管理的积极参与者，与政府建立合作关系。该主体基于自身生产效益最大化考虑，一方面城市管理混乱会损害其社会形象，最终会影响到自身的经济效益；另一方面积极参与城市精细化管理和城市管理，提升生产技术，增强自身的行业竞争力，有利于城市活动主体的消费品供给者长远发展。此外，城市活动主体的消费品供给者可以积极参与政府城市管理政策制定、特别税收改革与市场建设，接受公众和城市精细化管理公益组织监督，遇到环境问题不回避，主动整改。

第二，与政府达成"自愿参与城市化管理协议"。城市活动主体的消费品供给者加强自我管理的有效方式是与政府达成"自愿参与协议"。自愿协议是继命令控制政府行政手段、市场经济手段后出现的一种环境政策新方法，是指政府与城市活动主体的消费品供给者之间和（或）第三方就城市精细化管理承诺和实现目标、时间进度表进行协商，签订执行协议。这是一种非强制性举措，实行方式比较灵活，可以避免政府出台更为严厉的强制性环境政策手段，受到了城市活动主体的消费品供给者的普遍欢迎。目前,自愿协议的城市精细化管理在发达国家一直被普遍接受,是城市活动主体的消费品供给者提高城市内部能源利用效率有效的政策工具(王志强 等,2014)。

第三,调动参与城市精细化管理的积极性。中国城市精细化管理制度建设滞后的主要原因之一是城市活动主体的消费品供给者故意懈怠、政府缺少监管所造成。城市精细化管理利用的是市场机制解决外部性失灵问题,政府应该尽可能减少行政干预,让城市活动主体的消费品供给者成为主动参与的主体,尤其是在城市社区城市精细化管理实施过程中,更需弱化政府的作用,而更加强调市场在资源配置中起决定性作用。同时,还需强化财税、技术、管理、金融政策的引导和支持力度,调动城市活动主体的消费品供给者参与城市精细化管理的积极性。

(三) 公众角度

总体看,公众对城市管理的期待越来越高,居民福利效用从过去侧重于满足物质生活的需要逐渐转向对舒适健康的生活环境的需求,这使得政府面临经济发展与城市秩序和环境维护发生冲突时,会更加重视城市秩序和环境维护。

第一,促进公众参与城市管理的方式多样化。社会公众在城市管理中的角色可以分为普通公众、城市秩序和环境维护主义者以及利益相关者三种情况。无论何种情况,公众均有权利和责任参与城市管理。作为普通公众,在日常生活中要提高自我环保意识,在衣食住行中做到节能环保,养成良好的生活习惯,支持政府的城市管理相关政策,遵守相关法律、法规,积极成立或参与环境城市精细化管理公益组织,成为环境志愿者,开展城市秩序和环境维护的宣传教育,监督政府政策执行和城市活动主体的消费品供给者自愿参与城市精细化管理情况等。公众还可以参与政府部门举办的各种环境评估与决策的听证会、座谈会等,发表自己的意见,给政府提供决策建议,同时也有权利与城市精细化管理公益组织一起对已经发生的环境损害提起行政申诉与环境诉讼(楼苏萍,2012)。

第二,通畅公众对城市管理诉求的表达渠道。近年来,越来越多的公众开始有意识、有组织地表达对污染问题的关注和对城市管理的强烈诉求。随着信息化发展,公众表达对环境诉求的方式也在发生改变,出现了不少针对表达环境诉求的集体行动。例如,2006年厦门PX项目在市民抗议行动中被阻止;2011年大连再次发生反对PX项目的市民抗议活动;2012年什邡市民在市政府举行示威,抗议建设钼铜项目,并使其暂且搁置(郑思齐 等,2013)。尽管这些针对城市秩序和环境维护的集体行动取得了一些成效,但是在许多城市管理混乱问题中公众的诉求仍没有得到很好的表达。因此,建立畅通的公众表达自己对城市秩序和环境维护心声的渠道显得十分必要。在多中心城市管理模式中,有必要赋予公众更多的选择、更大的自由,直接或者通过城市精细化管理公益组织向政府、城市活动主体的消费品供给者和社会表达自己的需求和建议。

(四)城市精细化管理公益组织角度

第一,发挥城市精细化管理公益组织的优势。城市精细化管理公益组织处于政府和城市活动主体的消费品供给者之间,不以谋利为目的,不为市场利益所左右,以追求社会效益为宗旨(徐丹、杜彬伟,2014),"具有民间性(自愿组合)、独立性(与其他行为主体保持一定距离)以及公益性(关注环境问题)"。城市精细化管理公益组织拥有技术专长与信息优势,这使它能够及时关注到所在地区的环境问题,采取及时的行动;同时,其还可以通过强有力的活动,形成有力的社会舆论压力,影响政府的环保政策和行动,并依靠公众力量对城市活动主体的消费品供给者的排污行为随时随地监督。作为城市秩序和环境维护的志愿者、倡导者、宣传者和环境信息的提供者,在宣传倡议、拟定议题、协调立场、普及环保知识等方面对公众起到了独特的"教化"功能(张杰、张洋,2012)。

第二,厘清城市精细化管理公益组织与政府之间的关系。在多中心城市精细化管理中,政府与城市精细化管理公益组织二者不应是行政系统中的上令下行式"命令-服从"关系,而是对等、契约式的合作伙伴关系。所以,在实践中需要优化政府与城市精细化管理公益组织的关系,厘清二者在城市管理中各自扮演何种角色、承担什么样的责任,以哪种形式参与其中建立优良的合作治理结构(史云贵、欧晴,2013)。城市精细化管理公益组织肩负着为政府城市管理政策制定提供政策参考的责任,是政府参与城市管理的有效补充。对于城市活动主体的消费品供给者,城市精细化管理公益组织更多承担的是对生产主体的监督,也可以作为其与大专院校、研究机构环保科技产品研发的纽带。对于公众,城市精细化管理公益组织可以利用自己广泛的社会基础,宣传环保知识,帮助公众提升参与城市管理的能力。

第三,建立非政府环保联合组织。建立非政府环保联合组织,有利于加强区域城市精细化管理公益组织之间的交流与合作,更好地推动区域城市精细化管理。中国民间城市精细化管理公益组织起步于1978年并逐渐形成一个比较完整的系统体系,成为推动中国城市管理工作发展与进步的重要力量。截至2016年5月,京津冀地区有环境保护公益组织(包括城市环境保护与治理组织)297家,其中北京184家,天津46家,河北67家(合一绿学院,2015)。结合各地区城市精细化管理公益组织发展的现状,可以尝试建立跨区域城市精细化管理公益组织,加强不同地区组织之间的信息分享、资源共享、监督合作,建立区域之间联谊会制度。

参考文献

曹凌燕,邵建平.新常态下城市空气污染地方治理的演化博弈研究[J].兰州学刊,2016,37(12):193-200.

曹昭煜,洪开荣.新型城镇化背景下城市房屋征收补偿的演化博弈模型[J].财经理论与实践,2017,38(4):127-132.

陈卉馨,刘伟章.基于演化博弈的城市数据中心建设主体分析[J].科技通报,2016,32(3):149-152.

傅沂,龙攀,洪开荣.基于演化博弈的城市房屋征收补偿制度演化机制研究[J].兰州学刊,2015,36(12):171-178.

合一绿学院.中国环保组织地图[EB/OL].[2018-04-02].http://www.hyi.org.cn/go/index.php

黄凯南.演化博弈与演化经济学[J].经济研究,2009,65(2):154-158.

姜珂,游达明.基于央地分权视角的环境规制策略演化博弈分析[J].中国人口·资源与环境,2016,26(9):139-148.

蒋云霞.产业集群生态化发展的三方博弈分析[J].系统工程,2010,28(08):105-108.

康伟,杜蕾.邻避冲突中的利益相关者演化博弈分析——以污染类邻避设施为例[J].运筹与管理,2018,27(03):82-92.

刘德海,韩呈军,尹丽娟.城市拆迁群体性事件演化机理的多情景演化博弈分析[J].运筹与管理,2016,25(1):76-84.

楼苏萍.西方国家公众参与环境治理的途径与机制[J].学术论坛,2012,35(3):32-36.

陆启韶,彭临平,杨卓琴.常微分方程与动力系统[M].北京:北京航空航天大学出版社,2010.

潘峰,西宝,王琳.地方政府间环境规制策略的演化博弈分析[J].中国人口·资源与环境,2014,24(6):97-102.

史云贵,欧晴.社会管理创新中政府与非政府环保组织合作治理的路径创新论析[J].社会科学,2013,45(4):25-32.

孙兴丽,王殿茹,张举钢,等.基于合作竞争演化博弈分析的城市冷链物流共同配送问题研究[J].物流技术,2014,21(23):260-263.

汪泽波,王鸿雁.多中心治理理论视角下京津冀区域环境协同治理探析[J].生态经济(中文版),2016,32(6):157-163.

王志强,周隽,沈月琴.基于自愿协议减排的企业演化博弈分析[J].浙江农林大学学报,2014,31(5):785-790.

威布尔.演化博弈论[M].上海:上海人民出版社,2015.

吴虹雨,毛德华,冯立攀.城市土地低碳利用中政府、企业和消费者的演化博弈分析[J].地域研究与开发,2015,34(2):125-130.

徐丹,杜彬伟.美国社区治理中的非政府组织及其与政府、企业间的关系[J].社会主义研究,2014,46(05):160-165.

徐建中,徐莹莹.政府环境规制下低碳技术创新扩散机制——基于前景理论的演化博弈分析[J].系统工程,2015,33(2):118-125.

许宗萍.城市冷链物流共同配送的演化博弈分析及收益分配研究[D].北京:北京交通大学,2012.

于羽.排污权交易机制下的有限理性动态寡头博弈研究[D].长春:吉林大学,2014.

张杰,张洋.论全球环境治理维度下环境 NGO 的生存之道[J].求索,2012,32(12):176-178.

郑思齐,万广华,孙伟增,等.公众诉求与城市环境治理[J].管理世界,2013,29(06):72-84.

周黎安.中国地方官员的晋升锦标赛模式研究[J].经济研究,2007,7(36):36-50.

朱德米,虞铭明.社会心理、演化博弈与城市环境群体性事件——以昆明 PX 事件为例[J].同济大学学报(社会科学版),2015,26(2):57-64.

NASH J. The bargaining problem[J]. Econometrica,1950,18:155-162.

PRICE G R,SMITH J M. The logic of animal conflict[J]. Nature,1973,246:15-18.

TAYLOR P D,JONKER L B. Evolutionarily stable strategies and game dynamics[J]. Mathematical Biosciences,1978,40:145-156.

第四章 "权力-权利"视角的城市社区多重委托代理关系*

社区是城市的基层单元。在城市社区（urban community）中，政府、居委会、居民、社会组织、物业公司等主体相互交织，作用机制错综复杂。这些主体在社区中应该以何种方式组织、参与社区治理，就是社区治理结构的构建。本章以"国家权力"（state power）与"社会权利"（social right）良性互动为视角，以利益相关者理论（stakeholder theory）和委托代理理论（principal-agent theory）为分析框架，分析各社区主体的角色定位及其相互关系，探讨如何构建网络化的社区治理结构，以使得社区各主体充分参与到社区治理过程中。

一、"权力-权利"视角下的社区治理

（一）国家"垂直权力"与社会"水平权利"

"权力-权利"是透视社区治理结构的重要视角。权力指的是对其他主体施加控制及影响的作用力及其来源，在国家中，政权往往作为权力的掌控者，依靠强制手段保障权力的顺利运行；权利指的是各主体依据其价值判断作出决定、实现的利益，只有在权力范围内认定的合法性权利才受到保障（付春华，2016）。

---

* 原载《城市管理研究（第 4 辑）》，后经作者修改、整理。

权力和权利体现了国家与社会之间的关系。总体上,随着国家治理能力现代化和公民自治能力的提升,公民权利不断壮大,政府权力则在市场机制成熟时,不断地缩小(申明昱,2013)。国家治理的理想状态是善治(good governance),作为善治核心的多元共治有两个维度:第一,治理是政府、市场、社会协调共治的系统化运作;第二,治理是政府、市场、社会各归其位,各尽其责,形成良性的双向互动。权力和权利关系的变革标志是国家权力逐步从属于社会权利。

(二)发达国家社区权力与权利的关系模式

1. 美国:强社会权利下的公民自治

美国的社区治理模式是一种以社区自治为主、各方广泛参与的"强权利"模式,强调社区及居民的自我管理、自我发展,具有民主化、组织化、多元化的特征。政府指导并提供资金,社区委员会、社区主任、社区工作者、社区居民、非营利组织、志愿者等为社区治理主体,负责具体事务的运营与实施。其主要特征包括:首先,政府制定鼓励和支持社区组织发展的政策,并和社区治理主体间建立合作关系,以税收减免引导私企参与社区建设;其次,非营利组织是社区治理和提供公共服务的中流砥柱,并形成了一个包括传统社区服务机构(慈善组织为主)、支持型社区组织(承担就业培训、创业支持等其他支持型服务)、社区邻里组织(满足社区居民基本需要的组织)的庞大系统;最后,社区企业为社区提供融资工具、咨询服务、资本支持等,支持社区少数族裔、妇女等困难群体(邹丽琼,2009)。

2. 英国:宽容权力下的强社会权利

英国的社区治理得益于政府宽容的支持政策。各类社区组织、民间组织、志愿者团体与英国政府多渠道、多方位合作,联合提供和改善公共服务。首先,政府颁布慈善法和合作协议,提出政府鼓励和支持民间慈善事业的法定框架,给出社会组织募捐的法律依据,奠定社会公益事业的制度基础,以促进政府部门与民间公益组织建立合作伙伴关系。其次,政府大力扶持社会组织发展。内政部(Home Office)积极社区司(Active Community Unit)负责推动以社区为基础的民间公益活动与志愿活动,通过政府采购及委托经营等方式与民间公益组织签订公共服务协议,并监督和评估协议的执行情况;公民再造司(Civil Renewal Unit)负责培育公民组织,开展相关的教育工作;慈善司(Charities Unit)主要负责推动慈善法的修改及推进改革与完善民间组织监督体系。最后,慈善组织协会(Charity Organization Society)和慈善管理委员会(Charity

Commission)监管社会组织,克服社会组织间缺乏联系和合作的问题,将对社区居民的救助和帮助纳入工作体系,负责社会组织的登记注册、审查监督并委托第三方组织进行评估(曾映明 等,2010)。

3. 新加坡:强国家权力下的基层组织法团化

新加坡的社区治理采取国家强权力控制下的治理模式,经由人民协会(People's Association)控制基层组织网络,将国家意志贯彻至社区治理中。其主要特征包括:第一,基层组织的国家联合化,新加坡社区的基层组织为数众多,组织网络严密,纷繁复杂。基层组织纳入人民行动党成立的人民协会的管理范围。第二,国家通过立法将人民协会确立为国家基层组织的合法代表,使基层组织联合团体获得了合法化与排他性,成为基层组织国家化的典型模式。第三,人民协会管理基层组织有严格的管理制度。人民协会为主要的基层组织提供80%的基础设施费用和50%的日常经费支持。相应地,基层组织及其联合团体将协助实现国家意图。

总体上,新加坡社区居民对于基层组织的参与度较低,国家通过基层组织自上而下进行管理,一些社会问题因缺乏自下而上的参与机制被长期掩盖(王新松,2015)。

(三)中国城市社区权力与权利的关系发展

从"权力-权利"的关系视角,中国社区治理区可以分为国家强权、合作共治和社区强权3种结构化的发展模式。

1. 单位制传统与国家强权力

改革开放前,中国实行单位制社区治理模式。单位是国家的代表,深入居民生活的各个领域(高克平,2011)。改革开放后,即使传统单位制迅速解体,但在路径依赖的影响下,社区治理模式仍以国家强权力为主导。

在国家权力主导下,社区被视为城市基层管理单位,通过社区建设加强基层管理(杨敏,2007)。国家通过行政体系的延伸和重塑,在社区中重新建立权威,即使单位制已经瓦解,但是新的基层管理体制仍然处于国家强权力的控制之下。

2. "权利意识萌发"与合作共治模式

伴随改革深化和利益格局的不断多元化,公民权利意识萌发,开始挑战"基层社会管理"的一系列内在缺陷。社区治理模式逐渐向合作共治模式过渡。

在社区合作共治模式下,政府管理和社区自治相互衔接、相互配合,实现在基层城市管理领域中的管治结合。一方面,政府行政力量为社区及居民提供城市基本公共管理和公共服务,方便居民生活;另一方面,社区和居民通过相应的表达渠道,参与政府行政管理过程,同时也能够增强政府权威,保障公共政策的顺利落地,这种管治二元合作的模式,在国家权力的控制下,一定程度上满足了不断萌发的公民权利意识。

3. 社区强权与社区自治

随着公民权利意识的进一步觉醒,社区治理最终走向民主自治模式,国家权力不再直接干预社区自治活动。

在社区民主自治模式下,社区治理的主要目标即是寻找某种内在的团结机制,重建地域单元的生活共同体。社区成为在政府领导下由普通市民构建的具有一定自由活动空间、相对独立于国家、具有一定自主性的"自组织"(self-organization)空间。

二、社区利益相关者的委托代理分析

(一)社区利益相关者

利益相关者理论是在英国、美国等长期奉行外部控制型公司制模式的国家中发展起来的(贾生华、陈宏辉,2002)。能够对组织造成直接、间接影响的对象都是利益相关者(徐延辉、龚紫钰,2014)。在划分利益相关者的类型时,多使用多维细分法(multi-dimensional classification method)和米切尔(Mitchell)评分法。Mitchell 和 Wood(1997)以合法性(拥有法律、道德赋予的企业索取权)、权力性(拥有影响企业决策的地位、能力、手段)、紧急性(拥有立即引起决策者关注的能力)这三大属性为基础,根据利益相关者满足其中几项属性来确定其类型。还有学者认为,企业利益相关者应拥有企业所有权,不仅包括股权人,还包括公司外部对其行为会产生影响的个体或团体,由他们共享企业所有权(Blair,1998)。

利益相关者理论应用于城市管理领域,能够对城市管理和城市发展产生合理化利益诉求并参与其中的个体或团体被视为城市利益相关者。进而,利益相关者理论也被广泛应用于社区治理研究领域。徐延辉、龚紫钰(2014)认为,城市社区利益相关者是指那些能够影响城市社区发展目标的实现,并且能被社区实现目标的过程影响到的任何个人和群体。

根据米切尔的利益相关者评分法,可将社区利益相关者分为三层(如图4-1):第一层是核心层,包括确定型利益相关者,是社区核心治理者;第二层是支持层,包括预期型利益相关者,为社区发展提供资源支持;第三层扩展层,包括潜在型利益相关者,有选择性地参与社区事务。

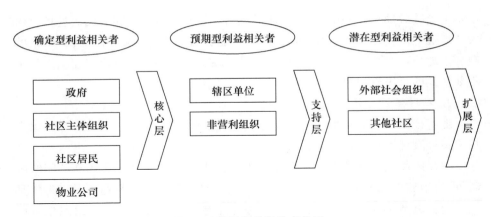

图 4-1 社区利益相关者关系

核心层包括政府、社区主体组织、社区居民及物业公司，是与社区发展关系最为密切的利益相关者。第一，政府在社区的运作过程中居于主导地位。政府为社区发展制定相关政策；为社区提供公共资源和服务；通过直接配置或规章制度引导资源向社区集聚；政府还对社区自治进行宏观指导。第二，社区主体组织在社区中发挥着领导核心的作用。社区主体组织包括社区党组织和社区居民委员会。社区主体组织是社区自治的组织者、推动者和实践者；是党和政府联系社区居民群众的桥梁，协助基层政府工作；是社区居民利益的维护者，组织相关监督活动。第三，社区居民是社区的基础，居民通过选举代表组成社区权力机构，通过意见表达参与社区重大事件决策；通过参加社区活动丰富社区精神文化生活；通过参加居民互助活动减轻社区公共服务供给压力；通过反馈机制监督社区各类治理主体。第四，物业公司是社区实质管理者，不仅能够对小区内的各类生活设施进行管理，还能对小区内部的人进行管理，通过保安来维护社区安全（陈鹏，2016）。

支持层是指社区所辖企事业单位与社区社会组织，他们对社区发展环境有所诉求的同时掌握社会资源反哺社区。辖区单位包括社区范围内的行政单位和企事业单位，社区社会组织包含各类社区层面非营利组织，其根本目标是实现社区公共利益的最大化（徐延辉、龚紫钰，2014）。

扩展层包括外部社会组织、其他社区等，这些主体虽在社区外部，但对社区发展具有巨大的潜在影响力。外部社会组织是相对于社区社会组织而言关注范围更广的非营利组织，他们从某些特殊群体的需求出发与社区事务发生交叉。高校也是社区重要的外部组织之一，大学生志愿活动、大学生干部挂职锻炼、大学教师讲座培训等都为社区带来积极影响。

(二) 社区利益相关者委托代理关系

本部分将运用委托代理理论来分析社区利益相关者中各主体之间的委托代理关系。委托代理理论是20世纪60年代末兴起的经济学理论,最早用于模拟股东和职业经理人之间的行为关系(Spence and Zeckhauser,1971;Ross,1973;赵蜀蓉 等 2014)。此后,Mirrless(1976)、Grossman 与 Hart(1983)、Rogerson(1985)等对模型进行了推广。Holmstrom等(1987)还构建了政府官员为代理人的参数化模型。

委托代理理论本质上是一种契约理论,由委托人和代理人双方构成委托代理关系,是发生在所有权与经营权分离的前提下,委托人和代理人出于相同的利益选择,建立的风险型社会关系,风险源于委托人和代理人之间所掌握的信息差异。由此,委托代理关系在涉及社会公权力使用和公共资源分配的社区治理中同样适用。

1. 政府、社区居委会与居民

基层政府与社区之间的委托关系较为模糊。街道办事处为代表的城市基层政府与社区居委会之间是长期的领导与被领导关系,未真正形成委托代理模式。

居民将自身部分自治权力让渡并集中于社区居委会,因此居委会代表居民利益并对居民负责。但实际运行中,由于街道办事处领导社区居委会工作,社区居委会需要向城市行政权力负责,而把社区居民作为管理对象,无法实现居民利益最大化的根本目标。如图 4-2 所示。

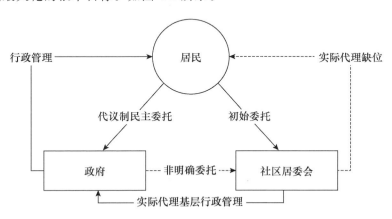

图 4-2 政府、社区居委会、居民委托代理关系

2. 业主委员会、物业公司与居民

业主委员会(业委会)是小区物业管理的最高权力机构——业主大会的常设机构。业主大会和业委会的所有决定需告知居委会并听取居委会建议。物

业公司与社区居民之间是一种经济委托代理关系,是建立在法律和经济平等基础上的商品交换关系。业主支付费用获得服务,并通过业主委员会来集中业主的权利并约束物业公司。如图4-3所示。

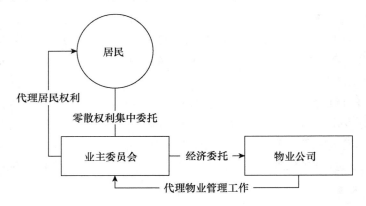

图 4-3 业主委员会、物业公司、居民委托代理关系

3. 社区居委会、业主委员会、物业公司

如图4-4所示,社区居委会、业主委员会、物业公司分别是行政力量、社会主体、市场主体在社区中的代表,它们有各自不同的行为逻辑。居委会对业委会、物业公司的工作进行指导监督,同时代表社区整体与政府行政力量对接。但是,居委会受到人力、物力、财力的约束,需要在物业公司的管理队伍、基础设施、软件系统等支持下,完成对社区的管理职责,相应地也给予物业公司合法性。在社区中,业委会代表的业主集体利益和物业公司追求的市场利益间常存在矛盾冲突,业委会可以监督约束物业公司,因此也需要借助社区居委会的权力以保证自身合法性,通常,业委会会处理好与社区居委会之间的关系,进而施加自身对社区物业事务的影响。

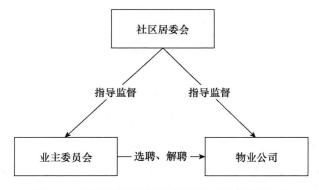

图 4-4 社区居委会、业主委员会、物业公司关系

(三）社区多重委托代理网络

社区利益相关者委托代理关系分析可以清晰地反映出社区居民是社区权力的根本来源,再将权力不同程度地让渡于政府、社区主体组织、业主委员会以及物业公司。社区居民是社区最基础的委托人,构成了社区多重委托代理关系的出发点。社区四大核心层的利益相关者,实则为政府、市场、社会三部门博弈在社区层面的载体,以此为出发点,社区多重委托代理关系的多层次特性包括:首先,在代议制民主制度下,居民与政府形成了第一重委托代理关系,居民将自己的权利委托给政府,以提高资源配置效率。最初,政府依托居民委托权利进行全领域管理。其次,随着某些领域政府失灵现象的涌现,资源配置效率下降,政府将一部分权力下放给以社区居委会为代表的治理主体组织,形成第二重委托代理关系,由于政府的权力最初源于居民,因此,第二重委托代理关系背后还隐含着一重间接委托。最后,社区居委会委员是由居民选举产生的,所以也应对居民负责,形成了第三重委托代理关系。上述三重委托代理关系中,虽然第二重委托代理关系与第三重委托代理关系在权利的根本来源上都是社区居民,但在实际运行过程中,政府部门对社区主体组织的约束更为强烈。由此,第二重委托代理关系的强度大于第三重委托代理关系,在居民权利与上级政府指导意见发生冲突时,社区主体组织往往以上级政府行政命令为工作重心。

第一重、第二重和第三重委托代理关系可被称为行政代理,这是在非市场因素选择下的委托代理关系,而社区委托代理关系还包括市场条件下的经济性委托代理关系。通常,社区主体组织受限于人员、经费等客观条件,无法完成所有公共产品和公共服务的提供,由此会采用政府购买等方式与企业、非营利组织等进行合作,形成第四重委托代理关系。如自负盈亏的物业公司与居民之间存在经济代理,居民雇佣物业公司对社区物业与日常运行进行管理,但不是由零散的居民自行选择物业公司,这个权力集中于业主委员会,业主委员会代表居民选择聘用物业公司,由此,居民与业主委员会之间形成了第五重委托代理关系,在此基础上,业主委员会与物业公司之间形成了第六重委托代理关系。

至此,我们将社区支持层利益相关者之间的委托代理关系梳理清楚了,按照行政委托和经济委托的区分,社区涉及的治理主体可分为两个部分:一是以"政府—社区主体组织(居委会、党支部)"为核心的社区管理主体,代表着国家"垂直权力",二是以"社区主体组织—业主委员会—物业公司—营利性公司—社区非营利组织"为核心的社区自治主体,代表社会的"水平权利"。完整的社区多重委托代理关系网络,如图4-5所示。

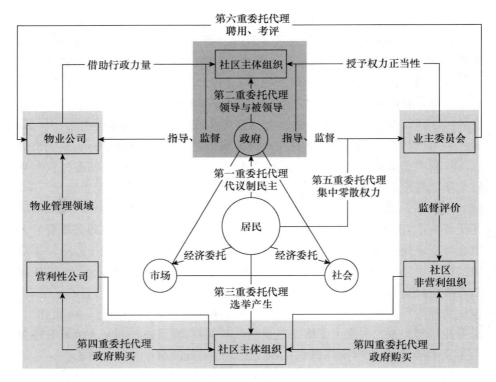

图 4-5　社区多重委托代理关系网络

注：图中浅色阴影部分表示社区"权利主体"；深色阴影部分表示社区"权力主体"。

三、构建"权力-权利"良性互动的网络化社区治理结构

基于社区多重委托代理关系，在社会转型期的"权力-权利"视角下，社区治理的核心任务是构建一个充分激励社区利益相关者，实现让每一位社区居民充分参与治理过程的社区治理结构。

（一）"权力-权利"良性互动的基本要求

在国家强权力领导下，社区治理被当作政府行政力量在基层的延伸，忽视居民参与渠道建设；社会强权利主导下，社区是居民自治的场所，强调社会要素的核心作用，推动社区居民参与，但对政府提供基本公共服务的职能重视不足。过度强调任何一方都不符合我国当前发展阶段的内在要求。国家权力和社会权利良性互动下的社区合作共治模式是值得倡导的社区治理模式（董治佑，2018），这要求社区治理模式从国家垂直权力向社会水平权利过渡，形成一张"纵横交织"的网络体系，保证社区各利益相关者均能有效参与社区治理。"权

力-权利"良性互动的积极意义在于：第一，确保国家权力体系运转高效。政府建立大部门制以强化合作，部门内部政策颁布的出发点保持一致，推进合作治理行动。在管理理念上强调打破条块分割，进行纵向权力调整和横向部门协同，社会公权力和私权利相匹配；在宏观上重点解决公共服务供需不匹配的问题，微观上采取网络组织模式，通过授权和注重结果而非过程的绩效考核导向，实现公共管理和公共利益、社会资源的融合（叶璇，2012）。第二，整合形成社会权利网络。在社区内部各类组织之间形成良性互动网络，通过整合权利网络使得社区个体由分散走向联合，也是集中行使社区权利的准备条件。第三，建立"权力-权利"合作关系。现实中，政府和社会无法单独面对和根治某些社会问题，需要建立"权力-权利"合作关系来解决。通过多元治理主体之间的分工协作，最大化地完成社区治理职能。

（二）构建网络化社区治理结构

在形成"权力-权利"良性互动关系的前提下，构建网络化社区治理结构，关键在于三个方面：一是独立于社区主体组织，设置社区服务站对接基层政府，实现基层政府（街道办事处）和社区主体组织等行政委托代理关系的重新整合；二是理顺社区内各利益相关者的多重委托代理关系，推动社区公共服务职能的分工、合作、共治；三是在网络化治理下，实现政府"垂直权力"和社区多主体"水平权利"的连接。

1. 成立社区服务站，延伸政府垂直权力

成立社区综合服务平台承担政府行政管理事务延伸到社区部分的末梢任务，完成居民日常所需的各类服务保障事项，是缓解社区主体组织工作压力的必然选择。初步整合后，再通过其他社区主体组织的合理分工，明确社区党组织和社区居委会的独立功能与职责边界，按照"职责明确、分工合理、优势互补、协调联动"的原则进行组织。社区党组织侧重推动发展、服务群众、凝聚人心、促进和谐；社区居委会侧重组织居民开展民主自治，维护居民合法权益和社区共同利益。

2. 明确居委会职能，整合社区水平权利

在社区党组织的领导下，在社区居委会的组织协调下，包括业主委员会、物业公司、非营利组织等在内的社区利益相关者，形成社区自治综合体，社区居委会作为领导者、监督者、促成者，进行社区多主体水平权利的整合。

第一，社区主体组织承担服务对接职能。社区主体组织要在专业社会组织与居民之间，专业社会组织与社区社会组织之间负责组织服务对接功能。通过为社会组织提供居民信息，反映社区居民的实际需求，实现社会组织的服务与社区居民的有效对接。进一步促使居民与社区社会组织对社区居民委员会的认同，巩固社区居民委员会自治合法地位。

第二，社区主体组织承担管理与监督职能。监督社区社会组织，如地方政府向社会组织购买服务时，社区居民委员会作为中间机构，全程监督项目的执行。加强"政府—社区居民委员会—社会组织"的联动效应，提高社区服务的数量与质量。

第三，社区主体组织承担协商参与、矛盾协调职能。社区居民委员会应通过民主协商参与等形式，协调社区矛盾纠纷，为居民提供活动场地、宣传、支持，服务、孵化、引导社区社会组织的发展，取得社区居民的信任与认同，利用社区社会组织的组织载体来管理与服务社区。

3. 建设支持型社区组织网络

整合支持型社区组织，有助于集中资源满足社区居民个性化的各类需求。探索建立社会组织服务园，搭建社会组织线下实体平台，同时借助互联网交互能力，搭建社会组织线上沟通联系网络，实现社会组织内部、社会组织与其他团体、社会组织与居民个人的信息传递。鼓励各类型社会服务机构在社区建设试点，提供服务，鼓励社会组织参与社区治理，积极表达自身诉求、实现诉求。

（三）网络化社区治理结构的现实意义

基于"权力-权利"良性互动形成的网络化社区治理结构，是政府打破"自上而下"传统行政性工作模式，缔造新型社区管理及服务体系，以社区为平台，以各类社会工作机构为载体，实现社区、社团（社会组织）、社会工作者"三社联动"是构建"党—居—站—社"四位一体的社区治理结构的有效途径。首先，在党建引领下发挥基层政府的主导作用。其次，将社区主体组织一分为三，社区居委会仅保留组织居民自治的工作职能，完成与社区业委会、物业公司、社会组织、营利公司的服务对接、监督监管、协商协调工作；设立社区服务站，以社区为核心提供公共管理和公共服务，方便居民生活；社区党支部统领包括社区居委会、社区服务站在内的主体组织党建工作。最后其他社区治理主体通过社区服务网络参与社区管理服务（如图4-6）。

通过网络化社区治理结构，实现社区治理主体间资源优势互补，是社会进行再组织化和实现服务性社区治理的必然途径。

四、城市社区治理网络构建的激励机制

城市社区多重委托代理机制的核心是多元主体参与。在社区碎片化的背景下，如何激发居民、社会组织、营利企业参与社区治理，就成为关系到网络化社区治理体系构建成功与否的关键。

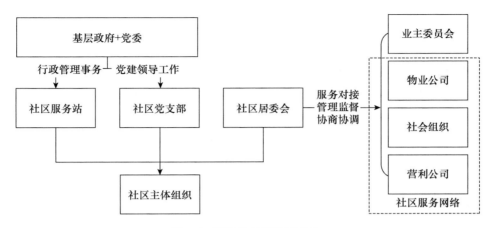

图 4-6　网络化社区治理结构

（一）提高公众参与城市治理的积极性

激发公众的主人翁意识，通过各种方式积极参与治理过程。

第一，探索建立公众参与城市治理的体制保障。在城市公共政策制定过程以及公共服务供给过程中，将公众参与以制度性的形式进行固化保留，赋予公众参与城市治理工作的合法性，积极收集并解决公众关心的群体性、普遍性问题，真正做到"人民城市为人民"。

第二，探索建立公众诉求的合理化表达机制。完善各级政府部门与公众自治组织间的沟通渠道，保障公众诉求的常态化反馈机制畅通，同时，定期召开社会听证会、联系会议等，相互通报发展情况；完善公众个人利益表达渠道，将信访、人大代表联系群众、市长来信等各个工具运用到位，保证公众诉求能够及时畅通表达。

第三，探索建立公众维权服务保障机制。建立健公民众合理维权的调解、仲裁、法律等手段，并进行维权手段的科普教育工作，保证公众在合法权益受到侵害时有信心、有能力进行维权活动，维护好公众权益。

（二）培育社会组织参与城市协同治理

社会组织在城市治理过程中必须有所担当、有所作为，只有社会组织获得深入持续发展，才有可能使社会成员自愿参与、自我组织、自我治理成为可能。但是现阶段社会组织在法律体系、制度建设、监督管理上还存在缺位或错位，加之自身内部的因素，公信力受到影响。因此，培育社会组织参与城市协同治理，还需要做到如下几个方面。

一是建立和完善社会组织的政策法规。尽快制定和出台一部全面规范社会组织的纲领性法律，同时，修改和完善现行有关社会组织的相关法规，根据社会组织的不同性质、特点和活动方式，分类规范和管理。在处理社会组织和政府关系时，明确其相互独立、业务上互助合作、共同发展的伙伴关系，政府适时地推出优惠政策，扶持社会组织的发展（马海韵、张晓阳，2012）。

二是改革和创新社会组织的监督管理体制。我国对社会组织的管理主要还是实行双重管理，应简化社会组织的登记管理，加强社会组织动态过程的监督。首先，强调政府对社会组织进行依法监督的职责，政府不干预社会组织的合法行为，但负有对社会组织进行监督和管理的职责。其次，政府有关职能部门应加强对社会组织的常规督查，规范社会组织的日常行为。最后，发挥社会舆论的监督力量。发挥社会舆论、新闻媒体的作用，将社会组织置于网络化、多形式的监督之下。

三是培育和提升社会组织能力建设。要强化社会组织能力建设，明确社会组织社区治理主体地位，积极拓宽社会组织的参政议政渠道。通过合法的参政议政，充分表达合法的组织利益诉求。

（三）鼓励营利企业参与城市协同治理

首先，完善立法，明确企业应承担的社会责任。在立法过程中，重视量化标准和考核标准的可操作性，规范监管流程，规定企业参与社区治理的责任。其次，严格执法，严格按照立法环节制定的标准体系进行考核监督，依据考评结果给予不同的正负向激励措施。对于积极承担社会责任的企业而言，政府对其进行表彰，并且在税收、政策等方面给予优惠进行支持，并纳入社会信用体系，定期公布优秀企业名单，形成品牌效应。对于拒绝承担社会责任的企业而言，政府应该给予警示、劝告及惩戒，限制其部分行为。最后，舆论监督，发挥政府、企业外的第三方行为主体的能动性，构建社会化、多层次的舆论监督体系，对企业承担社会责任的行为进行约束。

参考文献

陈鹏.城市社区治理：基本模式及其治理绩效——以四个商品房社区为例[J].社会学研究，2016(3)：125-151.

董治佑.整体性治理视角下的整体性社区构建[J].华中师范大学研究生学报，2018,25(01)：37-41.

杜怡梅.和谐社会视域下的精神共同体与社区的关系[J].理论与改革，2013(5)：146-148.

付春华.社区多元共治模式中主体的"权利"与"权力"研究[J].兰州工业学院学报，2016,23(5)：114-116.

高克平.华东理工大学奉贤校区图文信息中心[J].上海高校图书情报工作研究,2011(3):2.

高瑜.公共服务下社区:我国城市基层社会管理体制创新的路径选择[J].中共南昌市委党校学报,2013,11(3):51-55.

杭军.加强基层组织建设,从源头化解社会矛盾[J].决策,2012(9):101-102.

何海兵.我国城市基层社会管理体制的变迁:从单位制、街居制到社区制[J].管理世界,2003(6):52-62.

贾生华,陈宏辉.利益相关者的界定方法述评[J].外国经济与管理,2002,24(5):13-18.

李红琨.村级财务委托代理制度创新研究[J].中国农业会计,2013(1):14-15.

李政,邱德荣.风险投资中的委托代理关系分析[J].科教导刊,2011(14):156-157.

刘珈宁.浅谈现代企业管理中代理问题[J].理论界,2012(7):201.

马海韵,张晓阳.非政府组织参与公共危机治理的研究[J].南京工业大学学报(社会科学版),2012,11(2):77-84.

申明昱.经济法主体权利(权力)的界定[J].商,2013(10):184-185.

王佃利.城市治理体系及其分析维度[J].中国行政管理,2008(12):73-77.

王淑玲.人民团体要积极参与社会管理创新[J].领导之友,2012(03):19-20.

王新松.国家法团主义:新加坡基层组织与社区治理的理论启示[J].清华大学学报(哲学社会科学版),2015(2):48-58.

徐延辉,龚紫钰.城市社区利益相关者:内涵、角色与功能[J].湖南师范大学社会科学学报,2014,43(2):104-111.

杨敏.作为国家治理单元的社区——对城市社区建设运动过程中居民社区参与和社区认知的个案研究[J].社会学研究,2007(4):137-164.

叶璇.整体性治理国内外研究综述[J].当代经济,2012(06):110-112.

曾映明,查竞春,何少东.英国的社区治理[J].特区实践与理论,2010(2):52-55.

张会霞.城市社区政府与社区组织之间的新型互动关系[J].中国集体经济,2007(4):244-246.

赵蜀蓉,陈绍刚,王少卓.委托代理理论及其在行政管理中的应用研究述评[J].中国行政管理,2014(12):121-124.

邹丽琼.美国城市社区治理及其启示[J].北京城市学院学报,2009(1):59-63.

BLAIR M M. For whom should corporations be run?: an economic rationale for stakeholder management[J]. Long Range Planning,1998,31(2):195-200.

CLARKSON M. A stakeholder framework for analyzing and evaluating corporate social performance[J]. Academy of Management Review,1995(01):92-117.

GROSSMAN S J,HART O D. An analysis of the principal-agent problem[J]. Econometrica,1983,51(1):7.

GROSSMAN S J,HART O D. The costs and benefits of ownership: a theory of vertical and lateral integration[J]. Journal of Political Economy,1986,94(4):691-719.

HOLMSTROM B,MILGROM P,FUDENBERG D. Short-term contracts and long-term agency relationships[J]. Working Papers,1987,51(1): 1-31.

MIRRLEES J A. The optimal structure of incentives and authority within an organization[J]. Bell Journal of Economics,1976,7(1): 105-131.

MITCHELL R K,WOOD D J. Toward a theory of stakeholder identification and salience: defining the principle of who and what really counts[J]. Academy of Management Review,1997,22(4): 853-886.

ROGERSON W P. The first-order approach to principal-agent problems[J]. Econometrica,1985,53(6): 1357-1367.

ROSS S A. The economic theory of agency: the principal's problem[J]. The American Economic Review,1973,63(2): 134-139.

SPENCE M,ZECKHAUSER R. Insurance,information,and individual action[J]. The American Economic Review,1971,61(2): 380-387.

第五章　中国城市基层治理中的街道改革模式[*]

中国共产党十八届三中全会审议通过的《中共中央关于全面深化改革若干重大问题的决定》提出了全面深化改革的指导思想、目标任务、重大原则。在这样的背景下,中国城市基层治理体制改革也迫在眉睫。

街道办事处是中国城市基层行政管理末梢,连接着政府和社区,从最初建制至今,其性质、地位和职能都在随着历史的变化而不断变化,街道办事处职能变化反映的是城市基层治理体制的调整,即城市基层政府(饶常林、常健,2011)、市场与民间组织等主体间关系呈现的制度化的权力安排和互动模式的变化,与价值、制度、行为的外在表现形式的调整(王臻荣,2014)。

长期以来,学术界关于城市基层治理体制的研究都集中在"单位制"解体后,以"街居制"为核心的治理模式应如何建立以及"街居制"向"社区制"的转型等结构性问题上。陈伟东(2000)认为,"单位制"解体之后,城市基层管理体制变迁的核心是转向"社区治理模式",他以武汉市的社区建设实验为案例,探索了全新的城市基层社会管理体制;陈雪莲(2009)以"北京市鲁古街道社区管理体制改革",提出以"社区制"为制度载体探索多元合作城市基层治理体制,建议在"精简机构,缩减人员"的基础上,重点进行职能转变,将政府、市场、社会的力

---

[*] 原文刊发于《治理研究》2019 年 04 期,后经作者修改、整理。

量整合起来共同参与城市治理工作；杨宏山（2011）梳理了改革开放以来中国城市基层管理经历的制度变迁，认为加强和完善城市基层治理，必须要坚持政府主导，同时引入市场机制和社会力量，依靠合作治理提供社区服务，满足居民多样化的服务需求。

关于城市基层治理结构的研究更多限于以改革中的"社区"为主要研究对象，一定程度上忽视了街道办事处在城市基层治理中的重要地位。舒晓虎等（2013）在研究国家行政管理与社区居民自治如何衔接的过程中，就明确提出了这一问题，已有研究将注意力过多地放在建制社区上，对于城市基层实行行政管理还是社区自治在态度上模棱两可或者水火不容。他们的研究中，将街道办事处视为行政管理力量在基层的载体，将社区视为居民自治力量在基层的载体，这一划分与研究"管理-治理"衔接的学者的研究成果不谋而合：刘建平等（2014）提出构建一种"嵌合式治理"机制，在"强国家-强社会"的模式下，国家合理嵌入和社区自主治理相结合，实现国家和社会的互动与相互增权；张瑞等（2010）也提出，城市基层治理的关键在于如何实现行政权与自治权的有效划分与两种权力运行的有机衔接，应还原社区本质，实现社区分类管理，形成多元资金筹措机制，推动政府行政管理与社区自治的有机衔接。

当然也有学者在街道办事处改革领域做出贡献，尹志刚（2006）研究北京城市政府基层管理体制改革，以街道与区政府及其各专业管理部门的管理职能、权限划分，街道内部各机构管理职能的科学界定及整合等为研究内容，希望理顺街道与上级政府专业管理部门的关系，理清并整合街道内部各科室的职能，为实现社会治理之路搭建制度性平台。

综上，城市基层治理体制一直以来是学术界研究的热点，但是更多的研究以社区为对象，重点在于激发"社区制"下的基层自治活力，其中街道的改革实践也被当做案例来分析"社区制"建立过程中遇到的问题与解决对策，鲜有文章直接以街道为核心，关注其职能的结构调整与城市基层治理结构的关系。基于此，本章研究中国城市基层治理结构，希望从新中国成立以来城市基层行政管理主体——街道办事处的职能演变出发，结合十八届三中全会以来的时代背景，剖析街道办事处治理现状中存在的问题，提出城市基层治理体制的改革方向。

一、城市街道办事处的历史定位和新的要求

（一）中国城市街道办事处职能的历史沿革

1954年，《城市街道办事处组织条例》通过，正式规定街道办事处作为市辖

区或不设区的市的人民委员会的派出机关,统一其名称、性质、任务和机构设置。作为城市基层行政组织,最初街道办事处包含以下任务:办理市、区辖区的人民委员会有关居民工作的交办事项;指导居民委员会的工作;反映居民的意见和要求。

1958年,各城市街道办事处合并组建"人民公社"组织经济建设,受这一变化的影响,1962年,街道办事处从"人民公社"中再度恢复时,已经开始承担经济建设的职能。在1966年开始的"文化大革命"中,"街道革命委员会"由街道办事处改组成立,建立街道党委,街道在事实上成为城市的基层政权组织。直到1980年,《城市街道办事处组织条例》得以重新公布,街道办事处作为市或区政府的派出机构的定位也被重新确立。

改革开放以后,城市行政管理体制改革呈现出权力下放、重心下移的特点。一方面,街道承接了实行"条条"管理的城市职能部门下放的城市管理任务,另一方面,"单位制"解体,大量原属于单位的政治、社会、教育、保障等职能被沉淀到街道。由此,街道办事处承担起城市管理、社会管理、社区服务、社区建设、精神文明建设等多项任务。面对这一新形势,以上海为代表的城市进行了街道管理体制改革,推动市、区两级政府权力下放,强化街道办事处的权限和职能,中国现行的"两级政府(市、区),三级管理(市、区、街道)"的管理体制正式形成(饶常林、常健,2011)。

(二)"两级政府,三级管理"体制下街道办事处的治理困境

"两级政府,三级管理"体制的关键在于"建立起责权利统一、条块结合、以块为主的城市管理体制"(张晓玲,2011)。但是在这个过程中,街道办事处的职责模糊、权责错配、管理越位等,均成为"两级政府,三级管理"体制下街道办事处遭遇的治理困境。

首先,街道办事处职责定位模糊,职能过载。随着城市管理重心的不断下移,很多原来由"条条"管理中的职能部门负责的任务被下放到了街区,这使得街道管理内容大大增加,特别是当前城市综合整治和综合执法下移的背景下,工商管理、园林绿化、交通道路等部分任务都被划转至街道办事处,这些管理内容恰恰是每个职能部门都不愿意接受和难以解决的内容,增加的街道管理难度,远远超过了其作为派出机关的职能范围。

其次,街道办事处权责错配,条块分割。作为区政府派出机构的街道办事处,法律上不属于一级政权,没有税收征管、行政执法、人事任免等权力,但实际上已经履行一级政府的管理职责,存在着严重的职能错位(张冬冬,2015)。虽然街道办事处的职能不断增加,但是街道办事处的职权并没有随之配套,普遍

存在"权小责大"的现象。此外,在街道层面还存在较为突出的条块矛盾,街道办事处对于辖区内职能部门并没有上下级管理权限,各职能部门对街道办事处的工作也没有法定义务进行配合,这使得街道办事处很多管理职责无法展开。

最后,街道办事处职能越位,社区管理缺乏活力。街道办事处和居民委员会在理论层面是指导与被指导的关系,但是在实践中,居委会分别对应着街道办事处的管理职责设置办公机构,一定程度上可以被视为准行政组织,街道办事处与居委会的关系与其说是指导与被指导的关系,不如说是领导与被领导的关系。与此同时,社区居委会在承担过多行政职能的同时却没有任何行政权力,不利于城市管理任务在社区的落实。

由于存在着职责模糊、权责错配、管理越位等问题,街道办事处在现有体制下遭遇了严重的治理危机,已经无法满足城市治理现代化的需求。

(三)街道办事处在城市治理体制改革深化过程中的时代要求

国家治理现代化是国家治理制度现代化和各类主体运用制度管理社会事务的能力现代化的总和(刘玉东,2018)。十八大以来,在城市治理体制改革深化的背景下,党和国家对于街道办事处的治理定位也做了新的要求。

1. 深化党和国家机构改革对街道办事处的要求

中国共产党第十九届中央委员会第三次全体会议通过《中共中央关于深化党和国家机构改革的决定》(以下简称《决定》),提出以坚持党的全面领导、坚持以人民为中心、坚持优化协同高效、坚持全面依法治国的深化党和国家机构改革的指导原则。

其中,关于各级政府治理结构和治理体系,《决定》提出应优化政府机构设置和职能配置。精干设置各级政府部门及其内设机构,科学配置权力,简化中间层次,推行扁平化管理,形成自上而下的高效率组织体系,这也意味着,在城市治理体制改革深化过程中,管理和执法重心应该进一步下移,提高街道办事处治理能力和治理水平。

此外《决定》还特别对基层管理体制的改革原则做出说明,提出应构建简约高效的基层管理体制。基层政权机构设置和人力资源调配必须面向人民群众、符合基层事务特点,不简单照搬上级机关设置模式。根据工作实际需要,整合基层的审批、服务、执法等方面力量,统筹机构编制资源,整合相关职能设立综合性机构,实行扁平化和网格化管理。推动治理重心下移,尽可能把资源、服务、管理放到基层,使基层有人有权有物,保证基层事情基层办、基层权力给基层、基层事情有人办。上级机关要优化对基层的领导方式,既允许"一对多",由一个基层机构承接多个上级机构的任务;也允许"多对一",由基层不同机构向同一个上级机构请示汇报……推进直接服务民生的公共事业部门改革,改进服务方式,最大限度方便群众。

深化党和国家机构改革,要求构建以激发基层治理活力为目标的城市治理体制,强调城市治理重心下移和基层能动性,变原有上级部门为导向的基层管理模式为民众需求为导向的模式,落实到城市层面,街道办事处作为基层政权的载体和表现,应遵循新的治理要求开展改革。

2. 完善社会治理体制对街道办事处的要求

习近平总书记在党的十九大报告中提出"完善党委领导、政府负责、社会协同、公众参与、法治保障的社会治理体制"的总体要求。

落实到解决城市管理体制问题,应重构中央到地方的纵向分权。结合当前执法权下移改革实践,各街道办事处应真正成为城市管理工作的行动者,强化街道办事处履行职能的能力是各城市极为迫切的要求与任务,能够有效解决街道办事处职能与权力之间的错配问题也是城市治理体制改革深化过程中的具体要求。此外,街道办事处在城市治理过程中存在着专业化程度不够、统筹能力差的问题,因此要加强城市管理相关职能部门对于街道办事处工作的指导支持力度,发挥好城市的领导和指导功能,重构从城市内部纵向分权体制。

在城市逐步构建适合城市街道办事处发挥能动性的治理结构,将城市管理工作分为决策和执行双层,即包含市、区政府的决策指导层和包含街道、社区的执行自治层,在各个层级中,分别明确各级管理主体、职权定位、职能部门、职责业务,并整合所涉及管理主体的机构调整、工作方式等基本内容。

二、当前城市治理体制改革深化中的街道改革实践

面对亟待突破的街道办事处面临的治理困境、党和国家对于街道办事处新的时代要求和改革方向,各城市纷纷开始尝试街道办事处改革,北京、南京、成都这三座城市,分别代表了不同的街道办事处改革尝试。

(一)北京市:"吹哨报到"改革

2018年11月14日,习近平总书记主持召开中央全面深化改革委员会第五次会议,审议通过《"街乡吹哨、部门报到"——北京市推进党建引领基层治理体制机制创新的探索》,强调推动社会治理重心向基层下移,把基层党组织建设成为领导基层治理的坚强战斗堡垒。北京市以"街乡吹哨、部门报到"改革为抓手,积极探索党建引领基层治理体制机制创新,聚焦办好群众家门口事,打通抓落实"最后一公里",形成行之有效的做法(党建网,2018)。

"街乡吹哨、部门报到"作为一种街道、乡镇等基层管理部门与城市各委、

办、局的联合执法模式,其具体做法是:"街乡"发现城市治理中的严重问题,只要"吹声哨"就可以唤来各委、办、局前来"会诊"。通过这个机制,在城市中,街道被赋予执法"召集权",一旦召集信号发出,各相关部门执法人员必须赶到执法现场,根据职责拿出具体执法措施(北京市党的建设研究会课题组,2019)。

"吹哨报到"改革解决了长期以来城市基层治理中的权责错配、条块分割问题。改革主要包含三个方面:落实机制、基层导向、改革创新。

第一,再造基层条块关系机制,强化街道党(工)委的领导核心地位,充分发挥党(工)委综合协调职权,统筹辖区内各类城市管理力量,实现街道层面部门联合执法,根据区委的授权,街道党(工)委全面领导本地区工作和基层社会治理,发挥总揽全局、协调各方的作用(北京市党的建设研究会课题组,2019)。

第二,完善组织结构和基层队伍建设,构建简约高效的基层管理体制。"吹哨报到"工作以"下沉、赋权和增效"为基本方向,在"综合设置街道各类机构"和"整合协管员队伍"等专项工作方面开展探索(北京市党的建设研究会课题组,2019)。一方面,按照大部制、扁平化管理的思路,精简接到内设机构,由"向上对口"到"向下对口";另一方面,减少管理层级,推动工作力量下沉,以网格为依托整合管理员队伍。

第三,创新基层治理结构,实现"管理"和"自治"的有效衔接。以"吹哨报到"为契机,结合"街巷长制""小巷管家制",使得街区成为公共服务、社会活力激发的新载体。

第四,建立区域化党建机制,形成党领导基层治理的基本制度框架。各街道建立以党(工)委为核心的区域化党建联席会议制度和代表社区公共意见的社区委员会(北京市党的建设研究会课题组,2019),调动和组织多方力量共同参与基层社会治理。建立多元组织体系、建设多样化平台载体,形成了自下而上的公共议题讨论机制。

北京市"吹哨报到"的街道办事处改革是将街道作为城市基层治理的行动主体,通过"赋权"的方式解决街道职能错配的问题。

(二)成都市:"还权、赋能、归位"改革

成都市运用城乡统筹的思路和全域成都的理念,在锦江区和武侯区率先启动街道职能转变改革试点,通过"还权、赋能、归位"改革,着力解决街道办事处治理困境。

第一,明晰街道功能定位,解决好街道办事处该干什么的问题。2010年,成都市全面取消街道办事处承担的招商引资和经济考核指标,重点考核街道办事处城市管理、社会稳定、社会保障等职能,推动街道办事处职能向管理与服务转变。

第二，增强街道便民功能，解决好街道办事处能干什么的问题。成都市在全面完成市、区、街道、社区四级便民服务平台建设的基础上，按照"权责一致、依法下放、能放则放、按需下放"的原则，采取授权、委托、下移的方式，将与居民生活相关的社会保障、就业、教育等服务事项下沉到基层便民服务平台办理，构建群众办事的 15 分钟公共服务圈。

第三，整合行政执法资源，解决好街道办事处如何管理的问题。成都市按照执法重心下移、属地管理的原则，推进跨部门、跨行业综合执法。在区级层面设置综合管理巡逻执法队大队，在街道层面，依托区级综合执法队，实施城市综合治理，承接城市行政管理职能落地执行。

第四，搭建多元共治平台，解决好街道办事处如何服务的问题。成都市建立了成都社区公共服务与社会管理专项资金，用于城市社区自治范畴的公共服务和社会管理项目。由社区居民资助确定专项经费支出。同时，成立以市政府作为发起人的社会组织发展基金会，全面培育社会组织，街道办事处设置社会组织指导中心，专门负责社会组织培育发展、监督管理和服务指导工作（曾珂、邓国彬，2016）。

成都市街道办事处改革主要将街道定位为市、区政府行政管理与社区居民自治之间的纽带，起到承上启下的衔接作用。

（三）南京市："撤销街道办事处"改革

南京市 2002 年决定撤销淮海路街道办事处，此后经历了 2002—2008 年以及 2008 年两次阶段性政策调整的改革，政府主动探索从社会领域退出的体制改革，改革中涉及对于党委、政府、社会主体各自的组织建设和治理职能如何定位的问题，在很长时间里被上级政府以及学术界认为成功地构建了一个新型治理体系（刘玉东，2018）。

撤销街道办事处体现的是减少管理层级，推行扁平化管理的改革取向，南京市的主要做法是"撤销淮海路街道办事处，成立淮海路社区行政事务管理中心，强化党工委工作和社区自治功能"。在改革过程中，淮海路街道办事处围绕着重新安排党委、政府、社会主体的组织方式和职能，进行了以下探索。

第一，按属性转移原属于街道办事处承担的行政职能与职权。其中，一部分与居民生活息息相关的公共服务事务交由新成立的窗口型单位——淮海路行政事务受理中心承担（刘玉东，2018），另一部分行政执法与行政管理职能，转移给区政府的其他职能部门，原街道办事处工作人员随之分流。

第二，调整党委系统内组织结构和强化党委治理职能。原街道工委更名为淮海路地区工委,除了延续已有领导责任、把握公共治理活动的大局和方向、发挥领导核心的作用之外,还把没能转移到社会和区政府的原街道办事处行政管理责任承接下来,避免公共治理的缺位和失序(刘玉东,2018)。

第三,激发社会力量的治理参与活力。在此次改革中,淮海路街道办事处建立了三个具有社会属性的组织承担原街道办事处的公共治理职能:一是建立具有独立法人资格的"淮海路社会工作站",接受公共财政支持、采取社会化运行,以较低的收费为居民提供服务;二是建立民办非企业单位"淮海路社区服务中心",以公司化运营的方式对社会事务进行管理,开展便民活动;三是强化社区党组织和居委会,将原先5个社区居委会合并为3个,并且赋予其自主招聘社工的权力,提高自治水平(刘玉东,2018)。

南京市撤销街道办事处的改革尝试,主要将街道办事处的职能分流于区级、社区两级,管理的归区政府、服务的归社区。

三、从典型案例到一般规律的街道改革模式比较

通过对北京市、成都市、南京市街道改革进行特征总结,笔者发现,在实践中以街道办事处为改革主体,形成了三种不同的改革方向,即以街道为治理主体、以街道为"管""治"纽带、以街道为撤销对象。本节就对这三种模式分别的特征进行比较分析(表5-1),得出其适用场景。

表5-1 北京市、成都市、南京市街道办事处改革实践特征分析及适用场景

特征及适用场景		北京市	成都市	南京市
改革取向		街道赋权	社区活力	减少层级
改革内容	街道定位	基层主体	平台纽带	撤销对象
	区域定位	授予街道统筹、召集权	履行传统城市行政管理任务	承接原属于街道的管理职能
	社区定位	在街道领导下参与共治	组织居民自治的服务职能	承接原属于街道的服务职能
改革模式		"纺锤式"	"哑铃式"	"锯齿式"
改革手段		行政主导	社会化、市场化	行政主导、社会化
改革结果		街道为基层管理和服务核心	社区自治为基层治理主要模式	增加区级、社区管理服务任务
适用场景		超大城市	大、中、小城市	小城市

(一)改革取向

以北京市、成都市、南京市为代表的三种街道办事处改革模式,是城市应对街道办事处治理困境的不同尝试,代表着实践中不同的改革取向。

第一,北京市"吹哨报到"改革代表着以街道赋权为核心的基层治理改革取向。针对街道办事处面临的职能超载、职权错配的问题,直接采取街道赋权的方式,为街道配以与其当前治理职能相适应的治理权力,正是这种"缺什么补什么"的改革取向,可以起到很好的"治疗病症"的效果。

第二,成都市"还权、赋能、归位"改革代表着以激发社区活力为核心的基层治理改革取向。同样都有对于街道办事处赋能的环节,但是成都市与北京市最大的区别是,街道办事处职权增加的同时要有限度,即有限赋能,在"缺什么补什么"的过程中做好"需多少补多少"。赋能以街道办事处能够很好地衔接城市决策层与执行层、支持社区自治为限,基层治理重心落在社区治理层面。

第三,南京市"撤销街道办事处"改革代表着以减少政府行政管理层级为核心的基层治理改革取向。撤销街道办事处的改革与前述以街道赋权赋能为核心的改革有较大区别,其思路是既然街道办事处出现治理困境,那么就采取类似于外科手术的方式"切除病灶",即撤销街道办事处,以区级政府直接管辖各个社区,达到减少政府行政层级、推行扁平化管理、提高行政管理效率的目标。

(二)改革内容及模式

在改革内容上,三个城市的改革都围绕着城市治理结构中基层治理和城市管理的关系展开,特别是区、街道、社区之间的责权利的分配。这是因为街道办事处的治理改革,就是要调整街道办事处的职能权责,或赋权、或减负、或削权,那么相应地就要调整与街道紧密相关的上级(区级)和下级(社区)相应的职权,这也是三个城市在改革实践中的最本质区别。

北京市在改革中授予街道党(工)委及政府更多的行政职权,笔者将其总结为打造"纺锤式"治理结构(图 5-1)。在改革中,区级政府承担的部分职权授予街道,特别是街道可以以"吹哨"的形式统筹协调辖区内区政府职能部门,更好地推进城市综合治理。同时,社区在街道党(工)委及政府的领导下,发动居民及辖区单位参与基层治理。可以说,"纺锤式"治理结构在区、街道、社区三级中将基层治理协调权集中于街道。

图 5-1 "纺锤式"治理结构

成都市在改革中明确街道权责范围，为街道减负，笔者将其总结为打造"哑铃式"治理结构（图 5-2）。在改革中，将街道原承担的经济建设的职能"归还"区政府，将街道原承担的基层便民服务功能"下沉"到社区服务站，只为街道留下与区政府进行工作对接、指导社区自治的职权。与此同时，区政府承担基层城市管理的统筹协调权，社区承担组织社会化、市场化力量参与社区自治的职能。可以说，"哑铃式"治理结构将街道打造为衔接区政府"管理"和社区"自治"的握把，减轻街道过载的职能。

图 5-2 "哑铃式"治理结构

南京市撤销街道办事处，将原属于街道的职权分流，笔者将其总结为打造"锯齿式"治理结构（图 5-3）。在改革中，区级政府承担了原属于街道的行政管理职能，社区承担了原属于街道的公共服务职能，但是，在处理不能有效分流的街道职能时，通过设立在基层、管理权在区政府的"窗口型"单位，以及接受公共财政支持的"社会型"组织。可以说，"锯齿式"治理结构将街道撤销，区政府、社区直接衔接并相互渗透，城市行政管理和基层居民自治呈现出"你中有我，我中有你"的形态。

图 5-3 "锯齿式"治理结构

（三）改革手段、结果及其适用场景

北京、成都、南京不同的改革内容与改革模式，意味着需要不同的改革手段与其配套，这对城市行政资源调配能力有着不同的要求，而城市行政资源调配能力与城市规模、城市级别、城市定位等息息相关；同时，不同规模、不同级别、不同定位的城市面临的改革取向也不同,因此不同改革模式形成的改革结果,适用于不同的城市。本节对三种模式形成的改革结果进行适用场景分析,希望借以指导进一步的城市街道办事处改革实践。

在进行适用场景分析之前,要理清城市规模会如何影响城市基层治理结构的模式选择。首先,不同规模的城市有着不同的资源控制能力,这体现在城市管理的财政支持、法律法规的制定权限以及管理人才队伍等方面,资源控制能力会影响城市政府对社会的行政管理能力的强弱,规模较大的城市往往有着较强的资源控制能力,也会相应地有较强的政府行政管理能力。其次,不同规模的城市会面临不同的管理复杂程度,具体体现在城市划分的行政单元的数量及范围、管理对象的多少以及管理责任的强弱上,管理复杂程度会影响城市治理结构的层级,一般来说,规模较大的城市面临着复杂的城市管理状况,需要将城市管理划分为数量较多的纵向层级来进行管理,即采取科层制的管理模式,而规模较小的城市的管理状况较为简单,可以采取扁平化的管理模式。由此,不同规模的城市有着不同的基层治理需求,需要得到基层治理结构的响应(见图5-4)。

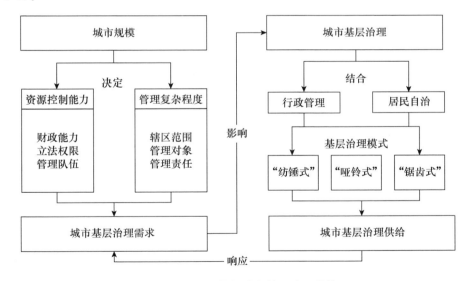

图5-4 城市规模与城市基层治理结构

至此,本章的研究视角开始聚焦于城市规模与三种改革模式间具体的互动关系,试图得到关于其适用场景的分析:

首先,"纺锤式"治理结构改革中更多地使用行政主导的手段,通过自上而下的城市行政层级之间的分权调整来实现改革目标,这要求城市有着强大的行政资源调配能力,包括执法队伍配备、公共财政支持等。通过打造"纺锤式"治理结构,街道办事处成为基层管理和服务的核心,街道办事处也更适合在更广的城市空间中发挥作用。因此,"纺锤式"治理结构适合超大城市的基层管理,一方面超大城市的资源调配能力能够保障改革顺利进行,另一方面,强大的街道办事处治理能力可以在超大城市内部组织有效的基层治理,加强城市政府对于城市基层的管理和服务能力。

其次,"哑铃式"治理结构改革中更多地引入社会化、市场化的手段,探索自下而上的社区自治手段,这要求社区有着良好的社会动员能力和居民组织能力,城市政府则对社区进行相应的财政支持、制度保障等,而衔接城市政府与社区之间的纽带就是街道办事处。可以说,"哑铃式"治理结构能否推行就取决于社区自治是否具有活力,无论是大、中、小城市,只要城市政府政策支持、积极探索,完全能够找到激发社区自治活力的方式,因此"哑铃式"治理结构也适用于大、中、小城市的治理改革。当然,实践中也可以将"哑铃式"治理结构中激发社区活力的政策办法与其他治理结构改革进行组合,以辅助其更好地实现改革目标。

最后,"锯齿式"治理结构改革同时运用行政、社会的手段,将街道办事处的职能进行"管、治二分",分别将其赋予区级、社区,这直接增加了区政府和社区的职能任务。而在改革之后,区政府直接与社区进行对接,在管理上,如果区政府管辖的社区数量过多、事务过细,那么对于区政府的行政效率会有较大的影响,同时社区由原来的几个小社区合成大社区,也增加了其组织居民自治的难度,因此"锯齿式"治理结构适合小城市。在较小的范围内推行,既可以实现减少行政层级、提高行政效率的效果,又可以很好地控制区政府和社区增加的工作量。

通过对于实践中的三种改革模式的对比,笔者得出了不同模式的改革手段、结果以及适用场景,具体在城市中选用哪种模式进行改革,需根据不同城市的管理特征来进行分析选择(表 5-2)。

表 5-2 城市规模与街道改革模式

管理特征	城市类型		
	超大城市	中等城市	小城市
资源控制能力	强	中	弱
管理复杂程度	高	中	低
基层治理需求	行政管理为主,居民自治为辅	行政管理与居民自治相平衡	居民自治为主,行政管理为辅
改革模式选择	"纺锤式"	"哑铃式"	"锯齿式"

四、构建街道核心的多维城市基层治理体制

通过对北京、成都、南京三座城市改革中采用的"纺锤式""哑铃式""锯齿式"改革进行分析,本章发现单一一种模式并不能解决城市街道办事处的治理困境,应该综合三种模式各自的优点:推广北京市"吹哨报到"改革经验,赋予街道办事处更多的职权以与其职能相匹配;同时借鉴成都市改革经验,通过市场化、社会化的方式激发社区活力,以辅助街道更好地完成社会服务的职能;此外,还需借鉴南京市改革经验,通过简化街道办事处的办事流程,引入"窗口型"单位等,辅助街道更好地完成公共管理职能。本章在总结三种模式的基础上,取其精髓,将其整合为一种可以有效解决街道办事处治理困境的城市基层治理体制,具体做法如下。

首先,"强化"街道办事处的责权利,将其向着城市一级政府打造,但因现有街道办事处辖区范围较小,可在条件允许的情况下,对街道辖区进行整合。其次,城市管理体制围绕街道进行相应调整,区级政府应进一步推进城市管理权力下放,与市级政府一起为街道提供业务指导和政策决策,但是经济建设职能应收归区政府,以减轻街道办事处的职能负担。最后,社区治理体制也应进一步创新,提升基层自治能力。由此,在城市基层构建起以街道为核心的多维治理体制。

（一）调整区级职能,构建城市基层治理指导维

在以街道为核心的新城市治理体制中,区政府主要承担经济建设职能,将区政府的城市管理工作的统筹协调职能授权于街道,配合好市级政府决策职能,构建以市级政府为核心、区级政府为辅助的基层治理指导维。

在城市管理领域,按照"强市弱区"模式调整职能部门相关职责,划定权责边界。其中,市政府负责:处理地方与中央一级及其他省市的关系;加强综合协调、统筹协调和分类指导职责,协调区县关系,统筹协调各部门各下辖地方政府管理活动,对城市活动制定统一的规划方案,并且对下级政府业务部门进行业务指导。其行为方式以行政立法、制定公共政策和战略规划、协调监督为主。区政府作为市级政府和街道之间的连接纽带,负责上传下达、执行决策、规划实施监督等。具体而言,落实市级政府规划、审批建设项目、派出工作人员进驻街道、进行各街道之间协调联动等。

城市指导维与城市执行维的关系是指导与被指导的,也可以说是服务与被服务的,因此,应赋予街道对市、区工作的考核评价权,市、区政府各职能部门派专职工作人员进驻街道办事处提供业务指导与工作支持,并定期由街道办事处

对其工作进行反馈评价,与市、区政府职能部门绩效挂钩。

(二)整合城市街道,构建城市基层治理执行维

城市基层治理工作的核心为街道办事处,应该以此为核心构建基层治理执行维。

首先,有条件的地区可以按照土地功能分区的原则,对街道办事处进行整合。《城市用地分类与规划建设用地标准》(GB 50137—2011)对土地类型的分类标准做了明确的划分,以土地利用性质为依据,将城市土地划分为居住区、商业区、生产区、人文绿化区、公共设施区等功能区,并对不同功能区的特点、管理目标、管理工具和手段进行归纳总结,以此作为管理的出发点。土地功能分区原则落实到街道,赋予每个街道不同管理属性,考虑街道的功能定位和行政边界,将相邻的多个街道按照功能相近或互补的原则整合为城市"最优管理区",以此为城市基层管理单位。

街道作为基层治理的核心,是城市管理的具体实施主体,承接城市管理改革中下移的执法权,在辖区内实行综合治理与综合执法。具体而言,强化街道党(工)的领导、统筹辖区工作,促进社会共治、维护安全稳定,协调城市管理、营造良好环境,组织公共服务、指导社区建设(张万生,2014)。按照责权利统一的原则,从区政府获得街道办事处应有的人权、财权,保证街道在开展城市管理各项工作时有足够的人力与财力支撑,真正实现属地管理。

构建城市基层"多维"治理体制的精髓正在于城市管理的行动执行权下沉至街道,并以街道为单位实行综合治理。

第一,搭建街道城市综合治理工作小组,明确领导核心。由街道办事处党委副书记担任组长,城管监察办公室主任任副组长,成员包括城建办、综治办、派出所、执法中队、各社区以及物业管理公司负责人。该小组作为街道城市管理工作的领导核心,统一负责街道内城管资源和执法力量。

第二,整合城市管理职能。在属地党委的领导下,在大部制机构调整背景下,将行政执法、保洁绿化、市政管养、卫生监督、工商管理、道路交通管理、物业管理等涉及街道管理的全部或部分职能纳入工作小组,由城管监察办公室负责统一指挥和执法。

第三,整合城市管理资源。首先,将分散在各个职能系统内的管理资源统一整合进入工作小组,如城管执法局、工商、卫生、环保、民政等管理资源;其次,将分散在各单位的监控资源统一整合,按照网格化无缝漏的要求进行完善补缺,加强城市管理现代化的手段运用;最后,将街道城管、城建、环卫、社区保安力量等进行整合,创建路面综合管理中队,负责城市管理工作。

(三) 激活城市社区,构建城市基层治理自治维

在以街道为核心的城市基层治理体制中,社区作为居民自我管理、自我教育、自我服务的单位,是城市最基本的管理单元,应以激发基层自治活力为核心,合理界定行政管理事务和社区的自治事务,明确不同事务的权力主体,在此基础上,构建基层治理自治维。

街道办事处可以在社区建立"社会化"运作的城市工作管理服务工作站,将社区治安、养绿护绿、环卫保洁等社会综合管理职能与资源一起下沉到社区,在社区干部兼任城管专职人员的同时,探索建立社区城市管理协助制度;搭建公众参与平台,分阶段、分步骤地拓展参与渠道、扩大参与领域,探索推行开放式决策模式,以社区为单位选择社区居民代表、社区组织代表等,和政府直接对话,共商对策;社会组织通过必要的内部机制建设和专业人才培养以及外部制度与资金支持,提高自身专业化程度,打造优秀的社工队伍,通过政府购买服务等方式,提供公共服务,并建立社区基金、社区社会企业等新型社会组织形式,更好地参与社区管理与公共服务提供。

城市执行维和城市自治维的关系是指导与被指导的,也是服务与被服务的。街道社区工作党工委和社区基层党支部以"1+N"的形式帮扶社区成长,推进居民自治,发挥党员先锋模范带头作用;街道驻区部门负责对社区管理进行财政补贴,实行专款专用,社区基本公共物品和公共服务的提供所需经费由财政支出并列入每年的财政预算;街道监督社区自治工作,并定期召开联席会议总结和指导社区工作情况。

综上,为解决街道办事处当前职责模糊、权责错配、管理越位等现实问题,进而达到治理体制改革深化过程中党和国家对其提出的新的时代要求,首先,依托以北京市、成都市、南京市为代表的改革实践,归纳出"纺锤式""哑铃式""锯齿式"的改革模式;其次,依据其改革手段、改革结果分析其适用场景;最后,构建街道核心的多维城市基层治理体制为推进街道办事处改革的具体路径,以此来指导城市街道办事处改革实践。

参考文献

北京市党的建设研究会课题组.党建引领"街乡吹哨 部门报道"[J].城市管理与科技,2019,21(01):21-24.

陈伟东.城市基层社会管理体制变迁:单位管理模式转向社区治理模式——武汉市江汉区社区建设目标模式、制度创新及可行性研究[J].理论月刊,2000(12):3-9.

陈雪莲.从街居制到社区制:城市基层治理模式的转变——以"北京市鲁谷街道社区管

理体制改革"为个案[J]. 华东经济管理,2009,23(09):92-98.

党建网. 党建引领基层治理的新探索——北京市创新推进"街乡吹哨、部门报到"工作纪实[EB/OL]. [2019-05-23]. http://www.wenming.cn/djw/djw2016sy/djw2016wkztl/wkztl2016djzzwk/201812/t20181212_4934619.shtml

刘建平,杨磊. 我国城市基层治理变迁:困境与出路——构建一种"嵌合式治理"机制[J]. 学习与实践,2014(01):94-99.

刘玉东. 国家治理体制改革中党委、政府与社会的结构性定位——基于淮海路街道改革的经验研究[J]. 陕西行政学院学报,2018,32(03):14-20.

饶常林,常健. 我国城市街道办事处管理体制变迁与制度完善[J]. 中国行政管理,2011(02):85-88.

舒晓虎,张婷婷,张文静. 行政与自治衔接——对我国城市基层治理模式的探讨[J]. 学习与实践,2013(02):50-57.

王臻荣. 治理结构的演变:政府、市场与民间组织的主体间关系分析[J]. 中国行政管理,2014(11):56-59.

杨宏山. 合作治理与城市基层管理创新[J]. 南京社会科学,2011(05):73-77.

尹志刚. 从中国大城市基层政府管理体制改革看城市管理及社会治理(下)——以北京市街道办事处管理体制改革为例[J]. 北京行政学院学报,2006(06):69-71.

曾珂,邓国彬. 成都探索重塑城市街道办事处功能定位[J]. 中国机构改革与管理,2016(10):26-28.

张冬冬. 中国城市政府管理体制的结构性突破——以上海市"两级政府、三级管理"体制作为研究对象[J]. 杭州师范大学学报(社会科学版),2015,37(01):110-115.

张瑞,柳红霞. 城市基层治理:矛盾、改革及其趋向——基于武汉市的实证考察[J]. 社会主义研究,2010(04):69-73.

张万生. 加强街道社区服务型党组织建设[J]. 求知,2014(01):35-37.

张晓玲. 城市基层管理体制改革探讨[J]. 学术论坛,2011,34(02):75-78.

第六章 机动车限行对空气污染治理的效果分析*

一、引言

从世纪之交的沙尘暴到近年来的雾霾,北京市的空气质量一直牵动着首都及周边地区各方的神经。从污染物构成来看,氮氧化物(NO_x)、PM10、PM2.5是其主要成分(新华社,2016)。随着"煤改气"政策在北京市普遍推行及近年来污染企业关停、外迁,燃煤和工业污染显著下降。在此背景下,机动车尾气对大气污染的贡献更加突出。研究表明,道路PM10排放量占北京市污染总量的42%～72%(田刚 等,2009)。北京市统计局、国家统计局北京调查总队发布的数据显示,北京市机动车NO_x排放量占全市同类污染物比重的45%(北京晨报,2014)。因此,北京市也将控制机动车数量和减少机动车尾气污染作为空气污染治理的重点环节。

针对北京市的机动车限行政策,许多学者认为,增加地面交通通达度、改善城市空气质量等预期目标并未实现(Lin et al.,2011;曹静 等,2014;Sun et al.,2014),因为空气污染是很多因素造成的,而限行的政策效果往往由于居民

---

* 原文刊发于《生态经济》2019年07期,后经作者修改、整理。

的适应性调整行为被减弱（曹静 等，2014），且有学者认为，快速通达的交通会使以车为单位计算的尾气排放量增加（Viard and Fu，2015）。许多学者肯定了限行政策在减少城市污染方面的积极作用，但从成本-效益角度分析，限行政策造成的社会成本损耗远远超过了其目前的政策绩效。现有对北京市机动车限行政策的研究主要针对 2008 年北京奥运会前后的限行政策，未考虑 2010 年后"摇号"限购对机动车的数量控制。对此，本章使用 2014—2016 年三年的数据，考察在机动车总量限制的情况下，尾号限行政策对北京市空气质量改善的作用。

本章以下内容的安排如下：回顾北京市机动车限行政策的演变过程及相关研究进展；提出计量模型，介绍使用数据，报告回归结果；提出结论和政策建议。

二、文献和方法综述

国内外对北京市限行政策的研究主要着眼于 2008 年北京奥运前后的政策变化，用计量回归模型研究限行政策与城市空气质量改善、交通通行效率提高等预期目标之间的相关关系，部分研究还利用成本-效益分析工具计算限行政策带来的健康绩效和社会成本。

Viard 和 Fu（2015）对北京市限行政策的环境和经济效益进行分析，他们利用北京市总体空气污染指数（air pollution index，简称 API）和观测站 API 监测值作为核心被解释变量，以北京市不同职业人群看电视时间作为代理变量，通过简单线性模型回归发现，限行政策确实降低了城市空气污染，但也显著缩短了上班人群的休闲时间，也就是说以增加通勤时间成本的方式造成了社会福利的损失。Sun 等（2014）采用固定效应模型考察奥运会后延续的限行政策在 2009—2011 年对交通通行状况和城市污染水平的影响，得到的结论是限行政策预期提高道路通行速度、改善城市空气质量的目标得不到实证结果的检验。Chen 等（2013）为北京奥运会限行政策研究提供了另一种衡量空气污染的指标，他们认为，政府公布的 API 数据存在有意低估的可能，而通过美国航空航天局（National Aeronautics and Space Administration，简称 NASA）公开的气溶胶数据进行一系列计算，可以得到更为精确的空气污染水平。通过双重差分模型分析，API 数据结果表明限行政策显著降低了空气污染，而气溶胶数据换算得到的结果则表明限行政策的影响是即时性的，且存在滞后效应。

上述研究的贡献在于使用闲暇时间的代理变量、交通运行指数、通过气溶胶含量计算的空气污染水平等作为核心变量，一定程度上解决了官方数据低估真实污染水平、政策绩效难以衡量等问题。但是，这些数据本身的可靠性亦有待检验。以气溶胶数据换算的空气污染指数为例，气溶胶含量如何与空气中污染物水平挂钩严格依赖于空气污染来源和形成的技术分析，非经济学研究所能回答。

使用传统数据和方法的研究以曹静等（2014）对北京市2001—2011年限行数据的系统分析为代表，他们把北京奥运会前实行的限行政策作为断点，通过API数据回归发现，限行政策对空气质量的改善并没有明显作用。进一步地，引入污染行业工业增加值和汽车销售量进行稳健性检验发现，北京市在奥运会之后空气质量的改善应该归功于本地污染企业的外迁。同时，限行政策提高了汽车销售量，证明其对居民家庭购买第二辆汽车产生了正向激励，从而稀释了政策效果。

计量方法上，双重差分、断点回归、一般线性回归和时间序列模型是主要选项。

双重差分法以Chen等（2013）的研究为代表，他们在评估北京奥运会期间限行政策时将协办城市（如举办帆船比赛的青岛市）和北京市周边其他城市作为北京市的对照组。双重差分法可以剔除空气质量的地区差异和时间差异，但难以寻找控制组。将北京周边城市作为整体处理，在一定程度上削减了空间异质性，但北京市与其周边城市及其他协办城市的经济社会发展要素整体差异也不容忽视。

断点回归是将政策变化的时点（限行政策的实施）作为断点，观察断点前后因变量的变化情况。断点回归能采取一些方法把政策要素和一些连续变化要素的影响区分开（曹静 等，2014）。如Davis（2008）对墨西哥城限行政策的研究，以及Viard和Fu（2015）关于北京市限行政策对环境污染和劳动力供给的研究。对中国的研究通常将奥运会期间的"单双号限行"和奥运会后的"尾号限行"作为两个断点，然而对"后奥运时代"的限行政策研究就缺少了天然的政策断点。

在无法观测到政策变化的情况下，传统的简单线性回归（Ordinary Linear Regression）也得到了广泛应用。如De Grange和Troncoso（2011）对智利首都圣地亚哥的研究。但Chen等（2013）认为，限行政策对空气质量的影响存在时间序列问题，主要表现在：不同政策和连续变量在时间上的交叉重叠；关停污染企业、"煤改气"等政策是逐步推进的，不存在明确的断点；每个政策的实施需要一段时间起作用。因此，在传统OLS回归的基础上加上时间滞后项，能够尽可能识别政策变动的效果。

本章认为,此前研究未包含的"新变化"包括:限行政策在实施9年后形成常态,各项适应性行动(Sun et al.,2014)已经稳定成型;2010年后开始实施机动车限购政策,与限行产生政策合力,抵消部分家庭对第二辆车的购买需求;PM2.5等新污染物进入公众视野,成为度量空气污染的新指标。

三、计量模型

(一)数据与描述统计

后奥运时代,北京市机动车限行政策分为常态化限行(即工作日高峰时段区域限行交通管理措施)和污染警报期限行(即应对空气重污染采取临时交通管理措施)两类。常态化限行是指将车辆号牌尾号分为1和6、2和7、3和8、4和9、5和0五个组,对应的车辆在工作日周一至周五期间停驶一天,即"1/5限行方案",停驶时间为7时至20时,停驶范围为五环路以内区域。在本章中,是否实行尾号限行用虚拟变量1、0表示。污染警报期限行是为适应近年来大气污染加剧的状况。2015年7月3日,北京市政府发布《北京市人民政府关于应对空气重污染采取临时交通管理措施的通告》,规定在空气重污染红色预警(预警一级)期间,各级党政机关及本市所属社会团体、事业单位和国有企业的公务用车全天停驶80%;每天3时至24时,在本市行政区域内道路行驶的其他机动车,按车牌尾号实行单号单日、双号双日行驶。2014—2016年,北京市重污染日的单双号限行只采取了15天,在本章中作为异常值剔除。

本章将环境保护部(简称环保部,现生态环境部)公布的全国主要城市空气质量指数(简称AQI)作为反映空气质量的核心指标。环保部2012年公布的《环境空气质量指数(AQI)技术规定(试行)》(HJ 633—2012),宣布用AQI取代API作为衡量空气质量状况的无量纲指数。自2014年1月1日起,环保部开始公布全国主要城市的AQI数据。2014—2016年北京市AQI见图6-1。AQI日报监测指标包括5项主要污染物:二氧化硫(SO_2)、二氧化氮(NO_2)、颗粒物(粒径小于等于10 μm,即PM10)、细颗粒物(粒径小于等于2.5 μm,即PM2.5)、一氧化碳(CO);而此前使用的API数据仅包括其中3项污染物:二氧化硫(SO_2)、二氧化氮(NO_2)、颗粒物(粒径小于等于10 μm,即PM10)。

工业污染方面,因为目前尚无公开的工业污染数据,现有研究多用工业增加值作为工业污染的代理变量(曹静 等,2014)。工业增加值是工业生产过程中新创造的价值,在同样指标水平下,工业产出可以侧面代表工业污染的一般状况,在横向比较中有一定参考价值。研究表明,冶炼、燃煤等是大气污染的主要工业污染源,因此,本章选择北京市三大污染行业企业工业增加值月度数据作为本地工业污染控制变量。三大污染行业是指:非金属矿物制品业,黑色金属冶炼和压延加工业,电力、热力生产和供应业。

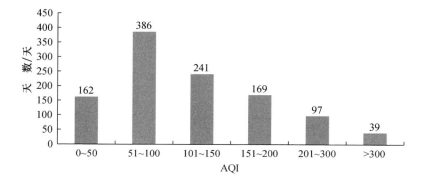

图 6-1　北京市 2014—2016 年 AQI 分布

数据来源:北京市环保局 2014—2016 年北京市环境状况公报。

天气数据来自 Freemeteo 网站公布的北京市观测站历史月度数据,指标有每日最低温度、最高温度、最大稳定风速、每日总降水量。是否供暖的虚拟变量根据北京市政府公布的供暖时间确定,其中,北京市 2014 年和 2015 年正式供暖时间为当年 11 月 15 日至次年 3 月 15 日,2016 年供暖时间提前至 11 月 13 日。春节是一段特殊时期,一是外来人员返乡及工厂停工,减少了大量工业和汽车尾气污染;二是允许燃放烟花爆竹又加重了空气污染。用虚拟变量 1、0 代表每一观测单元是否处于除夕至正月十五期间。

变量统计特征如表 6-1 所示。

表 6-1　主要变量的描述性统计

变量	单位	样本量	均值	标准差	最小值	最大值
AQI	指数	1094	120	75	21	485
PM2.5	指数	1094	78	69	7	477
PM10	指数	1094	100	81	0	550
SO_2	指数	1094	12	13	2	78
NO_2	指数	1094	49	24	10	155

续表

变　量	单　位	样本量	均　值	标准差	最小值	最大值
CO	指数	1094	1	1	0.2	8
是否限行	虚拟变量	1096	0.67	0.47	0	1
非金属矿物制品业	万元(不变价)	1096	66 669	14 347	31 530	96 348
黑色金属冶炼和压延加工业	万元(不变价)	1096	22 875	4343	14 415	32 461
电力、热力生产和供应业	万元(不变价)	1096	566 684	62 095	493 289	711 693
最低气温	℃	1096	7	11	−16	27
最高气温	℃	1096	19	11	−13	42
最大稳定风速	km/h	1096	22	10	4	58
降水量	mm	1096	2	9	0	263
春节	虚拟变量	1096	0.04	0.20	0	1
供暖季	虚拟变量	1096	0.27	0.44	0	1

(二) 模型与回归结果

基于数据结构特点和潜在的时间滞后效应,本章采用简单线性回归和时间序列模型进行分析。

1. 作为反事实检验的 OLS 回归模型

根据国家发展与改革委员会报告,大约 83% 的 CO 和 43% 的 NO_x 来自机动车排放,由于机动车是低空排放,CO 和 NO_x 对环境质量的影响分别达到了 73% 和 84%。曹静等(2014)的研究也表明,机动车尾气排放是北京市 CO、NO_x 和 PM10 的主要来源,而机动车尾气基本不产生 SO_2。如果能在实证结果中验证机动车限行与空气中 SO_2 含量之间不存在显著相关关系,或影响作用明显低于其他大气污染物,则可以作为反事实检验证明机动车尾气是大气污染的重要来源,因此,机动车限行政策对于缓解大气污染有积极作用。

本章实证部分将 AQI 及其他五项污染源分别作为被解释变量,考察限行政策对几种污染物排放的影响。模型中变量的含义分别为:restriction 表示当日是否实行限行的虚拟变量,$temp_{min}$ 和 $temp_{max}$ 分别表示当日最低气温和最高气温，$wind$ 表示当日最大稳定风速，$rainfall$ 为当日降水量，$heating$ 和 $springfestival$ 为观测单元是否处于供暖季和是否处于春节烟花爆竹燃放期的两个虚拟变量，$pollution_k$ 代表非金属矿物制品业，黑色金属冶炼和压延加工业，电力、热力生产和供应业三个污染行业。系数 a_k、b_k、c_k、d_k、e_k、f_k 分别表示对应变量在回归模型中对解释变量的影响大小，Ω_k 为残差项。

模型如下：

$$AQI = a_0 + a_1 restriction + a_2 temp_{\min} + a_3 temp_{\max} + a_4 rainfall + \\ a_5 wind + a_6 heating + a_7 springfestival + \\ \sum_{k=8}^{10}(a_k \times pollution_k) + \Omega_1 \tag{6-1}$$

$$PM2.5 = b_0 + b_1 restriction + b_2 temp_{\min} + b_3 temp_{\max} + b_4 rainfall + \\ b_5 wind + b_6 heating + b_7 springfestival + \\ \sum_{k=8}^{10}(b_k \times pollution_k) + \Omega_2 \tag{6-2}$$

$$PM10 = c_0 + c_1 restriction + c_2 temp_{\min} + c_3 temp_{\max} + c_4 rainfall + \\ c_5 wind + c_6 heating + c_7 springfestival + \\ \sum_{k=8}^{10}(c_k \times pollution_k) + \Omega_3 \tag{6-3}$$

$$SO2 = d_0 + d_1 restriction + d_2 temp_{\min} + d_3 temp_{\max} + d_4 rainfall + \\ d_5 wind + d_6 heating + d_7 springfestival + \\ \sum_{k=8}^{10}(d_k \times pollution_k) + \Omega_4 \tag{6-4}$$

$$NO2 = e_0 + e_1 restriction + e_2 temp_{\min} + e_3 temp_{\max} + e_4 rainfall + \\ e_5 wind + e_6 heating + e_7 springfestival + \\ \sum_{k=8}^{10}(e_k \times pollution_k) + \Omega_5 \tag{6-5}$$

$$CO = f_0 + f_1 restriction + f_2 temp_{\min} + f_3 temp_{\max} + f_4 rainfall + \\ f_5 wind + f_6 heating + f_7 springfestival + \\ \sum_{k=8}^{10}(f_k \times pollution_k) + \Omega_6 \tag{6-6}$$

回归结果如表 6-2 所示。

表 6-2 限行政策对空气质量的影响：作为反事实检验的 OLS 回归

变量	AQI	PM2.5	PM10	SO_2	NO_2	CO
是否限行	−11.78**	−11.65***	−13.50***	−0.880	−2.304*	−0.156***
	(4.609)	(4.201)	(4.976)	(0.653)	(1.316)	(0.0599)
最低气温	2.760***	−0.278	−2.057***	−0.624***	−1.386***	−0.0119
	(0.664)	(0.605)	(0.717)	(0.0941)	(0.190)	(0.00863)
最高气温	−1.659***	−0.769	1.527**	0.305***	0.484***	−0.0171**
	(0.605)	(0.552)	(0.654)	(0.0858)	(0.173)	(0.00787)
降水量	−0.466**	−0.215	−0.403	0.00944	−0.0368	−0.000602
	(0.235)	(0.215)	(0.254)	(0.0334)	(0.0672)	(0.00306)
最大稳定风速	−1.975***	−1.375***	−1.176***	−0.255***	−0.787***	−0.0204***
	(0.226)	(0.206)	(0.244)	(0.0320)	(0.0645)	(0.00293)
是否供暖	23.28***	17.81***	17.08**	4.730***	3.170	0.527***
	(7.287)	(6.643)	(7.867)	(1.033)	(2.081)	(0.0947)
是否处于春节	−8.884	−10.38	−10.72	−1.155	−8.385**	−0.248
	(12.06)	(10.99)	(13.02)	(1.710)	(3.444)	(0.157)
非金属矿物制品业	−8.60×10⁻⁵	0.000638***	0.000498***	−0.000181***	0.000284***	1.29×10⁻⁵***
	(0.000174)	(0.000158)	(0.000187)	(2.46×10⁻⁵)	(4.96×10⁻⁵)	(2.26×10⁻⁶)
黑色金属冶炼和压延加工业	0.000259	−0.000171	0.00103***	0.000316***	0.000282*	3.35×10⁻⁵***
	(0.000535)	(0.000487)	(0.000577)	(7.58×10⁻⁵)	(0.000153)	(6.95×10⁻⁶)
电力、热力生产和供应业	−0.000188***	−6.91×10⁻⁵*	−0.000199***	−3.54×10⁻⁵***	−6.92×10⁻⁶	6.50×10⁻⁷
	(4.45×10⁻⁵)	(4.06×10⁻⁵)	(4.80×10⁻⁵)	(6.31×10⁻⁶)	(1.27×10⁻⁵)	(5.78×10⁻⁷)
样本数	1094	1094	1094	1094	1094	1094
R^2	0.111	0.133	0.108	0.385	0.317	0.265

注：上角标 ***、** 和 * 分别代表在 1%、5% 和 10% 水平上显著；括号内为 t 值。

从表 6-2 的分项回归结果来看，AQI 及 5 个主要污染物在限行当日均呈现统计上显著下降的趋势，且 SO_2 对限行政策的反应并不显著，说明限行政策与城市主要污染物浓度降低之间存在关联。但各主要污染物在限行日的降幅也仅在 10%～15% 左右，如表 6-3 所示。综上，限行政策虽对城市空气质量改善起到了一定的积极作用，但影响力度有限。因此，无法确认机动车控制在城市尾气污染治理中是否起到关键作用。

表 6-3　有实际影响的主要污染物降低幅度比较

	AQI	污染物			
		PM2.5	PM10	NO_2	CO
差　值	−11.78	−11.65	−13.5	−2.3	−0.16
平均值	120.064 9	77.798 9	99.500 9	48.788 9	1.256 7
降幅比例/(%)	−9.81	−14.97	−13.57	−4.71	−12.73

气象因素方面，当日最高气温、最低气温、降水量、是否有降水、是否有雾等因素都对 AQI 产生了显著且较为稳定的影响。但气象因素对 AQI 影响的方向尚缺乏理论支撑，推测温差、天气状况等影响了当日城市气压场，从而构成不同的扩散和沉积条件。

冬季供暖在 99.9% 的显著性水平上使得 AQI 提高了 23，体现了燃煤对空气污染的贡献。但北京市每年供暖时间只占到全年天数的 1/3 左右，不构成日常影响空气质量的因素，但在冬季燃煤对空气污染的影响仍然不容忽视。

从实证结果看，是否处于春节对空气污染的影响不显著。预期的燃放烟花爆竹污染可能由于企业普遍停工、城区机动车数量显著下降得到抵消。几个主要污染行业与空气污染的相关关系也缺乏实证证据，推测与北京市市内的污染企业外迁有关。

2. 自回归分布滞后模型

本章认为，以 AQI 为表现形式的当期大气污染具有时间效应，主要表现为：上一期的空气污染物可能继续存在，成为当期空气污染物。大气污染时间效应作用的主要渠道有两个：一是当期空气污染物未完全扩散，物理存留到下一期；二是污染物需要经过一系列化学反应才能反映为 AQI 等空气污染指数的变化，当期的污染可能到下一期才能显现出来。经验分析的结果表明，当期污染物水平和过去存在自相关，在实证中往往通过自回归分布滞后模型（ADL 或 ARDL）反映这一相关关系。

本章滞后项的确定通过阿尔特-丁伯根（Alt-Tinbergen）估计得到，显著性检验发现时间序列数据的最大滞后期为一期,即上一期的空气污染物对未来的影响主要发生在之后的一天当中。在本模型中,使用 AQI_{t-1}, $PM2.5_{t-1}$, $PM10_{t-1}$, $SO2_{t-1}$, $NO2_{t-1}$, CO_{t-1} 表示上一期的空气污染物含量,其他变量及系数含义与上文 OLS 模型相同。

回归模型如下:

$$AQI = a_0 + a_1 AQI_{t-1} + a_2 restriction + a_3 temp_{\min} + a_4 temp_{\max} + \\ a_5 rainfall + a_6 wind + a_7 heating + a_8 spring festival + \\ \sum_{k=9}^{11}(a_k \times pollution_k) + \Omega_1 \quad (6-7)$$

$$PM2.5 = b_0 + b_1 PM2.5_{t-1} + b_2 restriction + b_3 temp_{\min} + b_4 temp_{\max} + \\ b_5 rainfall + b_6 wind + b_7 heating + b_8 spring festival + \\ \sum_{k=9}^{11}(b_k \times pollution_k) + \Omega_2 \quad (6-8)$$

$$PM10 = c_0 + c_1 PM10_{t-1} + c_2 restriction + c_3 temp_{\min} + c_4 temp_{\max} + \\ c_5 rainfall + c_6 wind + c_7 heating + c_8 spring festival + \\ \sum_{k=9}^{11}(c_k \times pollution_k) + \Omega_3 \quad (6-9)$$

$$SO2 = d_0 + d_1 SO2_{t-1} + d_2 restriction + d_3 temp_{\min} + d_4 temp_{\max} + \\ d_5 rainfall + d_6 wind + d_7 heating + d_8 spring festival + \\ \sum_{k=9}^{11}(d_k \times pollution_k) + \Omega_4 \quad (6-10)$$

$$NO2 = e_0 + e_1 NO2_{t-1} + e_2 restriction + e_3 temp_{\min} + e_4 temp_{\max} + \\ e_5 rainfall + e_6 wind + e_7 heating + e_8 spring festival + \\ \sum_{k=9}^{11}(e_k \times pollution_k) + \Omega_5 \quad (6-11)$$

$$CO = f_0 + f_1 CO_{t-1} + f_2 restriction + f_3 temp_{\min} + f_4 temp_{\max} + \\ f_5 rainfall + f_6 wind + f_7 heating + f_8 spring festival + \\ \sum_{k=9}^{11}(f_k \times pollution_k) + \Omega_6 \quad (6-12)$$

回归结果如表 6-4 所示。

表 6-4 的回归结果所示,考虑时间序列滞后项的影响,各主要污染物的一期自回归滞后项在 99.9% 置信水平上与当期污染物水平密切相关,说明当前城市空气状况是对过去空气污染的继承。因此,城市空气污染治理是一个长期的过程,需要考虑环境因素的综合影响。但在考虑时间滞后的情况下,限行对

表 6-4　限行政策对空气质量的影响：时间序列回归

变　量	AQI	PM2.5	PM10	SO_2	NO_2	CO
一期滞后项	0.558***	0.550***	0.485***	0.514***	0.516***	0.565***
	(0.024 2)	(0.025 1)	(0.026 5)	(0.025)	(0.024 1)	(0.024 7)
是否限行	−3.798	−4.767	−7.905*	−0.470	−0.358	−0.0379
	(3.803)	(3.525)	(4.376)	(0.556)	(1.111)	(0.049 6)
最低气温	0.439	−1.026**	−2.250***	−0.469***	−1.138***	−0.0141**
	(0.555)	(0.507)	(0.629)	(0.080 4)	(0.16)	(0.007 11)
最高气温	0.305	0.575	1.865***	0.310***	0.681***	0.001 5
	(0.504)	(0.465)	(0.573)	(0.072 9)	(0.146)	(0.006 53)
降水量	−0.306	−0.152	−0.208	0.016 2	−0.012	−5.78×10⁻⁵
	(0.193)	(0.179)	(0.223)	(0.028 3)	(0.056 4)	(0.002 51)
最大稳定风速	−2.068***	−1.417***	−1.066***	−0.222***	−0.699***	−0.021 5***
	(0.186)	(0.172)	(0.214)	(0.027 3)	(0.054 4)	(0.002 42)
是否供暖	14.98**	8.795	8.396	2.482***	1.749	0.238***
	(5.991)	(5.559)	(6.908)	(0.885)	(1.750)	(0.079)
是否处于春节	6.322	2.625	−1.277	0.907	−0.941	−0.003 65
	(9.91)	(9.186)	(11.41)	(1.455)	(2.913)	(0.129)
非金属矿物制品业	−3.50×10⁻⁶	0.000 315**	0.000 278***	−7.73×10⁻⁵***	0.000 164***	6.28×10⁻⁶***
	(0.000 142)	(0.000 133)	(0.000 164)	(2.15×10⁻⁵)	(4.20×10⁻⁵)	(1.88×10⁻⁶)
黑色金属冶炼和压延加工业	−2.46×10⁻⁶	−0.000 312	0.000 179	0.000 134**	5.35×10⁻⁵	−2.79×10⁻⁶
	(0.000 439)	(0.000 407)	(0.000 508)	(6.50×10⁻⁵)	(0.000 129)	(5.73×10⁻⁶)
电力、热力生产和供应业	−0.000 119***	−3.37×10⁻⁵	−8.07×10⁻⁵***	−1.64×10⁻⁵***	−1.40×10⁻⁶	1.38×10⁻⁷
	(3.66×10⁻⁵)	(3.39×10⁻⁵)	(4.26×10⁻⁵)	(5.43×10⁻⁶)	(1.07×10⁻⁵)	(4.76×10⁻⁷)
样本数	1091	1091	1091	1091	1091	1091
R^2	0.404	0.399	0.319	0.558	0.520	0.504

注：上角标***、**和*分别代表在1%、5%和10%水平上显著；括号内为 t 值。

空气质量的影响变得不再显著，这一方面与限行政策对多期空气状况的交互影响相关；另一方面表明在跨时间政策过程中，污染物生成和扩散的物理过程掩盖了政策控制对空气质量的改善作用。得到结论，时间因素是比限行政策更重要的影响因素，其作用渠道主要表现为上一期空气污染的物理残留。

四、结论及政策建议

雾霾形成机制的复杂性对城市污染治理提出更高要求——治理空气污染的重点是形成站在城市整体治理高度的系统性机制，从产业发展、交通规划、应急防控、区域联合等各方面加大环保力度，优化城市管理。

本章的回归结果显示，日常工作日实行的尾号限行政策（即减少机动车尾气排放）能显著改善空气质量，但从影响幅度的量纲上看不构成绝对影响因素，而污染物的物理滞留和扩散对城市空气质量的影响相当明显。本地污染企业生产和春节期间烟花爆竹燃放与大气污染加剧之间未发现显著相关关系，说明这两项因素对加剧空气污染影响不大。因此，在肯定机动车限行的积极作用基础上，更应考虑如何促进污染物消解扩散、减少滞留效应，探索其他影响城市污染的因素。

具体而言，本章建议，京津冀地区要围绕机动车尾气控制建立统一联动的政策体系，其政策工具箱的内容应包括：

其一，前端控制政策。从程序上看，对机动车的控制分为前端控制和结果控制。前端控制包括从机动车的购买、使用、登记等环节减少机动车保有量，提高使用清洁燃料机动车比例，淘汰排放标准低的落后机动车，以及从石油冶炼环节提高机动车燃油质量。北京市已于2010年实行机动车限购政策，但是，运用"一刀切"的政策限制机动车购买会造成居民"购车难"，影响正常消费需求。更好的办法是通过物质奖励和政策倾斜鼓励低排量、清洁能源汽车的购买，促使车主主动进行排气净化系统加装升级。

其二，结果控制政策。结果控制是指在机动车保有已成既定事实的情况下，对现有机动车的使用进行限制。为保证北京市在重大活动期间的空气质量，目前已在重点时段对重点地区实行区域性的限行。如在2015年纪念中国人民抗日战争暨世界反法西斯战争胜利70周年阅兵式期间，北京市及周边的天津市、河北省、山西省、内蒙古自治区、山东省、河南省等地实行了严格的单双号限行。区域性的限行政策虽然立竿见影地带来了空气质量的好转，但是造成了巨大的经济社会成本。因此，强制性的结果控制政策只能作为区域联动政策工具箱中的次优方案。

其三,辅助性制度保障政策。区域联动的核心是形成区域一盘棋、政令统一的政策制定、执行体系。但是对于内部经济发展水平、区位资源状况差异较大的京津冀地区,各城市之间难以实现激励相容。因此,建立以利益补偿、资源共享为主要目标的辅助性制度保障政策尤为必要。可能的辅助性政策包括以区域为统筹层级的机动车号牌指标、污染排放指标,并通过地区间的许可证交易实现不同经济发展水平和发展目标下不同地区的利益平衡。

参考文献

北京晨报.京津冀大气污染源数据:北京氮氧化物45%来自机动车[EB/OL].(2014-04-12)[2020-04-20].http://china.huanqiu.com/hot/2014-04/4969303.html

北京市环保局.2014年北京市环境状况公报[EB/OL].(2015-04-16)[2020-04-20].http://www.bjepb.gov.cn/2014zt_jsxl/index.html

北京市环保局.2015年北京市环境状况公报[EB/OL].(2016-04-13)[2020-04-20].http://www.bjepb.gov.cn/2015zt_jsxl/index.html

北京市环保局.2016年北京市环境状况公报[EB/OL].(2017-06-02)[2020-04-20].http://www.bjepb.gov.cn/2016zt_jsxl/index.html

曹静,王鑫,钟笑寒.限行政策是否改善了北京市的空气质量?[J].经济学(季刊),2014(5):1091-1126.

田刚,李钢,秦建平,等.车辆限行对道路和施工扬尘排放的影响[J].环境科学,2009(5):1528-1532.

新华社.北京三年"治霾"投入360亿,大数据告诉你效果怎么样[EB/OL].(2016-12-23)[2020-04-20].http://mini.eastday.com/a/161224085317622-2.html

CHEN Y Y, JIN G Z, KUMAR N, et al. The promise of Beijing: evaluating the impact of the 2008 Olympic Games on air quality[J]. Journal of Environmental Economics and Management, 2013, 66(3): 424-443.

DAVES L W. The effect of driving restrictions on air quality in Mexico City[J]. Journal of Political Economy, 2008, 116(1): 38-81.

DE GRANGE L, TRONCOSO R. Impacts of vehicle restrictions on urban transport flows: The case of Santiago, Chile[J]. Transport Policy, 2011, 18(6): 862-869.

LIN L C Y C, ZHANG W, UMANSKAYA V I. The effects of driving restrictions on air quality: São Paulo, Bogotá, Beijing, and Tianjin[R]. Pittsburgh, USA: Agricultural & Applied Economics Association's 2011 AAEA & NAREA Joint Annual Meeting, 2011.

SUN C, ZHENG S Q, WANG R. Restricting driving for better traffic and clearer skies: Did it work in Beijing? [J]. Transport Policy, 2014, 32: 34-41.

VIARD V B, FU S H. The effect of Beijing's driving restrictions on pollution and economic activity[J]. Journal of Public Economics, 2015, 125: 98-115.

第七章　地铁如何影响城市治安案件的空间分布

发展地铁会对城市治安产生潜在影响。地铁站会改善本地可达性,吸引企业和消费者向该区域集聚,增加潜在受害者数量和罪犯犯罪收益;同时,企业、地方政府、地铁运营公司都有动机去加强地铁站所在区域的安保力量,增加罪犯的犯罪成本。犯罪收益与成本的改变会最终影响治安案件发生概率。本章主要利用北京市公安局"警情通报"数据,基于空间面板杜宾模型,探讨地铁发展能否抑制地铁站所在区域的治安案件,提升北京城市治安水平。

治安工作对我国经济社会发展起着举足轻重的作用,更是维护社会稳定的基础。以北京为代表的中国超特大城市,其社会稳定和治安工作更是受到各方面的高度关注。其中,"全国政治中心、文化中心、国际交往中心、科技创新中心"是北京四大首都功能。四大首都功能的建设和非首都功能的疏解,都离不开社会稳定作为保证。因此,如何提升北京城市治安,保障首都社会稳定,成为北京需要重点考虑的问题。

对城市治安问题的研究,国内外学者在理论和实证方面做了大量的工作。其中,城市治安影响因素的识别,是回答"如何提升城市治安"的关键,对明确城市治安的改善机制也具有重要意义,因此是学界研究的热点。国内外已有研究将城市治安的影响因素归纳如下。

第一,教育与学区。低教育水平会导致低人力资本积累,对个人的就业和收入都会造成负面影响,从而改变个人参与犯罪的动机(Deming,2011)。城市内部较差的学区会压低该区域居民的受教育水平和人力资本积累,这类区域往往成为治安案件高发区域(Billings and Phillips,2017)。

第二,收入水平。低收入水平会引发社会失序,造成个人心理剥夺感上升,并造成客观上生活困难,从而改变个人参与犯罪的激励结构。

第三,移民与流动人口。移民往往工作不稳定,在西方城市,移民聚居的社区治安一般较差,房价也较低(Saiz,2007)。在我国,流动人口也存在工作不稳定的情况,流动人口密集的街道、乡、镇往往是我国城市治安较差的区域(王桂新、刘旖芸,2007;刘彬彬 等,2017)。

第四,商业设施分布。商业设施会吸引消费者集聚,增加商业设施所在区域潜在受害者的密度。商业设施密集区域往往会是城市治安案件,尤其是财产类治安案件的高发区域(Brooks,2008)。

第五,城市交通。城市经济活动的集聚主要会受到城市交通发展的影响。交通设施的兴建会显著改善设施所在区域的可达性,从而降低该区域的交通成本(Bollinger and Ihlanfeldt,1997;Levinson,2008)。交通成本的下降至少从三个方面(扩大本地市场规模;扩大本地劳动力池;通过不可替代的面对面沟通,强化本地的集聚经济)促使经济活动(尤其是商业活动)向交通设施所在区域集聚。这意味着潜在消费人群也向这类区域集聚。首先,在其他条件不变的情况下,实际上扩大了这类区域潜在受害者(或者作案目标)的基数,从而提供了罪犯作案成功的总体概率以及作案的总体收益(Poister,1996;Ihlanfedt,2003;Phillips and Sandler,2015)。其次,随着本地经济活动(尤其是商业活动)的增多,企业会自发投入安保方面的支出,本地企业越密集,本地安保总支出将越高,意味着本地安保人员和安保设备越多(Phillips and Sandler,2015)。最后,随着当地经济活动的集聚,政府也有动机向当地配置更多警力。地铁运营方也有动机投入安保方面的支出,为地铁站配备相应的安保人员和安保设备(Billings et al.,2011)。这三个方面理论上提高了犯罪分子在交通设施所在区域及邻近区域作案的难度。因此,在交通设施所在区域及邻近区域作案时,如果罪犯的总体收益能显著抵消面临的风险,这类区域存在吸引罪犯的可能,其犯罪率在理论上也会出现上升趋势;如果总体收益无法抵消面临的风险,这类区域的犯罪率反而会下降。

20世纪70年代以来,城市交通在世界范围内发展的重点是以地铁为代表的城市轨道交通,这个趋势与地铁运量大、速度快、能源节约、用地节省的特点密不可分。世界各国城市中,短时间内地铁规模发展最大、速度最快的是中国的城市,尤其是北京、上海、深圳、广州等中国超特大城市。

针对地铁对城市治安的影响，国外学者进行了较为深入的实证研究，但尚未形成一致结论。Poister(1996)指出，亚特兰大城市轨道交通 MARTA 新开通车站周边地区，在车站投入运营的初期犯罪率会上升，但之后犯罪率没有继续提升。Ihlanfedt(2003)指出，亚特兰大都会区的贫困人口和 MARTA 的车站具有相似的空间分布特征，MARTA 的发展提高了车站所在区域的犯罪率。Billings 等(2011)指出，在夏洛特都会区，宣布新建城市轨道交通设施，会使新增车站周边地区犯罪率下降；在新车站投入运营后，新车站周边地区犯罪率下降的趋势得以维持。Phillips 和 Sandler(2015)指出，华盛顿特区城市轨道交通站点的关闭，会显著降低同一条线路其他车站所在区域的犯罪率，但不影响其他线路车站所在区域的犯罪率。

中国学界对地铁如何影响城市治安的研究相对匮乏，现有关于城市治安的研究主要聚焦于：① 北京、广州、武汉等超特大城市治安案件的空间密度(李业锦、朱红，2013；Ye et al.，2015)、"热点"区域(冯健 等，2012)、综合治理实践(广州大学课题组，2008)等；以及基于空间句法，探讨武汉城市路网对治安案件分布的影响(Wu et al.，2015)。② 城市重大公共安全事件的扩散机制与模拟(朱正威 等，2012)、网络舆情传播规律(杨娟娟 等，2013)、应急管理模式(康伟 等，2018)等。③ 城市公共安全的评价框架(朱正威 等，2011)、服务供给效率(龚锋，2008)、体制改革方向(游祥斌、李祥，2014)等。

综上，研究地铁发展对北京等中国超特大城市治安的影响，具有重大的现实意义和理论价值。地铁的发展在理论上会改变城市治安案件的分布，学界已经针对西方城市展开了较多实证研究。但对以北京为代表的中国超特大城市的治安问题，学界目前尚未分析发展地铁带来的潜在影响。因此，本章利用北京市公安局"警情通报"数据和北京城市轨道交通站点数据，基于探索性空间数据分析和空间面板杜宾模型，深入分析北京城市治安的分布特征及发展地铁对北京城市治安的潜在影响。本章可能的创新如下：一是利用网络大数据和地理信息数据，首次尝试分析发展地铁对中国超特大城市治安的正面影响；二是首次利用探索性空间数据分析方法，分析北京城市治安的空间特征；三是首次利用空间面板杜宾模型，量化地铁发展对北京各类治安案件的影响，以及对北京治安的总体影响。

一、研究设计

本章的实证研究，首先要分析北京治安的空间特征，并判断北京治安数据是否存在空间相关性，这是引入空间计量的前提条件。Moran's I 是测度空间相关性最常用的指数,并进一步分为全局 Moran's I 和局部 Moran's I 两类。本章将同时利用全局 Moran's I 和局部 Moran's I,判断数据的空间相关性。全局 Moran's I(Global Moran's I)的具体表达式如下：

$$Global\ Moran's\ I = \frac{\sum_{i=1}^{n}\sum_{j=1}^{n}W_{ij}(Y_i-\overline{Y})(Y_j-\overline{Y})}{S^2\sum_{i=1}^{n}\sum_{j=1}^{n}W_{ij}} \quad (7-1)$$

$$S^2 = \frac{1}{n}\sum_{i=1}^{n}(Y_i-\overline{Y}),\quad \overline{Y}=\frac{1}{n}\sum_{i=1}^{n}Y_i$$

全局 Moran's I 及局部 Moran's I 取值范围在[-1,1]之间,指数大于 0,表示全局数据或局部数据存在空间正相关;而指数小于 0,表示全局数据和局部数据存在空间负相关。局部 Moran's I(Local Moran's I)的具体表达式如下：

$$Local\ Moran's\ I = \frac{(x_i-\overline{x})}{S^2}\sum_{j=1}^{n}W_{ij}(x_{ij}-\overline{x}) \quad (7-2)$$

在此基础上,本章将需要讨论北京地铁的发展,是否能够影响北京城市治安的空间分布。以地铁、城市轻轨、现代有轨电车为代表的城市轨道交通的发展,会对城市内部特定区域的治安状况造成潜在影响(Poister,1996;Ihlanfedt,2003;Billings et al.,2011;Phillips and Sandler,2015)。城市内部各区域经济活动的集聚程度,实际上决定着该区域潜在受害者(或者作案目标)的基数,理论上会影响城市犯罪的空间结构(Ihlanfedt,2002)。基于相似的机制,城市主干道、环路、高速公路网络的扩张,理论上也会影响城市内部特定区域的治安状况。因此在本研究中,会将上述三类因素作为核心自变量纳入实证模型。由于城市治安案件具有空间集聚特征(Zenou,2003),因此针对城市治安的实证研究有必要基于空间计量模型,从而控制城市治安数据的空间自相关。同时引入因变量和自变量的空间滞后项,一方面可以解决数据空间自相关导致的估计不一致问题,另一方面可以探讨城市内部各区域的本地因素对周边区域的影响。这类模型形式一般被称作空间面板杜宾模型(Spatial Panel Durbin Model,简称 SPD 模型)。本章基本的 SPD 模型如下：

$$Total_{it} = \alpha + \beta_1 Station_{it} + \beta_2 Road_{it} + \beta_3 Economic_{it} + \beta_4 W \times Station_{it} + \\ \beta_5 W \times Road_{it} + \beta_6 W \times Economic_{it} + \beta_7 W \times Total_{it} + \mu_i + \lambda_t + \varepsilon_{it} \quad (7-3)$$

其中,$Total_{it}$ 代表历年北京市各街道、乡、镇的财产类治安案件的数量;$Station_{it}$ 代表北京市对应年份各街道、乡、镇拥有的地铁站出口数量;$Road_{it}$ 是对应年份北京市各街道、乡、镇拥有的主干道交叉口、环路出入口、高速公路出入口的数量;$Economic_{it}$是对应年份北京市各街道、乡、镇就业人口数量;$W \times Total_{it}$、$W \times Station_{it}$、$W \times Road_{it}$、$W \times Economic_{it}$分别是对应变量的空间滞后项;μ_i代表个体效应;λ_t代表时间效应;$\varepsilon_{it} \sim i.i.d.(0,\delta^2)$是扰动项。

本章还将进一步探讨城市轨道交通设施是否对入室盗窃、盗窃机动车、抢劫与抢夺、诈骗、扒窃与拎包盗窃等五类治安案件存在影响。从城市公共安全的角度看,这五类治安案件的严重性呈现逐步降低的特征。

$$Burglary_{it} = \alpha + \beta_1 Station_{it} + \beta_2 Road_{it} + \beta_3 Economic_{it} + \beta_4 W \times Station_{it} + \beta_5 W \times Road_{it} + \beta_6 W \times Economic_{it} + \beta_7 W \times Burglary_{it} + \mu_i + \lambda_t + \varepsilon_{it} \tag{7-4}$$

$$Automobile_{it} = \alpha + \beta_1 Station_{it} + \beta_2 Road_{it} + \beta_3 Economic_{it} + \beta_4 W \times Station_{it} + \beta_5 W \times Road_{it} + \beta_6 W \times Economic_{it} + \beta_7 W \times Automobile_{it} + \mu_i + \lambda_t + \varepsilon_{it} \tag{7-5}$$

$$Robbery_{it} = \alpha + \beta_1 Station_{it} + \beta_2 Road_{it} + \beta_3 Economic_{it} + \beta_4 W \times Station_{it} + \beta_5 W \times Road_{it} + \beta_6 W \times Economic_{it} + \beta_7 W \times Robbery_{it} + \mu_i + \lambda_t + \varepsilon_{it} \tag{7-6}$$

$$Fraud_{it} = \alpha + \beta_1 Station_{it} + \beta_2 Road_{it} + \beta_3 Economic_{it} + \beta_4 W \times Station_{it} + \beta_5 W \times Road_{it} + \beta_6 W \times Economic_{it} + \beta_7 W \times Fraud_{it} + \mu_i + \lambda_t + \varepsilon_{it} \tag{7-7}$$

$$Bag_{it} = \alpha + \beta_1 Station_{it} + \beta_2 Road_{it} + \beta_3 Economic_{it} + \beta_4 W \times Station_{it} + \beta_5 W \times Road_{it} + \beta_6 W \times Economic_{it} + \beta_7 W \times Bag_{it} + \mu_i + \lambda_t + \varepsilon_{it} \tag{7-8}$$

其中,$Burglary_{it}$代表历年北京市各街道、乡、镇入室盗窃案件的数量;$Automobile_{it}$代表历年北京市各街道、乡、镇盗窃机动车案件的数量;$Robbery_{it}$代表历年北京市各街道、乡、镇抢劫与抢夺案件的数量;$Fraud_{it}$代表历年北京市各街道、乡、镇诈骗案件的数量;Bag_{it}代表历年北京市各街道、乡、镇扒窃与拎包盗窃案件的数量。

二、研究对象及研究数据

北京市公安局每周会在北京市公安局网站公布"警情提示"数据,统计范围为城六区,即西城区(含原宣武区)、东城区(含原崇文区)、朝阳区、海淀区、丰台区和石景山区。北京市公安局"警情提示"数据主要覆盖入室盗窃、盗窃机动车与非机动车、抢劫、诈骗、扒窃等财产类治安案件。本章在北京市公安局每周"警情提示"各类案件数据基础上,汇总得到北京市城六区2009—2013年各街道、乡、镇每年的财产类案件通报数量,及入室盗窃、盗窃机动车与非机动车、抢劫、诈骗、扒窃案件通报数量。2009年财产类案件通报数量为1265。其中,入室盗窃案件通报数量为299,抢劫案件通报数量为64,盗窃机动车与非机动车案件通报数量为113,诈骗案件通报数量为645,扒窃案件通报数量为144。到2013年,财产类案件通报数量为562。其中,入室盗窃案件通报数量为220,抢劫案件通报数量为13,盗窃机动车与非机动车案件通报数量为20,诈骗案件通报数量为210,扒窃案件通报数量为99。总体而言,北京城市治安在五年中不断改善。

北京以获得2008年奥运会举办权为契机,大力开展轨道交通建设。2008年前后,北京地铁5号线、10号线1期、8号线1期、机场线、4号线等相继开通。2012年年底,地铁15号线1期、亦庄线、大兴线、昌平线、房山线投入运营。截至2015年,北京轨道交通网络拥有18条运营线路和334座运营车站,运营里程554千米,位居世界第二,仅次于上海。进入21世纪,北京地面交通网络也完成快速扩展:四环路于2001年建成通车,五环路于2003年建成通车,六环路于2009年建成通车。至2015年,北京公路总里程达到2.92万千米,其中国道、省道、县道等2.18万千米,高速公路982千米。本章基于北京各条地铁线和各地铁站投入运营的年份,以及北京各主干道、环路、高速公路开通的年份,利用地理信息系统(ArcGIS),整理出2009—2013年北京城六区各街道、乡、镇每年的地铁站出口数量,以及主干道交叉口和环路、高速公路出入口数量。

本章还基于北京市第二次和第三次全国经济普查数据,以及历年《北京区域统计年鉴》,整理出2009—2013年北京城六区各街道、乡、镇每年的就业人口数量,以此代表北京城六区各街道、乡、镇的经济活动水平。本章相关变量的统计性描述见表7-1。

表7-1 相关变量的描述性统计

变量	定义	样本量	均值	标准差	最小值	最大值
Total	当年各街道、乡、镇财产类案件通报数量	640	8.29	11.47	0	106
Burglary	当年各街道、乡、镇入室盗窃案件通报数量	640	1.95	3.55	0	31
Automobile	当年各街道、乡、镇盗窃机动车案件通报数量	640	0.19	0.68	0	9
Robbery	当年各街道、乡、镇抢劫案件通报数量	640	0.65	1.70	0	23

续表

变量	定义	样本量	均值	标准差	最小值	最大值
Fraud	当年各街道、乡、镇诈骗案件通报数量	640	2.91	4.17	0	22
Bag	当年各街道、乡、镇扒窃案件通报数量	640	1.30	3.74	0	44
Station	当年各街道、乡、镇地铁站出入口数量	640	4.47	5.62	0	31
Road	当年各街道、乡、镇主干道交叉口、环路和高速路出入口数量	640	12.21	11.44	0	78
Economic	当年各街道、乡、镇就业人口数量	640	50 588.76	54 375.03	2403	386 628

三、北京地铁发展与城市治安提升

空间相关性检验是本章实证分析的基础。本章首先计算 2009—2013 年北京城六区治安数据的全局 Moran's I，来判断数据是否空间相关，进而确定是否引入空间计量。五年治安数据对应的全局 Moran's I 分别为 18.15%、11.33%、19.01%、15.90%、12.78%。由此可知：2009—2013 年北京城六区治安数据的全局 Moran's I 指数都通过 5% 的显著性检验，说明五年间北京城六区治安数据具有显著的空间相关性，需要采用空间计量。

本章进一步计算北京城六区各街道乡镇治安数据的局部 Moran's I，这也被称为 LISA 分析。局部 Moran's I 主要从局部上探查空间要素的空间关系，本质上是将全局 Moran's I 按照空间相关度，分解到各个空间单元。利用局部 Moran's I，可以将各空间单元划分为高高（HH）聚集区、低高（LH）聚集区、低低（LL）聚集区和高低（HL）聚集区。2009—2013 年，北京城六区治安案件的高高集聚区主要有大红门、东铁匠营、十八里店、潘家园、北新桥等街道、乡、镇，这进一步说明有必要引入空间计量。

总体而言，北京城六区各街道、乡、镇的本地财产类治安案件集聚，会增加周边街道、乡、镇的财产类治安案件数量（北京城六区各街道、乡、镇财产类治安案件的空间滞后项为正显著，并通过 1% 的显著性检验）。在城市内部，财产类治安案件具备空间集聚特征：城市内部治安案件多发的区域，其周边区域的治安也会较差（Freeman et al.，1996；Zenou，2003）。这是因为，城市内部某区域商业活动与消费者的集聚,会增加潜在受害者数量,吸引财产类罪犯集聚。但财产类罪犯之间存在竞争关系,会争夺潜在受害者,随着罪犯在某一区域集聚程度不断提高,罪犯间竞争会加剧,有一部分罪犯会被"挤出"到周边区域(Deangelo,2011)。城市内部各街道、乡、镇的边界,无法阻隔罪犯的这类流动。

北京城六区各街道、乡、镇的地铁站($Subway$)对本地治安的影响为负显著,并且均通过1%的显著性检验;而地铁站的空间滞后项($W \times Subway$)不显著。根据北京市政府的安保要求,北京地铁站配备了为数众多的安检设备、监控设备和安保人员。地铁站周边属于人流密集地区,北京市公安局也会在地铁站周边增派警力。因此,北京地铁站开通运营,会对所在区域的罪犯形成有力震慑,在客观上改善了北京城市治安。但北京地铁站的安检设备、监控设备和安保人员主要集中在地铁站,北京市公安局增派的警力也主要集中在地铁站。因此,北京地铁站的威慑作用范围仅限于地铁站所在区域,并不对周边区域有溢出效应。地铁发展可以改善城市治安,是中国城市与欧美国家城市的重要区别。中国城市的地铁站拥有众多安保人员和安保设备,能够对地铁站所在区域的罪犯进行有力震慑,从而提升所在区域社会治安。欧美国家城市的地铁站人流密集,但却缺乏安保人员和安保设备,安保力量薄弱,便于罪犯作案,反而成为城市内部治安案件高发区域(Poister,1996;Ihlanfeldt,2003;Phillips and Sandler,2015)。北京城六区各街道、乡、镇的主干道、环路及高速公路等地面交通设施,以及经济活动,对本地治安和周边地区治安的影响都不显著。

在分析北京城市治安空间分布特征及地铁发展对其影响的基础上,本章将进一步探讨入室盗窃、抢劫、盗窃机动车、诈骗、扒窃等治安案件的空间分布特征及影响因素。由于不同案件的作案对象与严重程度、不同案件罪犯的作案成本与收益均存在差异,因此各类案件的空间分布特征及影响因素不尽相同。在本章重点分析的五类治安案件中,入室盗窃案件的严重程度最高,作案成本与收益均最大,作案地点主要集中在写字楼、商铺、居民小区;扒窃案件的严重程度最低,作案成本与收益均最低,作案对象主要是行人,没有特定作案地点;而抢劫、盗窃机动车、诈骗三类案件的严重程度、作案成本、作案收益,介于入室盗窃与扒窃两类案件之间。

从空间分布特征看,见表7-2,北京城六区的入室盗窃、抢劫、盗窃机动车、诈骗四类案件在分布上具有空间集聚的特征(北京城六区各街道、乡、镇入室盗窃、抢劫、盗窃机动车、诈骗四类案件的空间滞后项为正显著,并通过1%的显著性检验)。而扒窃案件的作案对象主要是行人,作案地点不固定。因此,北京扒窃案件在空间分布上不存在集聚特征(北京城六区各街道、乡、镇扒窃案件的空间滞后项不显著)。

表 7-2 发展地铁对北京财产类治安案件与入室盗窃案件的影响

自变量	财产类治安案件总体情况			入室盗窃案件		
	Model1	Model2	Model3	Model1	Model2	Model3
Subway	-0.432	-0.856	-0.815	-0.148	-0.235	-0.255
	(-5.691)***	(-8.015)***	(-6.743)***	(-5.388)***	(-4.915)***	(-4.688)***
Road	0.597	-0.070	-0.095	0.136	-0.130	-0.145
	(16.114)***	(-0.475)	(-0.625)	(10.124)***	(-1.95)*	(-2.114)**
Economic	2.059	-5.350	-8.653	0.177	-2.098	-1.020
	(4.635)***	(-2.173)**	(-1.275)	(1.106)	(-1.898)*	(-0.334)
W×Safety		0.281	0.274		0.200	0.211
		(5.472)***	(5.174)***		(3.657)***	(3.831)***
W×Subway			-0.179			0.078
			(-0.754)			(0.742)
W×Road			0.284			0.096
			(1.002)			(0.751)
W×Economic			3.748			-1.301
			(0.504)			(-0.389)
Adjusted R^2	0.3897	0.8463	0.8467	0.1658	0.6737	0.6748

注：① ***表示参数估计值在99%置信度下显著，**表示在95%置信度下显著，*表示在90%置信度下显著，括号中为 t 统计量。
② $W×X$ 代表各变量的空间滞后项，$X=[Subway,Road,Economic,Employ]'$。
③ Model1 代表 OLS 估计结果，Model2 代表 SPAR 模型估计结果，Model3 代表 SPDM 模型估计结果。下同。

入室盗窃案件在本章重点分析的五类案件中,犯罪成本和收益均最高。案件地点主要是写字楼、商铺、居民小区,罪犯在作案前往往要评估作案难度,一般会选择存在治安死角的小区或监控设施不够完善的写字楼及商铺。地铁站投入运营后,能够抑制所在区域入室盗窃案件的发生,提升本地治安,但这种抑制作用对周边区域不明显(北京城六区各街道、乡、镇的地铁站对本地入室盗窃案件的影响为负显著,并且均通过1%的显著性检验;而地铁站的空间滞后项不显著),见表7-2。这是因为北京的地铁站投入运营后,会增加所在区域的安保人员和安保设备,提高了意图实施入室盗窃的罪犯的难度和成本,从而抑制该类案件的发生。主干道、环路和高速公路会显著增加所在区域的车流与人流,从而压缩写字楼、商铺、居住小区的监控死角。在夜间,北京的主干道、环路和高速公路的照明系统,也能起到类似作用。因此,主干道、环路和高速公路投入使用,会提高所在区域入室盗窃罪犯的犯罪成本,从而抑制该类案件的发生。但主干道、环路和高速公路对入室盗窃案件的抑制作用仅限于本地(北京城六区各街道、乡、镇的主干道、环路、高速公路对本地入室盗窃案件的影响为负显著,并且均通过1%的显著性检验;而主干道、环路、高速公路的空间滞后项不显著)。

从犯罪成本上看,抢劫案件与入室盗窃案件类似,是北京市公安局重点打击的治安案件,罪犯面临较高的犯罪成本;从犯罪收益上看,抢劫案件要低于入室盗窃案件。地铁站与地面交通设施对抢劫案件的影响,类似于入室盗窃案件。地铁站投入运营后,能够抑制所在区域抢劫案件的发生,提升本地治安,但这种抑制作用对周边区域不明显(北京城六区各街道、乡、镇的地铁站对本地抢劫案件的影响为负显著,并且均通过1%的显著性检验;而地铁站的空间滞后项不显著),见表7-3。主干道、环路和高速公路投入使用,会提高所在区域入室盗窃罪犯的犯罪成本,从而抑制该类案件的发生;但主干道、环路和高速公路对入室盗窃案件的抑制作用仅限于本地(北京城六区各街道、乡、镇的主干道、环路、高速公路对本地抢劫案件的影响为负显著,并且均通过1%的显著性检验;而主干道、环路、高速公路的空间滞后项不显著)。

北京地铁的发展同样能起到抑制盗窃机动车案件的作用,与抢劫和入室盗窃案件的情况类似,地铁站的这种抑制作用局限于本地。但城市主干道的增加,并不能有效抑制盗窃机动车案件的发生(北京城六区各街道、乡、镇的地铁站对本地盗窃机动车案件的影响为负显著,并且均通过1%的显著性检验;地铁站的空间滞后项不显著),见表7-3。盗窃机动车案件由于作案对象的特殊性,主要发生在各类停车场。北京地铁站的安保人员和设备,以及北京市公安局为地铁站增派的警力,都会对周边停车场提供无形的保护。而城市主干道没有专门的安保人员和设备,北京市公安局也没有足够警力对城市主干路网进行覆盖,因此城市主干路网的扩张对盗窃机动车案件的影响不显著。

表 7-3 发展地铁对北京抢劫案件与盗窃机动车案件的影响

自变量	抢劫案件			盗窃机动车案件		
	Model1	Model2	Model3	Model1	Model2	Model3
Subway	−0.020	−0.039	−0.043	−0.099	−0.189	−0.221
	(−3.62)***	(−3.477)***	(−3.295)***	(−4.661)***	(−5.739)***	(−5.898)***
Road	0.021	−0.113	−0.112	0.154	−0.014	−0.017
	(7.842)***	(−7.12)***	(−6.905)***	(14.817)***	(−0.309)	(−0.354)
Economic	0.002	−0.076	−0.806	0.105	−0.354	1.173
	(0.077)	(−0.292)	(−1.11)	(0.844)	(−0.468)	(0.559)
W×Safety		0.137	0.136		0.283	0.286
		(2.472)**	(2.38)**		(5.434)***	(5.433)***
W×Subway			0.013			0.123
			(0.526)			(1.708)*
W×Road			−0.004			−0.023
			(−0.116)			(−0.263)
W×Economic			0.853			−1.807
			(1.073)			(−0.787)
Adjusted R^2	0.0972	0.4947	0.4962	0.2971	0.7836	0.7851

注：抢劫案件代表抢劫与抢夺案件，盗窃机动车案件代表盗窃非机动车与机动车案件。

诈骗案件的一个主要特点是，罪犯不一定需要与受害者进行直接接触。罪犯通过远程诈骗可以显著降低被抓获的概率，因此随着电信及互联网技术的进步，远程诈骗越来越普遍。因此，北京地铁站的安保设备和人员，以及北京市公安局向地铁站增派的警力，对抑制诈骗犯罪活动不会起到作用。北京诈骗案件主要受城市经济活动吸引。北京城市经济活动和就业人口集聚的区域，也是诈骗案件高发区域（北京城六区各街道、乡、镇的经济活动对本地诈骗案件的影响为正显著，并且均通过 1% 的显著性检验；而经济活动的空间滞后项也是正显著），见表 7-4。

扒窃案件的罪犯需要直接接触受害者，高人流量和低安保水平的区域往往多发扒窃案件。新投入运营的地铁站虽然会吸引大量人流，增加潜在受害者数量，提高罪犯的犯罪收益。但地铁站也为所在区域带来更多的安保设备、安保人员以及警力，在更大程度上提高了罪犯实施扒窃的难度和被抓获的风险。因此，北京新地铁站的投入运营，会降低所在区域扒窃案件的案发率，改善所在区域的治安（北京城六区各街道、乡、镇的地铁站对本地扒窃案件的影响为负显著，并且均通过 1% 的显著性检验；而地铁站的空间滞后项不显著），见表 7-4。

新主干道的开通，同样会吸引大量人流，提高扒窃案件罪犯的犯罪收益。但新主干道的开通，不会显著增加沿线区域的警力、安保人员和设备，反而会吸引罪犯在沿线区域进行扒窃，恶化了这类区域的治安（北京城六区各街道、乡、镇的主干道、环路、高速公路对本地扒窃案件的影响为正显著，并且均通过 1% 的显著性检验；主干道、环路、高速公路的空间滞后项不显著）。

四、结论与政策建议

研究发展地铁对中国特大城市治安的影响，具有重大的现实意义和理论价值。地铁站投入使用后，会改变城市特定区域的治安水平。学界已经针对西方城市展开了较多研究；但对北京等中国特大城市的治安问题，学界目前尚未分析发展地铁带来的潜在影响。因此，本章利用北京市公安局"警情通报"数据和北京城市轨道交通站点数据，基于探索性空间数据分析和空间面板杜宾模型，深入分析北京城市治安的分布特征及发展地铁对北京城市治安的潜在影响。主要结论如下：

第一，全局 Moran's I、局部 Moran's I、空间面板杜宾模型的分析结果均表明，北京城六区财产类治安案件具有空间集聚的特征，存在显著的空间相关性。因此，在量化分析北京城市治安的影响因素、影响程度、影响范围时，有必要引入空间计量，以提高量化分析的精准度。

表 7-4 发展地铁对北京诈骗案件与扒窃案件的影响

自变量	诈骗案件			扒窃案件		
	Model1	Model2	Model3	Model1	Model2	Model3
Subway	−0.084	−0.085	−0.034	−0.081	−0.272	−0.259
	(−2.683)***	(−1.775)*	(−0.613)	(−2.301)*	(−6.449)***	(−5.526)***
Road	0.109	−0.009	−0.004	0.178	0.193	0.177
	(7.118)***	(−0.141)	(−0.059)	(10.311)***	(3.269)***	(2.937)***
Economic	1.260	−2.539	−10.049	0.514	0.047	2.090
	(6.886)***	(−2.286)**	(−3.27)***	(2.48)**	(0.048)	(0.815)
$W \times Safety$		0.394	0.385		0.002	−0.019
		(10.825)***	(10.495)***		(0.033)	(−0.279)
$W \times Subway$			−0.134			−0.081
			(−1.787)*			(−0.795)
$W \times Road$			0.020			0.169
			(0.189)			(1.351)
$W \times Economic$			8.451			−2.491
			(2.617)***			(−0.863)
Adjusted R^2	0.2177	0.7629	0.7667	0.2074	0.8546	0.8555

注：扒窃案件代表扒窃与扽包盗窃案件。

第二,北京地铁站的开通运营,会对所在区域的罪犯形成有力震慑,在客观上改善了北京城市治安。这是因为,北京地铁站配备了为数众多的安检设备、监控设备和安保人员,北京市公安局也在地铁站周边增派警力。由于这类安保人员、安保设备、警力主要部署在地铁站附近,因此北京地铁站的威慑作用范围仅限于地铁站所在区域,并不对周边区域有溢出效应。地铁发展可以改善城市治安,是中国城市与欧美国家城市的重要区别。欧美国家城市的地铁站人流密集,但却缺乏安保人员和安保设备,安保力量薄弱,便于罪犯作案,反而成为城市内部治安案件高发区域。

第三,北京财产类治安案件具体包含入室盗窃、盗窃机动车与非机动车、抢劫、诈骗、扒窃等类别。通过验证,本章发现北京地铁站对入室盗窃、盗窃机动车与非机动车、抢劫、扒窃四类治安案件都存在震慑作用,而且这种震慑作用也是限于地铁站所在区域。诈骗案件由于不一定与受害者产生直接接触,因此具有一定特殊性,主要还是受城市经济活动吸引。

基于地铁站对北京城市治安影响的分析,本章对北京市政府和中国地方政府的政策建议主要有:

第一,北京市在防范财产类治安案件、提升城市治安水平时,要重视城市轨道交通系统的作用,利用好现有的地铁站,将其打造成社会治安防控力量的枢纽;在规划新建轨道交通系统时,要合理规划站点布局和站内空间设计,使轨道交通在便捷人们出行的同时,不成为罪犯便于作案的空间。

第二,由于北京市"居住郊区化"和"就业去中心化"的态势还会持续,北京市政府在将中心城区过于集聚的功能和就业向郊区疏解的过程中,需要考虑财产类治安案件可能也会随着经济活动和就业人口向郊区转移,北京市政府可以利用地铁站的特殊作用,加强郊区的治安管控。

参考文献

冯健,黄琳珊,董颖,等.城市犯罪时空特征与机制——以北京城八区财产类犯罪为例[J].地理学报,2012,67(12):60-71.

龚锋.地方公共安全服务供给效率评估——基于四阶段 DEA 和 Bootstrapped DEA 的实证研究[J].管理世界,2008(4):80-90.

广州大学课题组.城市治安综合治理的路径选择——广州火车站地区治安综合治理的实践及其启示[J].中国行政管理,2007(7):40-43.

康伟,杜蕾,曹太鑫.组织关系视角下的城市公共安全应急协同治理网络——基于"8·12 天津港事件"的全网数据分析[J].公共管理学报,2018(2):141-160.

李业锦,朱红.北京社会治安公共安全空间结构及其影响机制——以城市 110 警情为例

[J].地理研究,2013,32(5):870-880.

刘彬彬,林滨,冯博,等.劳动力流动与农村社会治安:模型与实证[J].管理世界,2017(9):73-84.

王桂新,刘旖芸.上海流动人口犯罪特征及原因分析——透过新闻资料的梳理、分析[J].人口学刊,2006(3):44-48.

杨娟娟,杨兰蓉,曾润喜,等.公共安全事件中政务微博网络舆情传播规律研究——基于"上海发布"的实证[J].情报杂志,2013(9):11-15.

游祥斌,李祥.反思与重构:基于协商视角的社会治安综合治理体制改革研究[J].中国行政管理,2014(12):58-62.

张海波.中国总体国家安全观下的安全治理与应急管理[J].中国行政管理,2016(4):126-132.

朱正威,蔡李,段栋栋.基于"脆弱性-能力"综合视角的公共安全评价框架:形成与范式[J].中国行政管理,2011(8):103-108.

朱正威,赵欣欣,蔡李.突发公共安全事件扩散动力学模型仿真研究[J].中国行政管理,2012(9):125-128.

BILLINGS S B,LELAND S,SWINDELL D. The effects of the announcement and opening of light rail transit stations on neighborhood crime[J]. Journal of Urban Affairs,2011,33(5):549-566.

BILLINGS S B,PHILLIPS D C. Why do kids get into trouble on school days? [J]. Regional Science & Urban Economics,2017,65:16-24.

BOLLINGER C R,IHLANFELDT K R. The impact of rapid rail transit on economic development:the case of Atlanta's MARTA[J]. Journal of Urban Economics,1997,42(2):179-204.

BROOLS L. Volunteering to be taxed:business improvement districts and the extra-governmental provision of public safety[J]. Journal of Public Economics,2008,92(1-2):388-406.

DEANGELO G. Making space for crime:a spatial analysis of criminal competition[J]. Regional Science & Urban Economics,2011,42(1):42-51.

DEMING D J. Better schools,less crime? [J]. Quarterly Journal of Economics,2011,126(4):2063-2115.

FREEMAN S,GROGGER J,SONSTELIE J. The spatial concentration of crime[J]. Journal of Urban Economics,1996,40(2):216-231.

GLAESER E L,SACERDOTE B. Why is there more crime in cities? [J]. Journal of Political Economy,2015,107(S6):225-225.

IHLANFELDT K R. Rail transit and neighborhood crime:the case of Atlanta,Georgia[J]. Southern Economic Journal,2003,70(70):273-294.

IHLANFELDT K R. Spatial mismatch in the labor market and racial differences in neighborhood crime[J]. Economics Letters,2002,76(1):73-76.

JIWATTANAKULPAISARN P,NOLAND R B,GRAHAM D J. Causal linkages between highways and sector-level employment[J]. Transportation Research Part A: Policy & Practice,2010,44(4):265-280.

LEVINSON D. Density and dispersion: the co-development of land use and rail in London[J]. Journal of Economic Geography,2008,8(1):55-77.

PHILLIPS D C,SANDLER D. Does public transit spread crime? Evidence from temporary rail station closures[J]. Regional Science & Urban Economics,2015,52:13-26.

POISTER T H. Transit-related crime in suburban areas[J]. Journal of Urban Affairs,1996,18(1):63-75.

SAIZ A. Immigration and housing rents in American cities[J]. Journal of Urban Economics,2007,61(2):345-371.

WU L,LIU X,YE X,et al. Permeability,space syntax,and the patterning of residential burglaries in urban China[J]. Applied Geography,2015,60:261-265.

YE X,XU X,LEE J,et al. Space-time interaction of residential burglaries in Wuhan,China[J]. Applied Geography,2015,60:210-216.

ZENOU Y. The spatial aspects of crime[J]. Journal of the European Economic Association,2003,1(2-3):459-467.

第八章　城市教育资源分布的空间匹配度实证分析

教育资源分布是衡量城市教育资源空间合理性与分配公平性的基础指标。本章基于城市公共产品空间失配的理论假说，依据 GIS 空间分析工具，通过构建供给能力指数，采用统计分析、分类研究、全局空间自相关分析等方法，对北京市一般性和示范性高中教育资源的空间分布进行实证分析和特征评价，探讨其成因与规律，并就各区县高中教育资源空间布局的失配现象，提出实施空间优化的策略保障和措施方案。

一、数据来源与处理

（一）研究范围

本章选取了北京市作为研究对象和空间范围，采用 2010 年区划调整后的行政区划的相关数据进行分析。2010 年北京市共辖 14 区、2 县，共 140 个街道办事处、142 个建制镇、35 个建制乡。其中，首都功能核心区包括东城和西城；城市功能拓展区包括海淀、朝阳、丰台和石景山；城市发展新区包括通州、顺义、房山、大兴和昌平；生态涵养发展区包括怀柔、平谷、门头沟、密云和延庆。

（二）学校数据与处理

本章的研究对象是北京市教育委员会（简称北京市教委）确认的普通高中

学校(包括一般性高中和示范性高中)。职业高中、技工学校、中等专业学校、师范学校等其他类别的高中不列入研究范围。根据北京市教育考试院官方公布的 2010 年招生数据,北京市共有 268 所普通高中。由于首钢矿山一中位于河北省迁安市,而且仅面向首钢职工子女招生,因此笔者将其排除在计算分析之外,采用 267 所普通高中这一数字。

学校的空间数据由北京市教委公布的 267 所高中学校详细地址在 ArcGIS9.2 中生成;学校招生数据由北京市教育考试院官方公布的《2010 年高级中等学校招生计划》整理得到。

为区别普通高中的差异性,本章对北京市 267 所高中进行如下分类:一是根据教育资源的质量优劣,将学校划分为一般性高中和示范性高中(如表 8-1、图 8-1);二是根据在本区招生的比重,将学校划分为开放型、半开放型等五种类型(如表 8-1、图 8-2)。其中,完全开放型学校是指招生名额面向全市开放,对学生无生源地(北京市范围内)限制,因此本区招生数记为 0,本区招生比重也为 0。相反,完全封闭型学校是指招生名额仅向所在区学生开放,因此本区招生比重为 100%。

表 8-1　北京市普通高中分类

分类依据与意义	类　型	学校数量
资源等级(区分教育资源的差异性)	一般性高中	193
	示范性高中	74
本区招生数的比重(考虑跨区入学的影响)	完全开放型(比重＝0)	39
	开放型(0＜比重≤50%)	16
	半开放型(50%＜比重≤75%)	31
	半封闭型(75%＜比重＜100%)	70
	完全封闭型(比重＝100%)	111

数据来源:根据北京教育考试院公布的《2010 年高级中等学校招生计划》的相关内容整理。

(三)人口数据与处理

本章采用北京市第五次人口普查的街道人口数据(总量与 0~19 岁人口规模),在数据处理上做了两处调整:一是由于学校招生规模采用 2010 年数据,因此,采用"招生人口指数(招人数与人口数的比值)"进行分析以减小误差;二是为避免局部区划调整导致空间范围的差异的影响,对第五次人口普查的街道人口数据进行修正,并结合街道的历史数据进行估测。

彩图 8-1

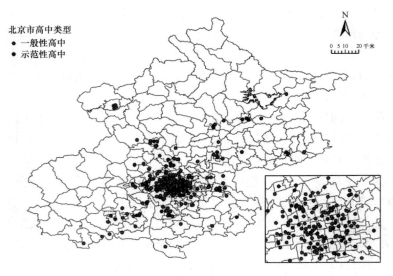

图 8-1　北京市 74 所示范性高中和 193 所一般性高中分布

彩图 8-2

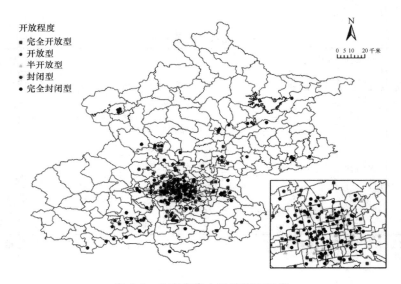

图 8-2　北京市高中开放程度示意

二、基于 Voronoi 图的空间布局特征分析

（一）基于 Voronoi 图的空间布局分析

Voronoi 图广泛地应用于空间布局规划，用以确定公共产品的服务范围。

采用 Voronoi 图划分学校服务范围需要两个前提条件：一是假设所有学校是均值的，即不考虑教育资源优劣程度对学校服务范围的影响；二是遵循就近入学原则，Voronoi 图产生多边形时主要基于最邻近原则，而不考虑跨区入学情况。对此，笔者通过对一般性高中和示范性高中分别进行 Voronoi 图分析，以修正该工具无法反映学校资源差异的问题。

本章根据"本区招生数的比重"衡量学校的开放程度（见表 8-2）。2010 年，北京市一般性高中的平均本区招生比重高达 87.2%，其中半封闭型一般性高中的本区招生比重超过 92%；完全封闭与半封闭型高中的数量高达 139 所，且这两类学校的招生人数占一般性高中招生总数的比重达 85.7%。由此，北京市一般性高中的资源分配服从就近入学原则，可以采用 Voronoi 图分析。相反，北京市示范性高中的开放程度较高，平均本区招生比重为 76.5%，仅 42 所学校属于完全封闭和半封闭型，且这两类学校招生人数的比重仅 62.2%。特别是北京四中、人大附中、清华附中等公认的北京市顶级优质教育资源都属于开放型。所以，就近入学原则对北京市优质教育资源分配的影响具有局限性，不适宜进行 Voronoi 图分析。

表 8-2 北京市一般性高中开放程度

学校级别	开放程度	学校数量	招生总数/人	本区招生/人	外区招生/人	不限区/人	定向招生/人[①]	本区招生比重/(%)
	合计	267	59 212	48 600	3192	6234	1186	82.1
一般性高中	完全开放型	39	2385	0	0	2385	0	0
	开放型	6	620	138	422	60	0	22.3
	半开放型	9	1440	930	170	260	80	64.6
	半封闭型	32	7978	7359	212	385	22	92.2
	完全封闭型	107	18 692	18 692	0	0	0	1.0
	合计	193	31 115	27 119	804	3090	102	87.2
示范性高中	完全开放型	0	0	0	0	0	0	0
	开放型	10	3808	1409	773	1003	623	37.0
	半开放型	22	6801	4389	1086	963	363	64.5
	半封闭型	38	14 755	12 950	529	1178	98	87.8
	完全封闭型	4	2733	2733	0	0	0	1.0
	合计	74	28 097	21 481	2388	3144	1084	76.5

注：① 定向招生是指针对特定生源的招生计划，例如人大附中针对中国人民大学教师子女有特定招生指标，某些学校针对特定部委机关有招生指标等。

首先，根据 ArcGIS9.2 自带的 Voronoi 空间分析功能，生成一般性高中的多边形空间影响范围，每所学校将对应唯一的多边形空间（如图 8-3）。由于

Voronoi 图是在北京市外 10 千米左右的矩形空间内完成,外围的多边形空间覆盖了北京市以外的空间,因此需要用北京市的边界图与 Voronoi 图进行叠置,得到每所高中在北京市范围内的多边形空间(如图 8-4),然后通过 ArcCatalog 得到每个多边形的面积,即每所学校的服务面积。

彩图 8-3

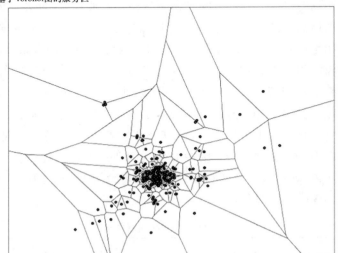

图 8-3 一般性高中 Voronoi 分析结果示意

彩图 8-4

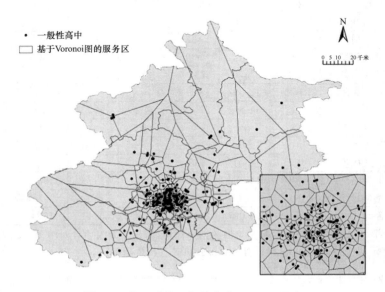

图 8-4 修正后的一般性高中 Voronoi 示意

其次,依据全国第五次人口普查的街道人口数据(0～19岁),采用700米×700米的网格实现北京市人口数据的栅格化(如图8-5),统计结果显示栅格化的误差为0.8%,因此栅格结果可以接受。将栅格数据与修正后的一般性高中 Voronoi 图进行匹配,得到每所学校对应多边形空间内的 0～19 岁的人口数量。

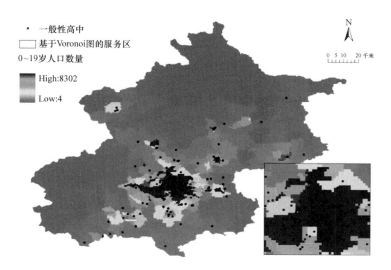

图 8-5　700 米×700 米人口栅格化示意

最后,假设北京市具有相同的人口结构,根据北京市 0～19 岁人口总数(3 077 941 人)和一般性高中招生总数(31 115 人),得到招生规模占 0～19 岁人口的系数为 0.0101;利用该系数计算出每个多边形内的潜在招生数,即 Voronoi 图中每个多边形区域对每所高中的招生需求;实际招生数与潜在招生数的比值即为供需比值。利用它可以判断多边形空间内的教育资源是否满足居民需求。

(二) 一般性高中的 Voronoi 图分析

1. 服务面积

国家标准《城市居住区规划设计规范》(GB 50180—93,2016 年版)明确了居住区、居住小区幼托教育设施的用地指标、建设规模和设置要求,要求根据人口规模合理确定教育设施。按照该规范的要求,中学服务半径不宜大于 1 千米。据此,中学的服务面积不宜超过 3.14 平方千米。根据北京市实际情况,本章选择半径 1～2 千米,服务面积 3.14～12.56 平方千米作为适宜区间,由此得到北京市中学学校的服务面积比较适中;小于 3.14 平方千米则表明学校服务面积过小,造成闲置教育资源浪费;服务面积处于12.56～50.24平方千米之间表明学校服务面积偏大,不利于学生就近入学;服务面积处于50.24～314平方千米之间表明学校服务面积过大,该区域内学校数量不足;服务面积大于314平方千米表明学校服务面积超大,学生就近入学困难,需要新建学校或增加寄宿制招生数量。本章将"0.5～10千米"等12个服务半径下的面积与通过软件自动测算的193所一般性高中的Voronoi多边形面积进行比较研究,如表8-3、图8-6。

表8-3 北京市各区一般性高中服务半径 r 与面积 S 统计

类型	r/千米	S/平方千米	合计	东城	西城	朝阳	丰台	石景山	海淀	门头沟	房山	通州	顺义	昌平	大兴	怀柔	平谷	密云	延庆
过小	<1	<3.14	49	14	19	0	0	0	16	0	0	0	0	0	0	0	0	0	0
适中	1～1.5	3.14～7.06	41	3	7	9	5	0	16	0	0	0	0	1	0	0	0	0	0
	1.5～2	7.06～12.56	17	1	1	3	3	1	5	0	0	2	0	1	0	0	0	0	0
偏大	2～3	12.56～28.26	23	0	0	5	2	0	5	0	0	3	0	3	4	0	0	0	0
	3～4	28.26～50.24	19	0	2	0	3	2	1	2	0	3	3	1	1	0	0	0	0
过大	4～5	50.24～78.50	10	0	0	0	0	0	1	1	0	1	0	2	0	0	0	0	0
	5～6	78.50～113.04	7	1	0	0	0	0	0	0	3	0	1	1	0	0	0	0	0
	6～7	113.04～153.86	1	0	0	0	0	0	0	0	0	0	0	0	1	0	0	0	0
	7～8	153.86～200.96	2	0	0	0	0	0	0	0	0	0	0	0	0	1	0	0	0
	8～9	200.96～254.34	2	0	0	0	0	0	0	0	0	0	0	0	1	0	1	0	0
	9～10	254.34～314	4	0	0	0	0	0	0	0	0	0	1	1	1	0	0	0	1
超大	>10	>314	18	0	0	0	0	0	1	3	1	0	2	1	3	2	2	2

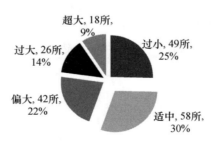

图8-6 一般性高中服务面积统计

总体上,北京市一般性高中的服务面积较大。其中服务面积偏大的学校共42所,约占总数的22%,有18所学校服务面积超过314平方千米;58所学校服务面积适中,仅占总数的30%;49所学校服务面积过小,约占总数的1/4。空间分布上,内城区学校服务面积普遍过小,东城区共有21所一般性高中,其中 14 所学校的服务面积低于 3.14 平方千米,仅 4 所学校的服务面积适宜;西城区 70%以上学校的服务面积过小,没有一所学校的服务面积超过 12.56 平方千米。城市功能拓展区学校的服务面积适中或偏大,朝阳和丰台服务面积适宜学校的比重分别高达 52%和 53%,服务面积偏大学校的比重分别为 48%和 47%;作为北京市教育资源密集区,海淀区有 21 所学校的服务面积适中(45.7%),16 所学校的服务面积过小(34.8%)。远郊区县学校的服务面积普遍过大,其中大兴和通州的情况较好,分别有 1 所和 2 所学校的服务面积适中,均有一半的学校的服务面积偏大,服务面积过大和超大的学校所占比重相对较低;昌平、顺义和房山的学校中服务面积偏大和过大的比重较高,分别有 8 所、5 所和 8 所;延庆和门头沟分别有 3 所和 1 所学校的服务面积超大,还分别有 1 所学校的服务面积过大;怀柔、平谷和密云共有 7 所一般性高中,7 所学校的服务面积都超过 314 平方千米。可见,北京市一般性高中的服务面积由内城区向郊区不断递增(如图 8-7)。

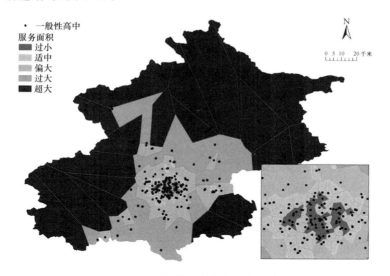

彩图 8-7

图 8-7 一般性高中服务面积分布

2. 服务人口

本章以实际招生数与潜在招生数的比值作为供需比值,利用该比值判断每个学校的教育资源是否满足居民需求。当供需比值为 1 时,表明实际招生数与潜在招生数相等,即学校资源满足居民需求,实现了供需平衡;供需比值小于 1 表明供给不足,供需比值大于 1 表明需求不足。一般地,将 0.8~1.2 作为供需平衡区间。本章以 193 所学校的供需比值为样本数据,该样本数据的分布较为离散(如图 8-8),同时考虑到北京市(16 个区县)空间范围较大,不仅包括城市地区,还包括广大农村地区。因此,本章以 0.6～1.4 作为供需平衡区间,其中 0.8～1.2 为合理区间,0.6～0.8 和 1.2～1.4 为较合理区间,其他类型划分见表 8-4。

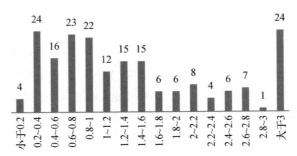

图 8-8　按供需比值划分的一般性高中数

表 8-4　北京市一般性高中供需比值分类统计

类型	供不应求		供需平衡		供过于求		
	供给匮乏	供给不足	合理	较合理	需求不足	需求缺乏	需求匮乏
供需比值范围	小于 0.2	0.2～0.6	0.8～1.2	0.6～0.8, 1.2～1.4	1.4～2	2～3	大于 3
合计	4	40	34	38	27	26	24
东城	1	2	5	3	4	4	2
西城	0	3	3	6	6	3	6
朝阳	0	9	5	5	0	3	1
丰台	1	4	4	4	2	0	0
石景山	0	3	0	1	0	0	0
海淀	1	5	10	6	9	7	8
门头沟	0	1	0	1	0	0	0
房山	0	3	1	3	2	1	1
通州	0	1	0	2	0	3	2
顺义	0	2	0	0	2	1	0
昌平	0	1	4	3	2	0	1
大兴	0	3	2	1	0	2	2
怀柔	0	0	0	1	0	2	0
平谷	1	1	0	0	0	0	0
密云	0	1	0	1	0	0	0
延庆	0	1	0	1	0	0	1

从供需比值的统计分布来看,呈现出向两端分布的趋势,说明北京市教育资源存在的主要问题是空间布局失衡,表现为供给不足与需求不足的同时存在

(如图 8-9)。供需比值在 0.6~1.4 范围内的学校共有 72 所,供需平衡的学校数量仅占总数的 38%。一方面,供给不足和供给匮乏的学校共有 44 所,供不应求的学校数量占总数的 23%;另一方面,大量学校资源没有得到充分利用,需求不足和需求缺乏的学校总数高达 53 所,需求匮乏的学校有 24 所,供过于求的学校数量占总数的 39%。也就是说,有近 1/4 的学校无法满足附件居民需求,同时有 2/5 的学校资源没有得到充分利用。促进教育资源的空间布局优化是实现全市教育资源公平布局的重要内容。

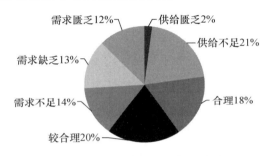

图 8-9　一般性高中供需状况统计

从空间分布来看(如图 8-10),内城区学校供过于求的现象较为严重,东城区有 10 所学校供给过剩(占总数的 47.6%),其中 2 所学校需求匮乏。西城区教育资源过剩现象更为严重:一方面本区需求不足,全区供过于求的学校有 15 所,占总数的 55.6%,其中需求匮乏的学校高达 6 所;另一方面不利于其他区域学生跨区入学,全区一般性高中住宿名额仅 66 个,仅占招生总人数的 2%。朝阳区有 9 所学校的供需指数偏低,其中 5 所学校是不限区招生的私立学校,且招生规模较小(占总数的 20%),因此满足本地区入学需求的能力偏弱;全区另有 10 所学校供需较为平衡、4 所学校供过于求,其招生规模分别占总数的 50% 和 30%,因此,从总体上看,朝阳区供需较为平衡。丰台区和石景山区属于供给不足地区,主要原因在于这两个区的私立学校较多,招生规模小且不限区招生,从而造成本地服务能力的降低。海淀区教育资源总体上供过于求,有 24 所学校的供需指数大于 1.4,比重超过 52%,且这 24 所学校的招生数的比重超过总规模的 2/3;但是海淀区教育资源过剩程度要低于西城区,因为全区住宿名额占招生总数的比重约为 13.5%,在一定程度上可以提高教育资源的利用率。

远郊区县中,门头沟、密云、平谷和延庆等区县的教育资源供给不足,四个区县共有 9 所一般性高中,其中 5 所学校的供需比值小于 0.6,但这 5 所学校约占招生总人数的 49.5%。通州区学校供需较为均衡,尽管供需比值总体偏高,但是住宿名额高达 82.6%,有利于扩大服务范围,提高教育资源的利用效率。

怀柔区学校供需也较为平衡,怀柔职业学校(综合高中)的供需比值为 0.72,虽然有 2 所学校供需比值偏高,但怀柔二中有 140 个住宿名额(超过 1/4),红螺寺中学则是完全寄宿制学校(360 人),可以满足其他区域学生的入学需求。房山、顺义、昌平和大兴等四区的教育资源供需也较为平衡,可以通过增加住宿学生名额扩大服务面积,缓解区域内人口密度偏低带来的就近入学需求不足问题。

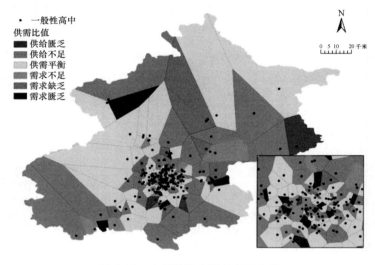

彩图 8-10

图 8-10　一般性高中服务人口分类

供需比值大于 3 的一般性高中见表 8-5。出现供需比例过高、需求匮乏主要有两个原因。首先学校分布过于密集,学校的服务范围受到限制,导致需求严重不足,浪费教育资源,西城区、东城区和海淀区内需求匮乏的学校主要属于此类。如育英中学位于北京市海淀区万寿路西街 14 号,与育英学校紧邻(北京市海淀区万寿路西街 11 号),且两校的实际招生规模都较大(育英中学为 320 人,育英学校为 270 人),受就近入学原则影响,育英中学呈供过于求的状况。同样,北京市第一五六中学位于西城区高中分布密集地带,基于 Voronoi 图的服务面积仅为 0.4 平方千米,服务面积过小导致服务区内适龄人口数偏少,使得供需比值过大。其次,学校位于人口分布稀疏的郊区,服务范围较大但人口规模偏低,导致供需比值过高,大兴、昌平、延庆等远郊县内需求匮乏的学校属于此类。但该类学校住宿学生的比例很高,可以通过跨区入学实现供需平衡,避免了教育资源的浪费。如大兴三中的供需比值超过 30,原因主要是紧邻大兴五中和大兴八中,造成服务面积偏小、人口总数偏低,但大兴三中住宿学生比重高达 78.8%,通过容纳其他区域学生跨区入学来提高教育资源利用率,因此该校供需比值过大但不会造成严重的资源浪费。

表 8-5　北京市各行政区供需比值大于 3 的一般性高中

区县	学校名称	面积/平方千米	0～19 岁人口数	实际招生数	供需比值	住宿学生比重/(%)
东城	第二十二中学	0.8	3861	210	5.385	0
东城	第二十七中学	2.8	6366	210	3.266	0
西城	第一五六中学	0.4	1424	180	12.515	0
西城	第一五四中学	0.4	1617	120	7.348	0
西城	第七中学	9.6	2433	180	7.325	0
西城	华夏女子中学	3.2	1646	70	4.211	28.5
西城	第一五九中学	0.8	4486	180	3.973	0
西城	第三中学	1.2	5337	180	3.339	0
海淀	育英中学	1.6	2478	320	12.786	0
海淀	海淀区教师进修学校附属实验学校	3.6	2194	200	9.026	0
海淀	师达中学	3.6	1482	120	8.017	100.0
海淀	首都师范大学第二附属中学	1.2	2724	220	7.996	0
海淀	六一中学①	2.8	5240	240	4.535	20.0
海淀	北京科技大学附属中学	1.6	6529	280	4.246	0
海淀	第五十七中学	2.4	6200	260	4.152	0
海淀	北京石油学院附属中学②	6.4	7271	300	4.085	0
朝阳	清华大学附属中学朝阳学校	4.0	5789	228	3.900	0
昌平	王府学校	8.4	1876	90	4.750	100.0
大兴	大兴三中	4.4	516	160	30.701	78.8
大兴	北京师范大学大兴附属中学	17.2	5011	360	7.113	97.0
房山	韩村河中学	44.3	4107	140	3.375	78.6
通州	通州三中	11.6	11 477	480	4.141	64.6
通州	北京二中通州分校	41.1	6401	240	3.712	100.0
延庆	延庆五中	281.8	13 266	586	4.374	100.0

注：① 2016 年 1 月，并入北京理工大学附属中学，更名为北京理工大学附属中学南校区。
② 2019 年 5 月，被纳入北京一零一中学教育集团，更名为北京一零一中学石油分校。

（三）示范性高中的空间分析

据北京市教委 2010 年公布的数据，北京市共有示范性高中 74 所，全年招生总数为 28 097 人，约占招生总数的 47%。虽然学校数量不多，但招生规模与一般学校总量相当。由于在硬件设施、教育质量等方面，示范性高中优于一般性高中,因此,示范性高中代表了更为稀缺、具有竞争性的优质教育资源。

在空间布局上,优质教育资源主要集中在东城(12所)、西城(15所)和海淀(11所),其招生数共计 12 355 人,约占全市招生总数的 44%。在优质教育资源空间分配上,示范性高中的本区招生比重低于一般性高中,开放程度较高,但示范性高中住宿名额比例偏低,仅占招生总数的 12.6%(一般性高中为 36.1%),限制了优质教育资源的辐射范围。另外,定向招生的数量过高(1084 人,是一般性高中的 10 倍多),降低了优质教育资源分配的公平性。

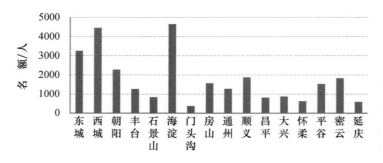

图 8-11　示范性高中服务人口分类

三、基于供给能力指数的空间集聚特征分析

(一) 数据与指标选取

首先,根据各学校 2010 年的招生计划进行数据汇总,得到各区县招生计划的矩阵(见表 8-6)。

其次,计算能力指数。招生计划矩阵中第二列"合计"表示该区县所有学校的招生计划,即招生能力数 X_j;将第四列"东城"加总,得到全市所有学校面向东城区的招生计划,即被招生总数 Y_j,以此类推,得到各个区县的被招生总数。将招生能力数除以被招生总数,得到各个区县的供给能力指数:$i_j = X_j/Y_j$。该指数可以反映各个区县在全市教育资源供给中所处的地位。由于跨区入学现象的存在,i 值将在数值 1 左右分布。当 $i>1$ 时,说明该区县的教育资源对外招生能力强,处于供给地位,属于教育资源输出型;当 $i<1$ 时,说明该区县的对外招生能力弱,处于被供给地位,属于教育资源输入型。因此,该指标基于跨区入学现象,可以反映教育资源在全市范围内的空间分布差异。为了区分普通教育资源与优质教育资源的空间分布差异,本章对各区县的招生计划按一般性高中和示范性高中进行分类,得到总体供给能力指数 i_1、优质资源供给能力指数 i_2 和一般资源供给能力指数 i_3(如表 8-7)。本章将以三个供给能力指数为指标进行数据分析,并分别计算空间自相关系数。

第八章 城市教育资源分布的空间匹配度实证分析

表8-6 2010年北京市各区县一般性高中与示范性高中招生计划矩阵

区县		合计	不限区	东城	西城	朝阳	丰台	石景山	海淀	门头沟	房山	通州	顺义	昌平	大兴	怀柔	平谷	密云	延庆
东城	一般性高中	2874	365	2150	45	27	16	10	22	14	29	32	3	10	4	12	25	16	14
	示范性高中	3260	564	2142	18	113	31	6	6	27	43	24	6	7	38	6	32	20	12
	合计	6134	929	4292	63	140	47	16	28	41	72	56	9	17	42	18	57	36	26
西城	一般性高中	3250	131	9	3002	12	9	10	14	11	17	9	0	13	10	1	0	1	0
	示范性高中	4450	657	185	2836	85	153	96	147	47	101	16	1	45	49	13	16	0	3
	合计	7700	788	194	5838	97	162	106	161	58	118	25	1	58	59	14	16	1	3
朝阳	一般性高中	2760	432	6	6	2188	0	3	13	2	35	17	0	3	0	15	29	11	0
	示范性高中	2280	195	24	4	1789	2	3	9	0	7	28	3	8	1	5	13	7	3
	合计	5040	627	30	10	3977	2	3	22	2	42	45	3	11	1	20	42	18	3
丰台	一般性高中	1677	293	0	0	0	1384	0	0	0	0	0	0	0	0	0	0	0	0
	示范性高中	1264	177	21	17	7	945	3	10	22	35	0	4	0	22	0	0	0	5
	合计	2941	470	21	17	7	2329	3	10	22	35	0	4	0	22	0	0	0	5
石景山	一般性高中	379	219	0	0	0	6	160	10	62	12	0	0	0	0	0	2	0	0
	示范性高中	840	75	0	0	0	6	653	0	62	12	0	0	0	0	0	0	0	0
	合计	1219	294	0	0	0	13	813	4	19	23	0	0	0	0	0	2	0	0
海淀	一般性高中	7447	876	12	13	9	7	4	6476	4	4	4	0	8	4	0	2	3	0
	示范性高中	4645	922	45	77	58	23	19	2618	9	25	13	4	69	16	10	11	4	8
	合计	12 092	1798	57	90	67	30	23	9094	13	29	17	4	77	20	10	13	7	8
门头沟	一般性高中	530	0	0	0	0	0	0	0	530	0	0	0	0	0	0	0	0	0
	示范性高中	370	27	0	0	0	3	0	0	306	30	0	0	0	2	0	0	1	0
	合计	900	27	0	0	0	3	0	0	836	30	0	0	0	2	0	0	1	0
房山	一般性高中	1740	4	0	0	0	2	0	1	0	1731	0	0	0	2	0	0	0	0
	示范性高中	1570	31	0	0	0	2	0	5	2	1526	0	0	0	0	0	0	0	0
	合计	3310	35	0	0	0	4	0	6	2	3257	0	0	0	2	0	0	0	0
通州	一般性高中	1820	110	0	0	0	2	0	0	0	2	1710	0	6	0	0	0	0	0
	示范性高中	1280	106	6	6	3	2	2	3	0	2	1134	0	6	2	2	6	0	0
	合计	3100	216	6	6	3	2	2	3	0	2	2844	0	6	2	2	6	0	0

续表

区县		合计	不限区	东城	西城	朝阳	丰台	石景山	海淀	门头沟	房山	通州	顺义	昌平	大兴	怀柔	平谷	密云	延庆
顺义	一般性高中	1820	260	0	0	10	0	0	0	0	0	0	1520	15	0	15	0	0	0
	示范性高中	1880	150	0	0	13	0	0	12	0	0	0	1577	33	0	15	50	22	5
	合计	3700	410	0	0	23	0	0	12	0	0	0	3097	48	0	30	50	22	5
昌平	一般性高中	1490	380	0	0	0	0	0	0	0	0	0	0	1110	0	0	0	0	0
	示范性高中	810	69	5	15	0	0	0	30	0	0	0	0	691	0	0	0	0	0
	合计	2300	449	5	15	0	0	0	30	0	0	0	0	1801	0	0	0	0	0
大兴	一般性高中	1920	10	11	22	6	8	3	35	1	8	3	1	3	1805	1	1	1	1
	示范性高中	870	30	1	0	3	3	0	0	1	6	3	0	0	827	0	0	0	0
	合计	2790	40	12	22	6	11	3	35	1	14	6	1	3	2632	1	1	1	1
怀柔	一般性高中	1220	0	0	0	0	0	0	0	0	0	0	20	2	0	1175	0	23	0
	示范性高中	630	60	0	0	0	0	0	0	0	0	0	20	2	0	570	0	0	0
	合计	1850	60	0	0	0	0	0	0	0	0	0	40	4	0	1745	0	23	0
平谷	一般性高中	636	0	0	0	0	0	0	0	0	0	0	0	0	0	0	636	0	0
	示范性高中	1530	0	0	0	0	0	0	0	0	0	0	0	0	0	0	1530	0	0
	合计	2166	0	0	0	0	0	0	0	0	0	0	0	0	0	0	2166	0	0
密云	一般性高中	630	0	0	0	0	0	0	0	0	0	0	0	0	0	0	0	630	0
	示范性高中	1830	81	0	0	0	0	0	0	0	0	0	0	0	0	0	0	1749	0
	合计	2460	81	0	0	0	0	0	0	0	0	0	0	0	0	0	0	2379	0
延庆	一般性高中	922	10	0	0	0	0	0	0	0	0	0	0	0	0	0	0	0	912
	示范性高中	588	0	0	0	0	0	0	0	0	0	0	0	0	0	0	0	0	588
	合计	1510	10	0	0	0	0	0	0	0	0	0	0	0	0	0	0	0	1500

表 8-7 北京各区供给能力指数

区 县	总体供给能力指数 i_1	优质资源供给能力指数 i_2	一般资源供给能力指数 i_3
东城	1.329	1.342	1.314
西城	1.270	1.496	1.052
朝阳	1.167	1.103	1.226
丰台	1.133	1.080	1.176
石景山	1.252	1.073	1.984
海淀	1.285	1.630	1.135
门头沟	0.868	0.779	0.943
房山	0.917	0.879	0.954
通州	1.036	1.051	1.025
顺义	1.173	1.167	1.179
昌平	1.136	0.941	1.280
大兴	1.004	0.909	1.053
怀柔	1.005	1.014	1.001
平谷	0.921	0.922	0.918
密云	0.989	1.016	0.918
延庆	0.974	0.942	0.995

注：由于部分学校存在无生源地限制招生计划和定向招生计划，而该类数据（约占12%）无法计入"被招生总数"Y，因此，基于供给能力指数的分析会存在一定误差。

（二）统计分析与分类研究

首先，运用统计分析工具判断北京市各类教育资源的总体分布差异。计算三个供给能力指数的标准差和协方差，如表 8-8 所示。在计算一般资源供给能力指数时存在异常值，石景山区的一般资源供给能力指数高达 1.984。形成该异常值的原因在于：石景山区共有一般性高中 4 所，计划招生数 379 人，其中北京市艺考高级中学和北京市礼文中学均不限制生源地，占计划招生总数的比重接近 50%，该类数据无法计入被招生计划，但计入招生能力数，因此造成一般资源供给能力指数值异常高。

剔除异常值后，得到修正后的 i_3 的标准差和协方差，与 i_1 和 i_2 的统计项对比（表 8-8），发现优质资源供给能力指数的分布相对离散，表明优质资源在各区县的分配的差异性相对较大;而一般资源供给能力指数的分布相对平滑,表示一般教育资源在各区县的分配相对均衡。

表 8-8　供给能力指数的标准差与协方差

统计项	i_1	i_2	i_3	修正后的 i_3
标准差	0.146	0.229	0.260	0.132
协方差	0.020	0.049	0.063	0.016

其次,对各区县的供给能力指数进行分类研究。i 值小于 0.93 表明该区教育资源供给能力较差,教育资源相对缺乏;处于 0.93~1.07 区间表明教育资源基本自足;处于 1.07~1.20 区间表明教育资源较为富裕,有一定的对外供给能力;i 值大于 1.2 表示资源富裕,对外供给能力很强。分类研究的结果与标准差和协方差反映的结果一致:优质教育资源分布集中,一般性教育资源的空间分布较为均衡。从总体供给能力指数来看,西城、东城、海淀和石景山属于教育资源富裕地区;平谷、门头沟和房山的教育资源较为匮乏;通州、大兴、怀柔、密云和延庆的教育资源基本自足(如图 8-12)。从优质资源供给能力指数来看,两极分化现象较为严重,仅东城、西城和海淀三区属于优质资源富裕区,朝阳、顺义和石景山三区的优质教育资源较为丰富;而优质资源匮乏区包括平谷、门头沟、房山和大兴等四个区县(如图 8-13)。从一般资源供给能力指数来看,其分配较为均衡,大多数区县的教育资源能实现自足,仅密云和平谷较为匮乏(如图 8-14)。值得注意的是,优质教育资源丰富的海淀区和西城区,一般资源供给能

彩图 8-12

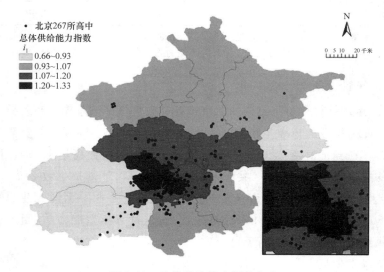

图 8-12　总体供给能力指数分布

力指数都偏低：海淀区的一般资源供给能力指数为 1.135，西城区仅为 1.052，说明两区一般教育资源的对外供给能力较差，其一般教育资源主要服务于本区。汇总北京各区教育资源供给能力见表 8-9。

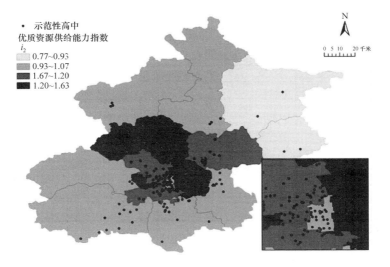

图 8-13　优质资源供给能力指数分布

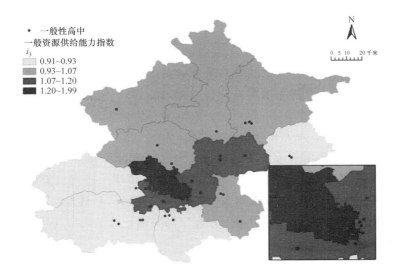

图 8-14　一般资源供给能力指数分布

表 8-9　北京各区教育资源供给能力情况

区　县	总　体	优质资源	一般资源
东城	++	++	++
西城	++	++	0
朝阳	+	+	++
丰台	+	0	+
石景山	++	+	++
海淀	++	++	+
门头沟	−	−	0
房山	−	−	0
通州	0	0	0
顺义	+	+	+
昌平	+	0	++
大兴	0	−	0
怀柔	0	0	0
平谷	−	−	−
密云	0	0	−
延庆	0	0	0

注：++表示供给能力很强；+表示供给能力较强；0表示供给能力一般,基本自给自足；−表示供给能力弱,需要外部供给。

（三）空间自相关分析

运用 ArcGIS 的空间自相关分析功能可以判断不同类型教育资源的空间集聚程度,以此验证统计分析和分类研究的结论。由于 16 个区县的样本量太少,因此本章仅进行全局空间相关分析,局部空间自相关分析的条件不够。如表 8-10,以全局空间自相关系数 Global Moran's I 值为指标,计算结果显示总体供给能力指数的 Global Moran's I 值为 0.21,方差为 0.0075,表明从总体上看,北京市教育资源的分布存在空间差异；优质资源供给能力指数的 Global Moran's I 值为 0.130,方差为 0.0070,表明北京市优质教育资源存在较明显的空间集聚；一般资源供给能力指数的 Global Moran's I 值为 −0.054,方差为 0.0056,表明北京市一般教育资源不存在空间集聚。该结论与统计分析和聚类分析的结论是一致的。

表 8-10　供给能力指数的空间自相关分析结果

统计项	i_1	i_2	i_3
Global Moran's I	0.211 880	0.128 994	0.054 092
期　望	−0.066 667	−0.066 667	−0066 667
方　差	0.007 494	0.006 968	0.005 560
Z Score	3.217 765	2.343 987	0.168 636

四、主要研究结论

本章基于 Voronoi 图和供给能力指数对北京市一般性高中和示范性高中的空间布局特征进行了实证研究,得出主要结论如下。

第一,不考虑跨区入学现象,基于 Voronoi 图的服务面积分析表明,北京市一般性高中的服务面积较大,且由内城区向郊区不断递增。东城区、西城区学校的服务面积普遍较小;海淀区学校服务面积适中偏小;朝阳区等城市功能拓展区学校的服务面积适中偏大,远郊区县学校的服务面积普遍过大。

第二,不考虑跨区入学现象,基于 Voronoi 图的服务人口分析表明,北京市教育资源空间布局失衡。东城区和西城区的一般性高中分布过于密集,但服务人口偏少,教育资源有效利用率偏低;丰台区和石景山区的本地供给能力偏弱;门头沟、密云、平谷和延庆等区县的教育资源供给相对不足,扩大寄宿制招生名额是缓解服务区内人口偏少和有效需求不足的有效措施。

第三,考虑跨区入学现象,基于供给能力指数,统计分析、分类研究和全局空间自相关等分析表明,优质教育资源在各区县分配的差异性相对较大,存在集聚现象。东城、西城和海淀三区属于优质资源富裕区;平谷、门头沟、房山和大兴属于优质资源匮乏区;一般教育资源则在各区县的分配相对均衡,不存在集聚现象,除密云和平谷较为匮乏外,大多数区县的教育资源可以实现自足。

参考文献

北京市教育考试院.2010 年北京市高级中等学校招生计划查询[EB/OL].[2011-03-30].http://www.bjeea.cn/.

胡明星,孙世界.基于空间自相关分析的城市公共设施空间公平研究——以杭州中心城区中小学布局为例[J].建筑与文化,2009(09):48-51.

胡晓娟,战招磊.教育资源优化配置的路径选择——以南京市为例[J].南京社会科学,2006(11):147-152.

吉云松.地理信息系统技术在中小学布局调整中的作用[J].地理空间信息,2006,4(6):62-64.

林康,陆玉麟,刘俊,等.基于可达性角度的公共产品空间公平性的定量评价方法——以江苏省仪征市为例[J].地理研究,2009,28(1):215-225.

罗明东.教育地理学[M].昆明:云南大学出版社,2002.

宋正娜,陈雯,袁丰,等.公共设施区位理论及其相关研究述评[J].地理科学进展,2010,29(12):1499-1508.

汤国安,杨昕.ArcGIS 地理信息系统空间分析实验教程[M].北京:科学出版社,2006.

王伟,吴志强.基于 Voronoi 模型的城市公共设施空间布局优化研究——以济南市区小学为例[C]//中国城市规划学会. 和谐城市规划——2007年中国城市规划年会论文集,2007.

赵丹,郭清扬. 促进教育资源共享:国外发展中国家学习合并的重点和启示[J]. 外国中小学教育,2008(9):60-65.

朱华华,闫浩文,李玉龙. 基于Voronoi图的公共服务设施布局优化方法[J]. 测绘科学,2008,33(2):72-74.

AUSTIN M,SMITH E T,WOLPERT J. The implementation of controversial facility-complex programs[J]. Geographical Analysis,1970,4(2):315-329.

CHURCH R,REVELLE C. The maximal covering location problem[J]. Papers of the Regional Science Association,1974,1(32):101-118.

CHURCH R,REVELLE C. Theoretical and computational links between the p-median, location set-covering, and the maximal covering location problem[J]. Geographical Analysis,1976(12):406-415.

DEVERTEUIL G. Reconsidering the legacy of urban public facility location theory in human geography[J]. Progress in Human Geography,2000,1(24):47-69.

DOERNER K F,GUTJAHR W J,NOLZ P C. Multi-criteria location planning for public facilities in tsunami-prone coastal areas[J]. Or Spectrum,2009,3(31):651-678.

DREZNER Z,HAMACHER H W. Facility Location:Applications and Theory[M]. New York:Springer,2002.

GEURS K T,VAN ECK J R. Accessibility measures review and applications[R]. Bilthoven:Rijksinstituut voor VOlksgezondheid en Milieu(RIVM,rapport 408505006),2001.

HAKIMI S L. Optimum location of switching centers and the absolute center and medians of a graph[J]. Geographical Analysis,1964,3(12):450-459.

JONG DE J,VAN ECK J R. Location profile-based measures as an improvement on accessibility modelling in GIS[J]. Computers, Environment and Urban Systems,1996,3(20):181-190.

PARSONS E,CHALKLEY B,JONES A. School catchments and pupil movements:a case study in parental choice[J]. Educational Studies,2000,26(1):33-48.

SLAGLE M. GIS in community-based school planning:decision making, cooperation, and democratization in the planning process[D]. Ithaca NY:Cornell University,2000.

TAYLOR R G,VASU M L,CAUSBY J F. Integrated planning for school and community:the case of Johnston county[J]. North Carolina,1999,29(1):67-89.

TONG D,MURRAY A T. Maximizing coverage of spatial demand for service[J]. Papers of the Regional Science,2008(3):85-96.

TOREGAS C,REVELLE C. Optimal location under time or distance constraints[J]. Papers of the Regional Science Association,1972,1(28):33-43.

WATHNE C L,SMITH W J. Geography of educational attainment in the Atlanta region[R]. Atlanta:Atlanta Census 2000 Report Series,2000.

第九章 蔓延的城市空间形态是否影响城市创新质量*

一、问题的提出

当前中国正处于由高增长向高质量转换的阶段,创新是引领高质量发展的核心要义。2019年8月中央财经委员会第五次会议提出要"增强创新发展动力,加快构建高质量发展的动力系统"。创新具有明显的空间集聚特征,经济主体因物理距离和区域集聚所形成的知识溢出和密集化的创新网络,是创新生产力提高的关键因素。研究城市空间形态对城市创新的影响具有重要的现实意义和政策价值。

近年来,蔓延的城市空间形态已经成为诸多国家城市典型的空间特征,其核心特征表现为低密度、分散化和不紧凑(Glaeser and Khan,2003),本质是城市发展模式失衡的结果。为了城市可持续发展,必须重视城市蔓延背后的经济社会影响(OECD,2018)。长期以来,中国快速城镇化模式导致土地城镇化速度远远超过人口城镇化速度,城市密度不断下降和城市蔓延程度不断提高(王家庭、张俊韬,2010)。基于《中国城市建设统计年鉴》数据,2001年至2016年,

---

* 原文刊发于《现代经济探讨》2020年04期,后经作者修改、整理。

中国城区人口数量和建成区面积分别增加12.73%和126.13%。这种低密度蔓延的城市空间形态已经成为中国大多数城市面临的挑战。

国内关于城市蔓延对经济、社会等方面影响的研究逐渐成为学术界研究的焦点，主要集中在其对全要素生产率（陈旭 等，2018a）、环境污染（李强、高楠，2016）、社会福利（孙三百、万广华，2017）等方面。秦蒙等（2019）研究发现，城市蔓延对经济增长存在显著的负向作用，但对于其中机制没有作进一步分析。这为本章的研究提供了一个逻辑起点。本章认为，一个可能的机制渠道在于蔓延的空间形态不利于城市创新进而影响地区经济增长。事实上，城市的非集约化、低密度无序蔓延态势，往往会带来通勤距离的增加，人口、公共基础设施等密度不断下降，进而可能会影响本地化知识交流、溢出便利性和技术扩散强度。在此背景下，蔓延的城市空间形态会影响城市创新质量吗？如果存在，这种影响在不同城市规模、不同地区是否存在异质性？关于这些问题，目前尚没有文献进行回答，尤其是缺少基于定量数据分析的经验证据。基于此，本章的边际贡献在于：第一，研究视角上，本章基于2009—2016年280个地级市层面的数据，实证考察蔓延的城市空间形态对城市创新质量的影响，为城市创新质量提升路径提供经验依据。第二，以城市地形起伏度与国际螺纹钢价格的交互项作为城市蔓延的工具变量，以处理内生性对模型估计结果的干扰。第三，将收缩城市和城市蔓延纳入统一分析维度，并区分了人口收缩型蔓延城市和规划膨胀型蔓延城市，考察不同城市蔓延特征对创新质量的影响，增强政策启示的针对性。

二、理论分析与研究假说

密度与创新两者之间的关系一直是学术界研究的热点话题。创新地理学领域的大量研究表明，创新相比其他经济活动更具有显著的空间集聚特性，其中间投入品共享、劳动力匹配和知识溢出是核心的微观作用机制（Duranton and Puga，2004）。集聚环境对企业创新有重要影响，空间集聚往往意味着密度的提高，如人口就业密度不断上升，知识外部性增强，进而带来企业创新水平的上升（Love and Roper，2001）。郭洁等（2015）研究发现，城市就业密度与创新产出之间存在显著的正相关关系。

蔓延的城市空间形态表现为城镇化进程中土地过度扩张与非集约利用，尤其是在大肆新建工业园区、新区、新城等过程中不断强化，人口活动和经济密度趋于分散化。秦蒙和刘修岩（2015）的研究表明，城市蔓延不利于城市生产效率的提升，这意味着当前中国城市普遍处于空间集聚经济阶段。从创新集聚的微观机制来看,创新型企业和创意阶层倾向于布局在人口密度高的地区(Hamidi and Zandiatashbar,2019),人口高度集中有利于隐性知识传播,而低密度蔓延的发展模式拉长了通勤距离和通勤时间,一方面不利于基于地理集聚临近优势的本地化信息交流,尤其是日常商务会谈、劳动力技能培训等面对面的交流活动,减少了知识互动频率和知识溢出扩散强度(秦蒙 等,2019);另一方面,区域紧凑性高,通常区域可达性和土地混合利用度高,而城市蔓延带来的空间不紧凑通常会带来集聚经济的稀释,城市设施的可达性和区域联通性受到影响,特别是无法高效快速利用便利的公共服务基础设施,促成高低技能劳动力的匹配(陈旭 等,2018)。基于此,提出研究假说1。

假说1:蔓延的城市空间形态不利于城市创新质量提高。

城市规模对创新集聚的影响可能也不尽相同。创新具有规模报酬递增的特点,大城市因为人口密度更高、基本公共服务更完善,因此创新专利申请者更多,创新活动更为集中(Bettencour and Lobo,2007)。从全国创新专利产出来看,2017年深圳一个城市的国际专利数量几乎占全国的一半。同时,相比于中小城市,大城市学习效应更强,学习机会较多,具有更高的技能溢出水平,高技能劳动力的自选择效应得到强化(Davis and Dingel,2019)。由此推出,随着城市蔓延程度提高,城市经济活动密度下降、人口居住趋于分散化,这对于本身就缺乏集聚优势和规模经济的中小城市而言,集聚经济外部性严重受损,影响了创新的集聚基础。而大城市在人口不断集聚过程中,为了疏解大城市功能和解决大城市病问题,可能会往多中心化方向发展,因此蔓延过程可能蕴含着理性增长部分,对于创新的影响相对较小。据此,提出研究假说2。

假说2:蔓延的城市空间形态对中小城市创新质量的负向影响比大城市更大。

收缩城市已经逐渐成为中国快速城市化进程发展到一定阶段的产物,主要表现为城市人口持续流失和经济衰退。国家发展和改革委员会在《2019年新型城镇化建设重点任务》中首次并重点提到了收缩城市,指出这类城市应该强身健体,改变过去以增量扩张的规划理念,追求内涵式发展。本章认为,收缩城市和城市蔓延并不是一对对立的概念,蔓延的空间形态一方面可能是因为城市人口持续流失的同时,城市规划面积不断扩大,导致城市空间过度扩张,这属于人口收缩型蔓延;另一方面可能是城市人口增长速度远低于城区面积扩张速度,进而导致城市密度下降,这属于规划膨胀型蔓延。相比规划膨胀型蔓延城市,人口收缩型蔓延城市本身人口规模不大,加上人口不断外流叠加产业出现衰退,这种城市空间的蔓延形态严重稀释了城市集聚经济,不利于企业间的信息交互、知识溢出和创新型产业集聚发展,对于具有空间高度集聚特性的创新而言影响更为突出。因此,提出如下研究假说3。

假说 3：相比于规划膨胀型蔓延，人口收缩型蔓延对城市创新质量的负向作用更大。

在现今中国以土地财政为核心的土地出让模式下，城市空间实体不断向郊区边缘外拓，郊区被征用的农业土地多半部分成为工业用地，而地方政府往往通过协议方式以较低的价格出让工业用地，以工业用地价格逐底竞争来进行招商引资竞争。这样的后果是城市土地利用强度低，土地混合化利用程度较低，郊区蔓延的空间承载的多为大量形式化和空洞化的工业园区，因而蔓延可能会带来城市工业活动布局的分散化。事实上，工业企业相比服务企业，往往生产运输环节多，因而需要更多的公共基础设施共享，以及生产技术和操作流程的学习培训，其生产经营活动对于空间距离较为敏感（秦蒙 等，2019）。张辉等（2019）也发现，以制造业为主体的第二产业技术进步溢出效应强，对于第一产业和第三产业技术效率提升至关重要。据此，提出研究假说 4。

假说 4：城市蔓延对第二产业占比较高的城市创新质量影响更大。

三、研究设计与数据来源

（一）模型设定

根据前文的理论分析，为了检验蔓延的城市空间形态对城市创新质量的影响，本章构建如下实证计量模型：

$$innov_{i,t} = \alpha_0 + \beta_1 si_{i,t} + \gamma X_{i,t} + \mu_i + \lambda_t + \varepsilon_{i,t}$$

其中，$innov_{i,t}$ 表示城市 i 在 t 年的城市创新质量指数，$si_{i,t}$ 表示城市 i 在 t 年的城市蔓延指数，$X_{i,t}$ 为影响城市创新质量的控制变量，u_i 为城市固定效应，λ_t 为时间固定效应，$\varepsilon_{i,t}$ 为随机扰动项，α_0、β_1 和 γ 为模型待估参数。

（二）变量说明

（1）被解释变量和核心解释变量。被解释变量为城市创新质量，采用《中国城市与产业创新力报告 2017》中的城市创新指数（2009—2016 年）来衡量（寇宗来、刘学悦，2017）。之所以选择该指数，主要是因为其修正了传统的以城市发明专利数来衡量创新能力的偏差，结合国家知识产权局微观发明专利数据库计算城市创新指数，并使用专利更新模型估算了每个专利的平均价值，也就是最终城市创新能力的衡量不局限于专利数量，而是更加关注创新专利的质量维度，这也使它更具有科学性和说服力。

核心解释变量为城市蔓延指数，测度蔓延的城市空间形态。这里采用王家庭等、邓涛涛和王丹丹设计的经典城市蔓延指数，该指标能很好地捕捉城市空间的过度扩张和低密度化特点，用城市建成区面积的增速与城区人口的增速来

表示(王家庭 等,2015;邓涛涛、王丹丹,2018),具体计算如下:

$$si_i = \frac{(urb_{i,t+n}/urb_{i,t})}{(pop_{i,t+n}/pop_{i,t})}$$

其中,si 为城市蔓延指数,i 为城市,t 为起始年份,$t+n$ 为结束年份,urb 为城市建成区面积,pop 为城区人口数。这里选择 2008 年为基期。

(2)控制变量。结合已有相关研究,选取影响城市创新的影响因素。① 研发投入 $tech$,以人均地方科学技术支出来衡量,进行对数化处理。② 人力资本 hc,用城市每千万人拥有的在校大学生数量来衡量。③ 产业结构 $indu2$、$indu3$,以第二产业增加值、第三产业增加值分别占 GDP 总额的比重来表示。④ 对外开放程度 $open$,用城市当年实际利用外资总额占 GDP 的比重来衡量。⑤ 金融发展程度 $finance$,用金融机构贷款余额占 GDP 的比重来衡量。⑥ 工资水平 $wage$,用职工平均工资水平来表示,进行对数化处理。⑦ 经济发展水平 $agdp$,用人均 GDP 水平来表示,进行对数化处理。

(三)数据来源

考虑到样本数据的连贯性,剔除受到撤县设市影响以及数据缺失较多的城市。考虑到直辖市与一般地级市相比,具有更好的经济基础优势、政治地位、政策优惠等,也将北京、上海、天津、重庆 4 个直辖市予以剔除。最终本章选取 2009—2016 年 280 个地级市层面的面板数据进行实证分析。具体数据来源方面,建成区面积和城区人口数据来源于《中国城市建设统计年鉴》,其他指标均来源于《中国城市统计年鉴》中的市辖区数据。主要变量的描述性统计见表 9-1。

表 9-1 主要变量的描述性统计

变量	定义	样本量	均值	标准差	最小值	最大值
$innov$	城市创新指数	2240	7.981	30.624	0.005	694.051
si	城市蔓延指数	2238	1.213	0.663	0.232	4.733
$tech$	人均科技支出的对数	2235	4.608	1.348	0.312	19.297
hc	每千万人在校大学生数量	2240	0.312	0.543	0	19.579
$indu2$	第二产业增加值占 GDP 的比重	2235	49.972	11.917	9.740	89.750
$indu3$	第三产业增加值占 GDP 的比重	2236	46.989	11.201	9.760	76.860
$open$	实际利用外资总额占 GDP 的比重	2238	2.341	2.256	0	29.921
$wage$	职工平均工资水平的对数值	2202	10.667	0.317	8.475	13.265
$finance$	金融机构贷款余额占 GDP 的比重	2220	1.448	0.489	0.032	19.356
$agdp$	人均 GDP 的对数值	2205	10.746	0.675	−0.416	13.056

四、实证分析

(一) 基准回归分析

表 9-2 展示了城市蔓延对城市创新质量影响的基准回归结果。模型(1)为未加入控制变量的情况,结果显示蔓延的城市空间形态对城市创新质量的影响显著为负。模型(2)和模型(3)中加入控制变量,结果同样表明低密度蔓延对创新质量存在显著的负向效应,且估计系数更大,模型结果较为稳健,这也验证了假说1。城市空间形态蔓延使得经济活动变得不集中,创新要素资源和活动变得分散化,低密度的城市空间形态相比于紧凑化地区,区域公共设施连通性较差,不利于发挥城市集聚经济优势,尤其是通勤距离的增加导致人们面对面的隐性知识交流受到阻碍,影响了本地化知识交互和流动,进而影响城市创新质量。

从控制变量回归结果来看,研发投入对城市创新质量的影响显著为正,表明政府增加科学技术支出投入有利于更多企业获得研发投入经费,进而增强城市创新质量。人力资本的估计系数在 1% 统计水平上显著,说明人力资本对于城市创新质量的提高起着重要作用。从产业结构来看,第二产业占比对城市创新质量存在显著的正向作用,而第三产业占比的回归估计系数在 10% 统计水平上显著为负,可能说明第二产业发展是城市创新质量提升的中坚力量,而现今许多城市出现过度去工业化的"虚高"第三产业未能充分支撑创新水平的提高,反而可能挤压了第二产业的创新。对于 FDI 的引入是否有利于城市创新质量提高,结果支持了 FDI 的创新"抑制论"观点,可能的原因在于本土企业对外资企业的消化吸收能力不强。劳动力工资水平上升有利于提高城市创新质量,随着生产要素成本提高,企业往往不得不从提高企业生产率和创新能力着手,以弥补工资上涨带来的成本压力。金融发展水平越高,越有利于发挥金融的杠杆作用,创新主体可获得的创新资本越多,进而创新能力也得到提高。城市经济发展水平的提高,通常也意味着城市创新资源、营商环境等的改善,进而有助于增强城市创新创业活力。

表 9-2 基准回归结果分析

变 量	模型(1)	模型(2)	模型(3)
si	−0.771***	−0.543***	−1.227***
	(0.051)	(0.080)	(0.041)
$tech$		0.644***	0.735***
		(0.002)	(0.002)

续表

变 量	模型(1)	模型(2)	模型(3)
hc		12.92***	7.703***
		(2.435)	(2.537)
$indu2$		0.614***	0.361***
		(0.074)	(0.032)
$indu3$		−0.002	−0.042*
		(0.004)	(0.023)
$open$		−0.891**	−0.649**
		(0.445)	(0.305)
$wage$		9.003*	11.016**
		(5.254)	(4.538)
$finance$		0.389***	0.273***
		(0.003)	(0.002)
$agdp$		2.105	6.775**
		(2.725)	(2.924)
$constant$	7.113***	−88.638***	−117.005***
	(1.921)	(23.114)	(27.093)
时间固定效应	YES	NO	YES
城市固定效应	YES	YES	YES
样本观测值数	2240	2194	2194
R^2	0.095	0.189	0.196

注：***、**、*分别表示在1%、5%和10%统计上显著；括号内为聚类标准误差。下同。

(二) 稳健性检验

(1) 剔除副省级城市。考虑到相比其他类型城市，副省级城市在行政级别、经济发展水平、创新要素集聚和创新能力等方面具有一定优势，这里将副省级城市剔除后重新进行估计，结果见表9-3。城市蔓延对城市创新质量的影响仍然显著为负数，与基准回归结果相比系数稍有上升，但并未产生实质性差异，表明基准结果稳健性较好。

(2) 剔除异常值。为了剔除极端异常值对基准估计结果的干扰，对所有的连续型变量进行上下0.5%的缩尾处理①，再按照基准模型进行估计，结果见表9-3。城市蔓延的估计系数为−1.204，在1%统计水平上显著，表明基准结果不受极端异常点影响，结果依然稳健。

---

① 当然，个别变量在上下缩尾0.5%的情形下，仍然存在极端异常值。为此，进一步对数据进行1%缩尾处理，发现估计结果并没有发生显著性改变。

（3）改变城市蔓延的衡量指标。城市蔓延本质上体现为低密度和分散化的特点，尤其是人口经济活动分布不集中，这里以非城区人口占市辖区总人口比例来衡量城市蔓延程度，该指标体现了人口居住往郊区和卫星城分散的特点，结果见表9-3。城市蔓延对城市创新质量存在显著的负向影响，这与前文分析一致，表明基准结果具有较高的稳健性。

（4）考虑可能的非线性关系。前文分析表明蔓延的城市空间形态不利于城市创新质量提高，但是这种影响是否存在门槛效应呢？如果是的话，可能会导致前文设置的模型有偏，影响估计结果。为了检验两者是否存在这种可能的非线性关系，进一步将城市蔓延指数二次项（si^2）加入模型，结果见表9-3。城市蔓延指数一次项估计系数显著为负，二次项估计系数数值为正，但是没有通过显著性检验，表明城市的低密度蔓延会对城市创新质量产生负面影响，尚无证据表明两者存在非线性关系。

表 9-3　稳健性检验结果

变量	剔除副省级城市	剔除异常值	替换解释变量	考虑可能的非线性关系
si	−1.327***	−1.204***	−1.554***	−0.727***
	(0.032)	(0.027)	(0.408)	(0.182)
si^2				1.116
				(1.017)
constant	−98.382***	−104.445***	−89.264***	−120.12***
	(20.180)	(19.283)	(22.462)	(22.731)
样本观测值数	2076	2194	2194	2165
R^2	0.193	0.216	0.182	0.174

注：估计结果均包含控制变量和时间、城市固定效应，为了节省篇幅，这里未加列出。下同。

（5）内生性处理。考虑到模型可能有测量误差、遗漏变量、反向因果等潜在的内生性问题，采用工具变量法进行处理。根据工具变量外生性和相关性原则，这里选取城市地形起伏度作为城市蔓延的工具变量[①]。因为城市地形起伏度越高，经济集聚度、人口居住密度往往越低，而城市空间形态则越可能朝低密度、分散化蔓延态势发展。考虑到样本为面板数据，进一步地，基于Curci（2015）的研究发现，城市建筑与钢材使用量呈非线性的正相关关系，随着楼层的增加，钢材使用量也越多，因而钢材原材料价格越贵，可能会导致城市建筑高度下降，从而提高城市蔓延程度。最终，本章利用城市地形起伏度乘以国际螺

---

① 地形起伏度的计算基于1∶100万数字高程模型（DEM）数据，计算方式参考封志明等（2007）的方法。

纹钢价格的交乘项（terrst）作为城市蔓延的工具变量①。从表9-4的估计结果来看，工具变量与城市蔓延存在显著的正相关关系，且第一阶段F值为56.23，表明模型不存在弱工具变量问题。从第二阶段回归结果发现，城市蔓延显著降低了城市创新质量，且估计系数相比于基准回归更大，说明可能因为内生性干扰低估了蔓延的创新"抑制"作用，低密度、分散化的城市空间形态确实不利于城市创新质量的提升，遵循紧凑化、集约化城市发展模式提升城市密度，有助于提升城市创新质量。

表9-4 工具变量回归结果

变　量	第一阶段	第二阶段
terrst	0.471*** (0.103)	
si		−2.817*** (0.251)
constant	8.172*** (2.119)	−123.281*** (16.284)
第一阶段F值	56.23	—
样本观测值数	2176	2176
R^2	0.415	0.194

（6）考虑空间相关性影响。创新具有显著的溢出效应，因而城市创新质量提升存在显著的空间正相关性，如果未加考虑这种空间溢出性，可能会造成模型设置偏差。这里从空间相关性角度考察蔓延对城市创新质量的影响。首先，设置空间权重矩阵，鉴于溢出效应的地理衰减特征，选取空间邻接权重矩阵（即城市间相邻为1，否则为0），并将其标准化处理，建立空间杜宾模型（SDM）：

$$innov_{i,t} = \rho W \times innov_{i,t} + \beta_1 si_{i,t} + \eta W \times si_{i,t} + \gamma X_{i,t} + W \times X_{i,t} \lambda + \mu_i + \lambda_t + \varepsilon_{i,t}$$

其中，W为空间权重矩阵，ρ为被解释变量的空间滞后系数，η为自变量的空间滞后系数，λ为空间误差自相关系数。

在模型回归前，参照LeSage和Pace（2009）的建议，利用Wald和LR检验SDM是否可以简化为空间滞后模型（SAR）和空间误差模型（SEM），结果表明Wald空间误差项和LR空间误差项均显著，拒绝SDM可以简化为SEM模型

---

① 事实上，城市建筑随着高度的增加钢材用量快速增加，因此钢材原材料螺纹钢的价格越贵，城市建筑高度越低，进而城市蔓延程度可能也越高。所以这里选取国际螺纹钢价格作为随时间趋势变化的变量进行相乘，考虑到建筑从施工到竣工的周期性特点，价格相较于城市蔓延指数滞后了2期。国际螺纹钢价格的原始数据整理自西本新干线网站（http://www.96369.net/，检索日期2020年4月20日）。

的假设,而 Wald 空间滞后项和 LR 空间滞后项均不显著。表 9-5 报告的是 SDM 和 SAR 的最大似然估计(MLE)结果。可以发现,被解释变量的空间滞后系数显著为正,说明相邻城市创新质量提高有助于带动本地创新质量改善,且 SAR 中城市蔓延对城市创新质量影响的估计系数显著为负,与基准回归结果相比没有实质性变化,亦证实了城市蔓延确实抑制了城市创新质量。

表 9-5 考虑空间相关性的稳健性检验

变量	SDM	SAR
$W \times innov$	0.728***	0.658***
	(0.120)	(0.074)
$W \times si$	−0.342	
	(0.051)	
si	−0.103*	−0.116***
	(0.058)	(0.039)
$W \times X$	YES	NO
$\log L$	−114.674	−156.821
样本观测值数	2194	2194
R^2	0.117	0.165

五、异质性分析

(一)城市规模异质性分析

考虑城市规模异质性。添加城市蔓延与城市规模虚拟变量的交互项($si \times size$)。以 2008 年城市人口为基准,按照国务院最新划分标准,人口规模少于 100 万的城市取值为 1,人口规模大于 100 万的城市都划分为大城市并取值为 0。表 9-6 结果显示,城市蔓延指数的估计系数依然显著为负,且交互项估计结果在 1% 统计水平上显著为负,验证了假说 2,说明在中小城市,蔓延对城市创新质量的负面影响更为明显。可能的原因在于中小城市本身集聚经济优势不如大城市,如果城市空间进一步低密度蔓延,会分散经济活动空间布局,稀释集聚经济,从而降低城市创新质量。

(二)区域异质性分析

中国东、中、西部地区城市发展水平存在明显差异,为了验证蔓延对城市创新质量的影响是否会因区域异质性而不同,加入城市蔓延指数变量与区域虚拟变量的交互项($si \times region$)。东部地区城市取值为 0,中西部地区城市取值为 1。表 9-6 结果显示,城市蔓延与区域虚拟变量交互项的估计系数在 5% 统计水平上显著为负,说明城市蔓延对于中西部地区城市创新质量影响更大。相比于东部城市,中西部城市经济密度本身就不高,创新资源集聚能力较差,蔓延带来的经济密度下降、空间距离拉长、城市设施接近度下降,不利于具有地方黏性的隐性知识交流和区域协同创新合作的快速有效开展。

(三) 产业结构与城市蔓延的交互影响

为检验城市蔓延对于城市创新质量的影响是否会受城市产业结构影响,在模型中加入城市蔓延指数与第二产业占 GDP 比重的交互项($si \times indu2$)、与第三产业占 GDP 比重的交互项($si \times indu3$),回归结果见表 9-7。$si \times indu2$ 显著为负,说明城市第二产业越发达,城市蔓延对城市创新质量的负面影响越大,验证了假说 4,潜在的意涵在于目前中国工业部门的空间集聚经济效应明显,其技术进步能够带动第一产业和第三产业的创新溢出,这也就解释了为何第二产业发展越好的城市,蔓延对其经济增长负向效应越强,其中一个作用机制渠道可能是城市创新质量的下降。$si \times indu3$ 为正但并不显著,说明现代服务业对于空间距离邻近的重要性有所下降,而真实有效的市场互动形成的创新网络可能更为重要。

表 9-6 城市蔓延对城市创新质量的异质性分析

变量	城市规模异质性	区域异质性	产业结构与城市蔓延的交互影响	
si	−5.179*** (0.814)	−3.827** (1.628)	−7.569*** (2.346)	−3.201** (1.579)
$si \times size$	−4.440*** (1.304)			
$si \times region$		−3.424** (1.622)		
$indu2$	0.472** (0.226)	0.346** (0.174)	0.589** (0.298)	0.402*** (0.123)
$si \times indu2$			−0.355** (0.151)	
$indu3$	−0.163 (0.351)	−0.372 (0.336)	−0.630 (0.518)	−0.282 (0.263)
$si \times indu3$				0.499 (0.391)
$constant$	−70.411** (27.421)	−47.234 (30.902)	−82.542*** (25.113)	−39.662* (21.425)
样本观测值数	2172	2172	2172	2172
R^2	0.354	0.257	0.105	0.389

(四) 人口收缩型蔓延和规划膨胀型蔓延的比较

本章将城市城区人口连续3年及以上出现减少,且2016年城区人口少于2009年城区人口,2016年建成区面积大于2009年建成区面积的城市界定为人口收缩型蔓延城市;将建成区面积与人口增长弹性系数连续3年超过1.12①,且人口规模持续增长的城市界定为规划膨胀型蔓延城市。从表9-7可知,蔓延的城市空间形态对于人口收缩型蔓延城市的创新质量影响更为明显,估计系数值远大于规划膨胀型蔓延城市,假说3得到验证。因此,人口收缩型蔓延城市容易落入"城市经济密度不断下降—经济活力不足—创新质量下降"的"蔓延陷阱",因而对于人口收缩型蔓延城市而言,提高城市创新质量需要从存量规划着手,注重城市空间品质提升和空间形态紧凑集约。

表9-7 人口收缩型蔓延城市、规划膨胀型蔓延城市与其他城市的比较

变量	人口收缩型蔓延城市	规划膨胀型蔓延城市	其他城市
si	−5.037***	−1.142**	−0.437*
	(1.246)	(0.452)	(0.233)
$constant$	−10.336**	−57.283**	−27.415***
	(4.658)	(22.166)	(10.127)
样本观测值数	172	1380	624
R^2	0.135	0.264	0.175

六、结论和启示

(一) 主要研究结论

低密度、非紧凑、分散化城市空间形态已经成为中国大多数城市面临的挑战。本章以2009—2016年中国280个地级市面板数据,就蔓延的城市空间形态对城市创新质量的影响进行了实证考察,主要结论如下:第一,城市蔓延对城市创新质量存在显著的负向效应。城市空间形态的低密度蔓延会削弱城市集聚经济效应,带来区域通达性、空间距离的拉长,不利于面对面隐性知识的交流和知识溢出过程。第二,城市蔓延对不同规模、区域和蔓延机制的城市创新质量影响存在异质性。质量蔓延对于中小规模城市、中西部城市以及人口收缩型蔓延城市的创新质量负向作用更为突出。第三,城市蔓延对于第二产业占比较高的城市创新质量影响较为明显,这也解释了城市蔓延对于第二产业占比较

---

① 学术界目前比较公认的合理的城市人口土地规模弹性系数为1.12,超过该数值则表示城市化进程较为粗放,土地利用集约化程度较低,与人口城镇化进程不协调。

高城市的经济增长负向作用较大的一个可能机制是城市创新质量下降。

(二)政策启示

第一,坚持精明增长的指导思想,推进城市集约紧凑化发展。一方面地方政府要改变过去以土地财政为导向的空间无序扩张模式,摒弃大搞开发、大搞项目的发展思路,提高城市土地混合利用和集约化程度,引导创新要素资源的集聚整合。另一方面,城市规划部门要注重城市空间和交通紧凑性,积极引导城市功能的融合性发展,打造有利于知识溢出和信息交流的空间形态体系。

第二,加强中西部中小城市的增长边界控制,引导人口收缩型蔓延城市"瘦身强体"。这类城市规模经济和集聚经济优势不突出,在城市扩张中更应注重提高城市土地利用密度,科学划定城区的开发边界,做好承接东部地区产业转移的业态规划和存量空间规划,最大限度地利用好集聚经济外部性,促进知识、信息、技术等创新要素的快速流动,提升城市的吸收能力和自主创新能力。

第三,避免城市过度"去工业化",强化工业用地存量更新。当前中国正处于产业结构调整转型的关键时期,应该避免城市第三产业"虚高"挤压第二产业创新发展空间,强化产业间的分工协作和优势互补。尤其是加强工业用地存量的摸底、盘活与更新,提高工业园区、开发区等基于产业链关联的空间集聚水平,警惕落入因城市空间蔓延造成的产业链与创新链无法深度融通的困境。

参考文献

陈旭,秦蒙,刘修岩.城市蔓延、动态外部性与企业出口参与——基于中国制造业企业数据的经验研究[J].财贸经济,2018a,39(10):145-160.

陈旭,秦蒙,刘修岩.蔓延的城市结构是否损害了全要素生产率——基于中国制造业企业数据的实证研究[J].现代经济探讨,2018b,25(07):87-98.

邓涛涛,王丹丹.中国高速铁路建设加剧了"城市蔓延"吗?——来自地级城市的经验证据[J].财经研究,2018,44(10):125-137.

封志明,唐焰,杨艳昭,等.中国地形起伏度及其与人口分布的相关性[J].地理学报,2007,74(10):1073-1082.

复旦大学产业发展研究中心,第一财经研究院,复旦大学中国经济研究中心·智库.中国城市和产业创新力报告 2017[R/OL].(2018-01-05)[2020-04-2020]. http://www.cbnri.org/news/5389402.html

郭洁,黄宁,沈体雁.就业密度和创新——基于中国地级市的空间计量研究[J].经济与管理研究,2015,36(11):40-46.

李强,高楠.城市蔓延的生态环境效应研究——基于34个大中城市面板数据的分析[J].中国人口科学,2016,30(6):58-67+127.

秦蒙,刘修岩,李松林.城市蔓延如何影响地区经济增长？——基于夜间灯光数据的研究[J].经济学(季刊),2019,18(2)：527-550.

秦蒙,刘修岩.城市蔓延是否带来了我国城市生产效率的损失？——基于夜间灯光数据的实证研究[J].财经研究,2015,41(7)：28-40.

孙三百,万广华.城市蔓延对居民福利的影响——对城市空间异质性的考察[J].经济学动态,2017,58(11)：32-45.

王家庭,张邓斓,孙哲.私人汽车消费加剧了城市蔓延吗？——来自地级市层面的经验证据[J].经济评论,2015,26(6)：108-117+143.

王家庭,张俊韬.我国城市蔓延测度：基于35个大中城市面板数据的实证研究[J].经济学家,2010,22(10)：56-63.

张辉,闫强明,黄昊.国际视野下中国结构转型的问题、影响与应对[J].中国工业经济,2019,33(6)：41-59.

BETTENCOURT L M A,LOBO J,HELBING D,et al. Growth,innovation scaling,and the pace of life in cities[J]. Proceedings of the National Academy of Sciences,2007,104(17)：7301-7306.

CURCI F. The Taller the Better? Agglomeration Determinants and Urban Structure[C]. 55th Congress of the European Regional Science Association,Lisbon,2015.

DAVIS D R,DINGEL J I. A spatial knowledge economy[J]. American Economic Review,2019,109(1)：153-170.

DURANTON G,PUGA D. Micro-foundations of urban agglomeration economies[J]. Handbook of Regional and Urban Economics,2004,4：2063-2117.

GARMENDIA M,ROMERO V,UREÑA J M,et al. High-speed dail opportunities around metropolitan regions：Madrid and London[J]. Journal of Infrastructure Systems,2012,18(4)：305-313.

GLAESER E L,KHAN M E. Sprawl and urban growth[J]. Handbook of Regional and Urban Economics,2004,4：2481-2527.

HAMIDI S,ZANDIATASHBAR A. Does urban form matter for innovation productivity? A national multi-level study of the association between neighbourhood innovation capacity and urban sprawl[J]. Urban Studies,2019,56(8)：1576-1594.

LESAGE J,PACE R K. Introduction to Spatial Econometrics[M]. Boca Raton：CRC Press,2009.

LOVE J H,ROPER S. Location and network effects on innovation success：evidence for UK,German and Irish manufacturing plants[J]. Research Policy,2001,30(4)：643-661.

OECD. Rethinking urban sprawl：moving towards sustainable cities[R/OL]. (2018-06-14)[2020-04-20]. https：//oe.cd/urban-sprawl

第十章　城市管理用资产负债表:框架与设计

改革开放以来,中国经历了世界上规模最大、速度最快的城镇化进程。截至 2017 年年底,中国城镇常住人口达 8.13 亿人,常住人口城镇化率达 58.52%,城市发展成果举世瞩目。与此同时,城市的空间增长过快、规划改革滞后、偏重硬件建设、管理效率低下、公共服务设施匮乏、基层公共品配置失灵等问题也日益凸显。总体上,中国的城市管理水平亟待提高。城市是经济、政治、文化和社会活动的中心,城市管理直接关系到城市的有序运行、居民的生活质量和国民经济的健康发展。2015 年年底,中央召开城市工作会议,强调做好城市工作,在"建设"和"管理"两端着力,转变城市发展方式,完善城市治理体系,提升城市治理能力。中央城市工作会议召开后,中国多地试行城市管理体制改革,探索符合国情、政情、民情的城市管理机制。但总体而言,中国城市管理的体制基础比较薄弱,当前管理存在短板,系统性的制度设计和管理工具相对匮乏。

政府是城市建设和管理的主体。城市政府主导着城市基础设施建设及其相应的管理,在城市边界内负责提供地方性公共产品以满足城市居民的物质、文化和生活需求。但受限于行政体制、制度文化等因素,中国城市政府在规划、建设和管理城市的过程中,委托代理机制存在制度局限性,导致政府性资源浪费和国有资产流失等问题,城市管理效率低下。本章遵循西方公共管理研究中的企业化政府视角，借鉴现代企业财务管理的理念和逻辑，提出城市管理用资产负债表的概念和框架，并就城市资产管理模式的可行性进行探索，旨在为中国城市管理改革提供一定的思路与参考。

一、城市管理的概念和发展模式

城市管理是指以城市为对象，政府、居民和企业等主体围绕城市运行和发展进行的决策引导、规范协调、服务和经营行为（叶林，2014）。但该概念过于宽泛，本章基于研究目的，采用狭义的城市管理定义，即城市管理是以城市政府为核心的多元主体，在城市规划、城市建设及城市运行的全过程中，对城市的市政基础设施、公共服务设施及相关公共事务进行的管理。西方国家的城市政府在长期的城市管理实践中，通过不断积累管理经验、更新管理理念、改进管理方式，逐渐形成了稳态性的制度范式，即城市管理模式。近几十年来，随着公共管理理论的发展以及新理念、新技术的出现，西方国家的城市管理模式出现以下几种主要趋势。

一是市场化导向。西方公共管理理论认为，在城市政府对公共事务的管理体系中引入市场机制，可以优化政府性资源的配置，改善地方公共品的供给效率。近二三十年，西方国家的城市政府进行了大规模的市场化改革实践，部分公共产品的供给职能转交私人部门，城市政府仅提供制度性保障。目前，围绕这一改革，西方国家已形成了比较规范和完善的融资和管理方式，如 BOT 模式、PPP 模式等。

二是企业化导向。市场经济运行过程中形成的企业组织形式，逐渐引起公共管理学界的关注。自 20 世纪 70 年代以来，新公共管理理论倡导借鉴企业组织的制度成果重塑地方政府，通过引进现代企业管理的理念、技术和方法（如战略管理、质量管理、绩效评估等），来提升政府组织的运行效率和公共事务管理的效果（张三保、田文杰，2011）。目前，美国多数中小城市实行的城市经理制，正是企业化导向的城市管理模式的典型体现。

三是社区化导向。Ostrom 的多中心治理理论认为，社会中的多元主体（政府、企业、自治组织），可以基于一定的集体行动原则，形成多样化的公共事务管理方式（麦金尼斯，2003）。随着治理理论的发展，社区治理模式引起了公共管理学界的关注。社区作为不同于政府、市场和企业的制度机制，能够在一定程度上弥补市场缺陷、纠正政府失灵、解决委托代理问题（李嘉靖、刘玉亭，2013）。居民广泛参与的社区组织，成为社区单元内管理公共服务设施、监督公共产品供给、维护区域公共秩序的基层主体。目前，社区化导向在美国城市的微观管理中非常典型。

二、城市管理模式的制度基础

西方国家的城市政府,产生于自下而上的居民自治制度。以美国为例,在人口集聚区域,地方居民通过投票同意建制并经所在州宪法授权,形成的市级建制地区,称之为城市。基于城市的市级建制,城市议会授权组建城市政府(王枫云,2008)。城市政府的形成机制决定了西方国家的城市管理体制反映的是城市政府和城市居民之间的委托代理关系。城市居民(城市议会)作为资源提供者,通过依法纳税、遵守规章制度等途径,形成政府性资源。城市政府作为资源管理者,通过调配和管理政府性资源,为城市居民提供城市公共产品。因此,可将城市管理模式,视作调整城市政府和城市居民之间委托代理关系的制度范式。从委托代理视角分析,市场化、企业化和社区化导向的城市管理模式,均是尝试优化城市居民和城市政府之间的委托代理关系、减少委托代理成本的机制实践。

近几年,在城市管理体系改革中中国不断学习借鉴西方国家的城市管理模式,但并未显著提升城市管理效率。究其原因,是我们忽视了城市管理模式对应的制度基础。在中国的法律制度和行政体制中,并没有严格界定的城市政府概念。但从城市管理职能角度分析,中国履行城市管理职能的主要是县级市政府和市辖区政府。基于研究目的,本章将中国的城市政府定义为城市层级的地方政府。中国城市政府产生于自上而下的行政授权制度。这决定了现阶段中国的城市管理,实质上反映的是城市政府和上级政府之间的委托代理关系。西方国家城市管理模式根植于城市政府的形成机制,城市居民组成的城市议会和城市政府之间实现了公共管理权力的制约和平衡。在此基础上,政府民主决策制度、政府信息公开制度、政府性资产责任制度、政府会计核算制度等才能发挥实质性作用,成为约束和规范城市政府行为的制度性工具。

三、中国城市管理的制度约束与现实问题

中国城市政府的城市管理权力,仅在层级政府内部的封闭空间运转,城市居民缺乏制衡城市政府城市管理权力的有效机制。对于这一权力的监管和制约,也主要依靠政府体系内部自上而下的行政监管机制。然而,在城市政府和上级政府间的委托代理关系中,存在着严重的信息不对称问题。城市政府既是城市管理行为的执行人,也是城市管理行为信息的提供者。上级政府面临的信息劣势,制约了行政监管机制功效的发挥。目前,中国城市管理领域存在的主要问题包括:

第一,在城市规划阶段,城市发展规划缺乏科学性和长期性,偏离地方条

件、资源禀赋和居民偏好。中国政府内部组织采取民主集中制原则,城市发展规划的决策权集中于城市政府的主政官员手中,这也导致中国城市的发展规划,凸显主政官员的个人意志。特别是中国政治权力和财政分权的特色制度赋予了城市政府独立的利益主体资格。城市政府主政官员为寻求政治晋升,具有很强的行为激励来推动城市建设。周黎安(2007)提出中国地方官员的晋升锦标赛模式,地方官员围绕 GDP 增长展开激烈竞争。城市建设能够直接带动地方相关产业发展,在短期内显著提升经济增长绩效。且城市建设成果,多以物质形式直观显现,易于带动舆论风评,往往成为地方政治晋升博弈中的重要筹码。近二十年来,中国各地城市建设的成果显著,市政设施得到很大改善。然而,同样值得关注的是,中国土地的城镇化速度远远超过人口城镇化速度(吴一凡 等,2018)。此外,中国的城市发展规划缺乏长期性,城市发展规划的实施周期局限在主政官员的任期之内,新任官员通常会对已有发展规划进行调整或变更,导致城市建设过程中频繁发生重复建设、先建后拆、建后弃置等现象。

第二,在城市建设阶段,市政工程的质量问题依然严重。这一问题的发生与中国政府会计制度的缺失有很大关系。目前,在政府会计制度中,仅对行政办公资源进行会计处理和审计。对于市政工程,通常仅进行实物登记,并不确认资产,也无后续的会计处理(戚艳霞 等,2013)。这就意味着,市政工程在项目验收合格后,实质上一直处于监管缺失状态。针对该问题,城市政府既无合适的监管工具,也无实时有效的追责机制。通常仅在低质量的市政工程项目造成重大安全责任事故、引起舆情关注时,应急性启动事后追责。近年来中国政府一直在规范项目评估、项目招投标和项目验收程序,但受限于市政工程领域利益牵涉广、权力寻租空间大、工程质量监督难等因素,市政工程质量仍难尽如人意,仍属于中国城市建设广受诟病的典型问题。

第三,在城市运行阶段,政府资源浪费和国有资产流失现象比较普遍。突出表现在以下两个方面:一是市政设施过度维护、修缮问题。在市政工程建设完成后,转交政府职能部门进行日常管理和功能维护。由于市政工程在建设完成时并未确认资产,对其后续的维护修缮工作,同样缺乏相应的会计处理。这也导致对市政工程的维护修缮行为缺乏监管。政府职能部门、企事业单位及外部企业,借助市政工程维护、修缮契机,通过对市政工程的过度维护修缮、频繁更新附属设施等方式套取政府财政资金,造成国家财政资源浪费。例如,中国部分地区的城市道路"一年一小修、两年一大修"现象以及城市道路上的路灯、路牌、垃圾桶等附属设施频繁更替现象,正是这一问题的典型体现。二是公共企业导致的国有资产流失问题。城市政府职能部门除自行管理市政设施外,还委托公共企业建设和管理市政设施,提供相应的城市公共产品。但受限于中国政府会计制度和资产责任制度,该领域内的国有资产流失问题严重。国有流失资产主要有两类:一类是遵照政府协议、由政府购置并由公共企业代管运营的市政设施或者设备资产,政府对该类资产的管理费用、折旧、维护修缮等给予适当补贴。另一类是政府以特许经营权为条件、由公共企业自行购置,但受政府特殊管制的特殊企业资产,政府在资产购置及后续的资产维护过程中通常给予补贴或提供减免税费等优惠政策。在资产维护修缮环节,公共企业通过虚增维护修缮名目、索取高额维护修缮成本等方式浪费政府财政资金。在资产处置环节,由于该类资产多数按照企业固定资产进行会计处理,仅在企业"固定资产"账户核算,政府部门对该类资产的实际价值缺乏信息。公共企业有可能通过与政府官员的串谋行为,致使该类资产的处置价格远低于资产市场价格并从中转手获益,造成国有资产流失。

四、资产视角下的城市管理逻辑

(一)中国城市管理改革的可行性路径

中国推进城市管理制度改革,需要考虑自上而下的行政授权制度,以调整优化城市政府和上级政府间的委托代理关系为出发点。当前阶段,解决城市政府和上级政府间的信息不对称问题,提升行政监管机制功效和效果,是破解中国城市管理困局、提升城市管理水平的关键。

从资产视角对中国的城市管理行为进行分析,城市管理过程对应着城市政府将政府性资源转化为政府性资产的全过程(图10-1)。

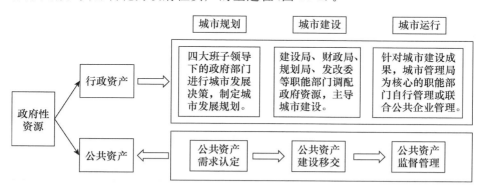

图 10-1 政府性资产形成流程

首先,城市政府在获取政府性资源后,抽取一定比例用于支撑城市政府的城市管理职能运转。在这一过程中形成了行政资产,包括办公建筑、交通工具、专业设备、办公用品等固定资产及公务招待费、专项经费等流动资产。其次,城市政府履行城市管理职能,在城市规划、建设和运行的全过程中,形成了公共资产的需求认定、公共资产建设移交和公共资产的运营管理。我们将公共资产定义为在城市管理过程中由政府性资源形成、用于为城市居民提供城市公共产品和服务的非政府自用资产。根据其物质形态，可划分为实物资产（如市政设施）和非实物资产（如对居民和企业的间接转移支付）。

在中国当前的制度条件下，难以实现对城市政府城市管理行为的全程监管和有效制约。借鉴企业财务制度的理念和逻辑，本章认为，可通过对城市管理行为的直接产物——政府性资产的信息捕捉，反向追溯和动态反映城市政府的城市管理行为，为上级政府的行政监管提供更加充足的信息，最终实现两级政府间委托代理关系优化和城市管理水平提升。

（二）政府性资产的信息捕捉工具分析

企业财务报表体系已经成为现代企业管理的必备工具之一。其中，资产负债表居于核心地位。企业资产负债表为企业管理者、股东和外部利益相关者呈现关于企业经营和财务状况的关键信息，以规范企业行为，减少委托代理成本，提升企业管理水平。但随着商业环境的不断变化和现代企业事务的复杂性，财务性资产负债表并不能完全适用于企业内部管理。现代企业尝试编制管理用资产负债表。管理用资产负债表的使用者为企业内部管理者，无需遵循公认的企业会计准则，更注重于强调符合价值逻辑，以便更好地支持和服务企业的管理活动（张新民，2015）。管理用资产负债表通过区分企业的实体运营层面和资本运作层面的不同活动，对基本资产负债表的资产和负债项目进行调整和重新分类，为企业内部管理者提供有关经营规划、管理决策所需的客观性财务信息。

自 Dickingson 和 Eakin（1936）提出可将企业的资产负债表应用于国民经济管理以来，发达国家陆续制定了政府会计准则，对政府（国家）资产负债表进行编制并将其作为政府的一项基本财务制度。政府资产负债表的编制有利于监测政府部门运营，厘清政府家底，防范政府运行风险，同时能够提升政府透明度，为政府进行财政预算和决策提供更多信息（杜金富，2015）。2013 年《中共中央关于全面深化改革若干重大问题的决定》中明确提出，要"加快建立国家统一的经济核算制度，编制全国和地方资产负债表"。自此，中国开始进行政府资产负债表的试编工作。

我们借鉴企业管理用资产负债表的设计理念，将城市管理的现实需求和政府资产负债表的编制相结合，提出城市管理用资产负债表的概念和基本架构。城市管理用资产负债表是以财务性的政府资产负债表为基础，以呈现城市管理过程中形成的公共资产信息为主要功能的管理用表。

五、城市管理用资产负债表工具设计

(一) 城市管理用资产负债表的基本框架

城市管理用资产负债表的核算主体有政府部门和公共企业两类,包括核算范围承担城市管理职能、负责运营或管理城市公共资产的政府部门和公共企业。根据公共资产的运营管理责任,确认为对应的资产表内归属方。政府部门的管理用表分为公共资产和行政资产两个类别,公共企业的管理用表分为公共资产和运营资产两个类别。目前,在地方政府实施的政府会计制度改革试点中,对于行政资产的核算和会计处理已经逐渐规范化。公共企业的运营资产可参考企业的资产负债表进行调整和归并处理,本章不再赘述,仅针对公共资产的核算和相关会计处理,进行研究探讨。城市管理用资产负债表基本框架参见表10-1。

表 10-1 城市管理用资产负债表基本框架

政府性资产	政府部门	公共企业
公共资产		
实物资产		
资产变动		
——新增资产		
——累计折旧		
——资本性维护修缮支出		
——非资本性维护修缮支出		
资产清理		
——政府行为		
——非政府行为		
资产终值		
非实物资产		
资产变动——新增资产		
资产清理——政府行为		
资产终值		
行政资产/运营资产		
非金融资产		
金融资产		
政府性负债	政府部门	
政府负有偿还责任债务		
负债变动		
负债清理		
负债终值		

续表

政府性负债	政府部门
政府负担保责任债务	
负债变动	
负债清理	
负债终值	
政府或有救助责任债务	
负债变动	
负债清理	
负债终值	

注：基于 2017 年国家统计局《全国和地方资产负债表编制工作方案》整理提出。

公共资产分为实物类资产和非实物类资产。实物类资产指的是城市管理过程中形成的市政设施、机器设备等具备物质形态的公共资产。非实物资产指的是城市管理过程中形成的对企业转移支付、对居民转移支付等非物质形态的公共资产。

针对实物类公共资产，以市政设施、机器设备等验收合格并移交管理方进行管理运营为标志，进行管理用表内的资产确认：① 由城市政府出资建设或购置并由政府部门直接管理的市政设施，在表内确认为该政府部门的公共资产；② 由政府出资建设或购置并由公共企业代管的市政设施，在表内确认为该企业的公共资产；③ 由政府部门授予特许经营权、公共企业出资建设（BOT 模式）的市政设施，在特许经营期内，确认为该企业的公共资产，特许经营期满、转交政府部门管理时，转入该政府部门的公共资产；④ 由职能部门和公共企业共同完成投资、建设和管理经营（PPP 模式）的基础设施，根据两者所占股权比例，将归属政府所有部分纳入相应部门的公共资产，将归属公共企业所有部分纳入该企业的公共资产分别核算。

针对非实物资产，以转移支付项目的所有权转移为标志，进行管理用表内的资产确认：① 针对居民和非公共企业的转移支付，将实施转移支付的政府部门作为表内归属方；② 针对公共企业的转移支付，将转移支付的对应公共企业作为表内归属方。这一设计的合理性在于，转移支付项目可被视作单次性的特殊城市公共产品和服务。转移支付项目在项目实施时，所有权虽然实现了转移，但政府部门仍然承担转移支付项目的后续监管职责，对于违法、违规的转移支付项目，政府部门仍然享有追缴权。

（二）会计账户及事项解释

资产变动——新增资产事项：核算会计年度内通过政府性资源形成的公共资产。新增资产的资产价值核算可采用历史成本法。对于实物类公共资产，以基础设施的历史建设成本或机器设备的购置合同金额入账；对于非实物公资产,以转移支付的实际发生额入账。

资产变动——累计折旧事项:核算会计年度内处于资产存续期内的实物类公共资产的自然损耗。可参照国民经济核算中的虚拟折旧理念,采用年限平均法,将折旧平均摊销到资产使用年限内。

资产变动——非资本性维护修缮支出事项:记录会计年度内,政府性资源投入用于既有实物类资产的维护修缮支出,且该维护修缮支出不增加资产价值。

资产变动——资本性维护修缮支出事项:记录会计年度内,政府性资源投入用于既有实物类公共资产的维护修缮支出,且该维护修缮支出增加资产价值。

资产清理——政府行为事项:核算会计年度内,政府行为因素所导致的资产清理行为造成的资产损益。对于实物公共资产,政府行为因素指的是政府部门主动对处于资产存续期内的公共资产进行报废、弃置、损毁、出售等清理操作,采用"上一年度资产终值＋清理费用－变价收入"核算;对于非实物公共资产,政府行为因素主要指监察部门对违规转移支付进行的查处和追缴行为,根据实际清查的违规转移支付金额核算。

资产清理——非政府行为事项:核算会计年度内,非政府行为因素,通常仅指自然灾害等所导致的资产清理行为造成的资产损益。采用"上一年度资产终值＋清理费用－变价收入"核算。

资产终值账户:核算会计年度末的公共资产净值。对于实物类公共资产,采用"上一年度资产终值＋新增资产－累计折旧＋资本性维护修缮支出－资产清理"进行核算;对于非实物类公共资产,采用"上一年度资产终值＋新增资产－资产清理"进行核算。

负债变动账户:核算会计年度内公共资产对应的政府性负债金额变动。

负债清理账户:核算会计年度内政府监察、审计部门对公共资产对应的政府性负债进行核验后发现的违法、违规部分,将实际发生的违法、违规所得查处清缴金额计入负债清理账户。

负债终值账户:核算会计年度末的政府性负债金额,按"上一年度负债终值＋负债变动－负债清理"核算。

(三) 城市管理用资产负债表的核算层级

城市管理用资产负债表可在下述三个层级核算:

第一,微观主体层级。针对政府部门和公共企业的微观主体,核算其承担管理运营职责的公共资产事项。对于政府部门的行政资产,参照政府资产负债表归并处理;对于公共企业的运营资产,参照企业资产负债表归并处理。该层级的管理用表,提供各微观主体资产运营状况的相关信息,可作为评估微观个体的行政(运营)绩效的重要参考。

第二，城市管理领域层级，如表10-2所示。通过对城市管理领域的进一步细分，可对各领域内的微观主体管理用表进行合并，编制城市管理领域层级的管理用表。城市管理领域层级的管理用表，提供各城市管理领域内资产运营状况的相关信息，可将其作为评估对应领域内的政府领导部门行政绩效的重要参考，如可将交通局作为城市交通领域的城市领导部门。

表 10-2 可编制管理用表的城市管理领域

城市管理领域	物质性基础设施管理	城市交通	对城市道路及其附属设施、城市桥涵及其附属设施等城市交通设施进行管理
		城市环境	对城市垃圾、城市污水、城市污染、城市固体废弃物等城市废弃物处理设施进行管理
		公共卫生	对公共厕所等公共卫生设施进行管理
		园林绿化	对城市园林绿化设施及相关事项的管理
		能源供应	对能源型公共服务（城市供水排水、供电照明、供气、供热等）设施进行管理
		安全防灾	对消防、防洪、防汛、防震、防台风、防风沙、防地面沉降等安全防灾设施进行管理
		文明建设	城市户外公益广告宣传栏、城市公益活动场所及其附属设施等文明建设设施进行管理
	社会性基础设施管理	商业服务	对菜市场、农贸市场、商业服务中心等政府出资建设的商业服务设施进行管理
		医疗服务	对由政府出资建设的医院、卫生所、社区医疗服务机构等医疗服务设施进行管理
		社会保障	对各类保障居民基本生活的公共服务设施进行管理
		科技研究	对公共科研设施进行管理
		公共交通	对公共交通设施及其附属设施进行管理
		文化教育	对城市公共文化教育设施进行管理
		公共娱乐	对城市广场、公园、公共锻炼、运动场所及其附属设施等城市公共娱乐设施进行管理

注：作者自行提出。

第三，城市整体层级。对各城市管理领域内的管理用表进行合并，编制城市整体层级的管理用表。城市整体层级的管理用表，提供城市整体资产运营状况的相关信息，可作为评估城市政府领导部门的行政绩效的重要参考。

（四）城市管理用资产负债表的信息披露规范

针对城市管理用资产负债表各事项，需要以附注、附录形式披露相关信息，并参照企业财务信息披露制度，制定适用于城市管理用资产负债表的信息披露制度。为避免信息遗漏和格式不统一，可采用城市管理领域-资产责任单位的两级分栏式的公共资产事项记录表（表10-3、表10-4），该资产事项记录表可由指定的城市政府城市管理责任部门统一汇编，并制定相应的信息披露制度。

表 10-3　实物类公共资产事项记录表

城市管理领域	资产责任单位								
公共资产名录	资产基本信息		资产折旧信息		资产维护修缮信息		资产清理信息		资产的负债基本信息	负债偿还情况
	项目信息	价值信息	使用年限	折旧	非资本性事项	资本性事项	政府行为事项	非政府行为事项	负债基本信息	负债偿还情况
××资产	记录资产施工建设单位、验收评估单位、空间位置、建设规格等信息	记录资产入账价值、资产现值等信息	记录资产的预计使用年限、剩余使用年限、资本性维护修缮增加的使用年限等信息	记录累计折旧、本年度折旧等信息	逐项记录维护修缮评估需求单位、实施单位、验收单位、金额、规格、时间等信息	逐项记录维护修缮评估需求单位、实施单位、验收单位、金额、规格、增加使用年限、时间等信息	逐项记录发生原因、时间、资产清理金额等信息	逐项记录发生原因、时间、资产清理金额等信息	记录该资产债务人、债权人、担保人、债务性质、债务违约责任等信息	记录债务还年限、偿还方式、已偿还债务金额、待偿还债务金额等信息

注：作者自行提出。

表 10-4　非实物类公共资产事项记录表

城市管理领域	资产责任单位			
公共资产名录	资产基本信息	价值信息	资产清理信息	
	项目信息		政府行为事项	资产清理信息
××支付项目	记录支付项目的支付对象、支付条件、执行标准等信息	记录支付项目的金额、支付规格、支付时间周期等信息	逐项记录清理原因、清理执行单位、清理金额、清理对象等信息	

注：作者自行提出。

六、城市管理用资产负债表的体制机制

(一)城市管理用资产负债表的运行体制——城市管理委员会

自中央城市工作会议召开以来,中国城市陆续开展城市管理体制改革试点。目前阶段改革的主要内容是整合和调整城市管理职能部门的职责,以解决当前中国城市管理存在的多头管理、权责不清问题。以北京市为例,北京市城市管理委员会成立于2016年7月,通过整合北京市市政市容管理委员会,北京市发展和改革委员会的煤、电、油、气职能及北京市园林绿化局、北京市水务局的部分职能,形成了综合管理与专业管理相结合、多部门共同履行管理职责的城市管理格局。但从目前改革进程看,城市管理委员会仅在体制上整合了城市管理职能部门,城市管理委员会体制下的制度规范、方法工具和管理模式仍然处于改革探索阶段。

遵循城市管理委员会的体制改革思路,城市管理委员会作为城市管理的主管部门,可将城市管理用资产负债表作为基本工具,实行以公共资产管理为核心的城市资产管理模式(见图10-2)。

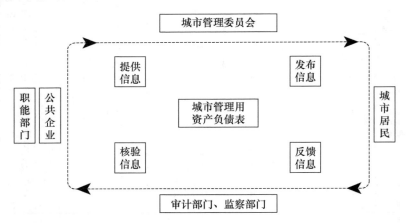

图10-2 城市资产管理模式

城市资产管理模式下,城市管理委员会需要履行如下职能:① 制定城市范围内的公共资产的认定和核验标准,并根据公共资产监管责任原则,确认需要纳入城市管理用表体系内核算的政府职能部门和公共企业范围。② 制定城市管理用表的编制标准和信息披露准则。每年年度末,各微观主体单位根据既定的编制标准,编制本单位的年度管理用表。同时,根据信息披露准则向城市管理委员会披露管理用表内的资产信息。③ 对各主体单位披露的资产信息进

行汇编,对外发布城市管理领域层级和城市整体层级的合并管理用表及相关的附表、附录部分。④ 对接政府的审计部门和监察部门等,根据城市居民的信息反馈对公共资产信息进行核验,针对核验过程中的问题线索启动行政问责。⑤ 基于管理用表的指标体系,考核和评价城市管理领域内的政府部门行政绩效。

(二) 城市管理用资产负债表的运行机制

1. 作为资产存量管理工具,提供城市政府的历史资源配置状况

目前,中国城市政府在制订城市发展计划过程中主要采用预算管理工具,对未来一段时期内的城市建设和城市发展进行预测,并据此决定政府性资源的投入和分配。城市管理用资产负债表可作为公共资产的存量管理工具,与预算管理这一增量管理工具相结合,全面反映城市政府公共资源配置的历史状况和现实条件,为城市政府进行城市管理决策提供更加全面、系统和客观的信息。

2. 形成反映和追溯城市政府的城市管理行为的信息机制

通过公共资产账户下的"资产变动-资产清理-资产终值"体系,形成城市政府的城市管理行为的动态反映机制。

对实物类公共资产进行资本化处理,如采取累计折旧、资本性(非资本性)维护修缮支出,核算实物类公共资产的现期资本价值,压缩了公共资产的寻租空间,有利于规范政府部门和公共企业对于公共资产的运营管理行为。此外,通过对资产清理损失事项的多层级核算(城市管理领域-城市整体),可以反映出政府行为所导致的公共资产损失。例如,城市整体层级的公共资产清理损失,可视为主政官员推行城市发展规划的"影子成本"。

将城市政府实施的转移支付纳入非实物类公共资产核算,能够减少转移支付的制度成本。其中,针对居民和非公共企业的转移支付,纳入政府部门的非实物公共资产核算,并在附表、附录部分进行成体系的信息披露,可以有效减少当前对居民转移支付偏离目标受众的问题;针对公共企业的转移支付,纳入公共企业的非实物公共资产核算和披露,有利于压缩权钱交易空间,减少国有资产流失。

(三) 根据公共资产使用效率指标,考核政府部门和公共企业的绩效

政府职能部门的行政绩效和公共企业的运营绩效,可以采取公共资产运行效率指标,即"公共资产-行政资产/运营资产"比率。对于城市政府内的城市管理职能部门,其首要和核心任务为管理和运营城市公共资产。因此,可将"公共资产-行政资产"比率作为评估政府职能部门运转效率和领导官员行政绩效的参考指标。对于公共企业,由于其承担的公共服务职能的特殊性,无法完全按

照市场机制下企业资产负债表的评价指标来反映企业运营效率（王勇，2007）。我们认为，可参考"公共资产-运营资产"比率，作为反映公共企业运营效率的一项特殊指标。

（四）成为城市居民有序参与城市管理的制度窗口

城市管理委员会可将城市管理用资产负债表的信息披露制度作为制度窗口，构建城市政府和城市居民的对话和行政问询机制，就城市管理用表体系内的披露信息作为行政议事事项，实现城市居民对城市政府的合理监督和城市管理的有序参与。

参考文献

杜金富.政府资产负债表：基本原理及中国应用[J].金融博览（财富），2015(11)：97.

李嘉靖，刘玉亭.城市社区管理模式评析及中国社区管理机制初探[J].现代城市研究，2013(12)：5-12.

麦金尼斯.多中心体制与地方公共经济[M].上海：上海三联书店，2000.

戚艳霞，种金睿，姜国杰.公共财政管理框架下的政府会计改革：理论诠释与制度完善[J].财政研究，2013(11)：67-70.

王枫云.美国城市政府管理体制的演进历程[J].行政论坛，2008(02)：93-96.

王勇.新政治经济学视界中的我国公共企业改革[J].经济体制改革，2007(01)：9-14.

吴一凡，刘彦随，李裕瑞.中国人口与土地城镇化时空耦合特征及驱动机制[J].地理学报，2018，73(10)：1865-1879.

叶林.转型过程中的中国城市管理创新：内容、体制及目标[J].中国行政管理，2012(10)：73-77.

张三保，田文杰.地方政府企业化：模式、动因、效应与改革[J].政治学研究，2014(06)：97-109.

张新民.资产负债表：从要素到战略[J].会计研究，2014(05)：19-28＋94.

周黎安.中国地方官员的晋升锦标赛模式研究[J].经济研究，2007(07)：36-50.

DICKINSON F，EAKIN F. A balance sheet of the nation's economy[M]. Urbana：University of Illinois Press，1936.

第十一章　大部制下城市管理运维资金的预算统筹机制

　　自20世纪80年代,中国便开始进行大规模的行政体制改革,通过对政府各级行政机关的整合,合理配置宏观调控部门职能,来减少机构重叠、职能交叉、政出多门等问题。上海最早提出了地方政府机构大部制改革方案,通过精简行政机构和组成部门,实现大部门体制和扁平化管理。在大部制改革的背景下,各级地方政府也开始了对下属部门进行机构调整和职能整合。2009年,广州市开始实行"大城管"体制改革,规定由城市管理委员会(简称城管委)统一行使城市管理职能,市管理局作为其下属部门,主要承担综合执法职能。这一体制改革改善了原先城市管理各部门设置分散、权责不明、管理低效等问题,实现了城市管理和执法两项职能的统筹合并,明晰了"市-区-街三级联动"的管理格局(陈天祥、吴海燕,2017)。中共北京市委、北京市人民政府于2016年发布了《中共北京市委 北京市人民政府关于全面深化改革提升城市规划建设管理水平的意见》,开始对城市管理部门实施大部制改革。以深入落实首都城市战略定位,治理"大城市病"为重点,不断提升城市治理能力,促进城市治理体系和治理能力现代化,与城市规划管理相关的多个政府部门进行了职能调整与重组。机制改革后,城管委作为统一的城市管理主管部门,全面承担统筹协调北京市城市管理工作的职责,北京城市管理也开始进入"大城管"时代。

　　这种"大城管"模式将原本需要部门间沟通协调的问题内部化,提升了城市管理统筹能力。但与此同时,新成立的城管委承担了统筹城市管理运维资金的职能,在财政资金的协调使用上面临新挑战:如何在优化城市管理领域的行政设置和管理模式的同时,合理、高效配置该领域的预算资金,以实现对琐碎复杂城市管理问题进行统筹的能力,高效协调下属各部门之间的权责和具体行动。统一规划运维资金,优化运维资金预算的统筹和分配机制,对于及时、有效解决每天城市管理过程中遇到的问题具有十分重要的现实意义。

一、中国城市管理运维资金预算统筹的背景

(一) 中国现行预算制度

预算是政府机构实现对有限资源合理分配的重要途径,是政府制订下一年目标与规划过程中的关键一环。政府预算管理体制是划分各级政府的职责、事权和财政收支范围及其管理权限的根本制度,其建立的依据是各级政府的职责与事权。政府预算编制是制订政府财政资金的年度分配计划,通过对预算的严格执行以实现政府阶段性工作目标。通过年度预算的编制,可以进一步明确工作目标和任务,清晰划分权责,避免工作职能的重合与资源浪费;通过预算的有效执行,可以提升管理工作效率,加强对部门办事的监督(刘彦博,2010;王海涛,2014)。在城市管理领域,对现行财政预算制度进行改革,建立与新职能相匹配的预算管理体制,是城管委实现其统筹协调职能的必要路径和必然选择。为了从资金上保障城市管理工作的有序运行,实现运维资金的协调使用,城管委必须建立起财政预算运维资金的统筹协调机制:在预算编制时期,统一规划城市管理各方面的运维资金,并且在财政预算的执行过程中加强监督与管理,为城市管理工作提供全面、科学、高效的资金保障。

中国所采用的预算编制方法按政府层级可以分为中央预算编制、各级地方政府预算编制和政府各类部门预算编制。根据《中华人民共和国预算法》规定,国家实行一级政府一级预算,设立中央,省、自治区、直辖市,地市级(设区的市、自治州),县市级(县、自治县、不设区的市、市辖区)以及乡镇级(乡、民族乡、镇)五级预算,地方各级总预算由本级预算和汇总的下一级预算组成。对于城市政府而言,作为预算的一级、二级预算单位,由本级预算和汇总的下一级预算组成。按照预算编制的主体,市级政府预算包括部门预算和财政总预算。其中,部门预算是指政府部门依据国家有关政策规定及其行使职能的需要,由基层预算单位编制,并通过逐级上报、审核、汇总,经政府财政部门审核后提交立法机关依法批准的涵盖部门各项收支的综合财政计划。部门预算由政府各部门编制,反映部门所有收入和支出。根据预算编制和管理需要,部门预算支出一般

分为基本支出和项目支出。其中,基本支出预算主要包括人员经费和日常公用经费,项目支出则是部门为完成其特定行政工作任务或事业发展目标,在基本支出预算之外编制的年度项目支出计划。①

(二) 城市管理资金预算的编制流程

伴随"大城管"模式在中国各省市的推行,城管委在城市管理领域占据绝对优势地位,对所涉及的经济、社会、文化和政策等方面具有统筹协同权力。然而,在获得更多权力的同时,涉及职能更为繁琐且复杂,为部门预算的制订和运维资金提出了更大挑战。在中国现行财政预算体制下,城市政府收入预算包括一般公共收入预算和政府性基金收入预算。根据每年情况不同,还可能有专户管理的事业收入、上级补助收入、不含专户管理的事业收入、事业单位经营收入、附属单位上缴收入和其他收入(吕凯波 等,2017)。支出则主要分为基本支出和项目支出。其中基本支出用于保障城市管理系统行政事业单位正常运转、完成日常工作任务等,包括人员经费和公用经费。项目支出则与城管委职能对应,用于市属道路清扫保洁、城市环境综合整治、冬季采暖和燃气供应运行保障、城市照明日常运行维护及改造、市管户外广告设施运行维护、地下管线综合协调管理、宣传教育等专项投入等(李春根、吴进进,2015)。

预算是政府运维资金的重要一环,也是各部门在下一年度进行资金分配和使用的基础和依据。从预算编制流程上看,根据中国政府预算管理相关规定,城管委及下属处室、事业单位在进行预算编制时,需按照"两上两下"("一上":单位提出预算建议数;"一下":财政部门下达预算控制数;"二上":单位编报正式预算;"二下":财政部门批复预算)的流程实施。② 在实际操作中,城管委预算编制涉及两个级别的预算单位,在编制时由低一级的预算单位首先进行申报,由城管委汇总后提交给上一级的预算单位。目前,地级市城管委预算编制的具体流程可以大致总结为:① 各个处室每年从 6 月开始根据各自负责的职能向委内提出需求,向财务处申报预算。事业单位则需要经过内部班子会讨论通过并报给主管委领导和财务处。② 城管委财务处依据相关财政政策,综合考量各预算单位提交的预算,并进行初步反馈。③ 各预算单位通过与财务处的沟通,对所申报预算进行调整并再次提交。④ 财务处进行汇总后提交给委内主管领导,主管领导形成意见后,再对各单位进行第二次反馈。⑤ 经过二次调整后,最终形成城管委财政预算的初稿。城管委预算涉及编

---

① 根据 1994 年颁布的《中华人民共和国预算法》相关内容整理。
② 根据中华人民共和国财政部 2012 年 12 月 6 日颁布的《行政单位财务规则》(财政部令第 71 号)第二章相关内容整理。

制流程如图 11-1 所示。

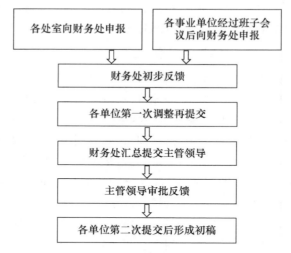

图 11-1　城管委内部预算编制流程图

注：作者自行整理。

基于上述流程，城管委形成预算初稿后提交市财政局审批，经过多次反馈、调整和再次提交，再由权力机关进行审批后方可执行。此外，对于涉及多个部门的大项目，城管委向上级单位申报后，由市政府安排预算到某个牵头部门，再由财政局报给分管副市长，在政府班子讨论和人大确认通过后，于次年执行。基于新一年度的工作计划，城管委在编制预算时将所有下属机关的基本支出和项目支出进行归总与并项。城管委的预算编制过程涉及城市内部多部门之间的协调与运作，也存在下属机构间利益分配与调节的问题，这些均为在大部制背景下的城市管理运维资金提出了更高要求，预算编制改革方向见图11-2。

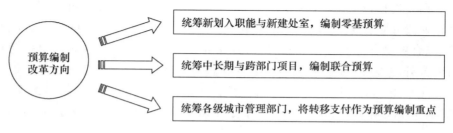

图 11-2　城管委预算编制改革方向

注：作者自行整理。

二、城市管理预算运维资金统筹现状及问题

随着城管委的运维资金统筹机制日趋完善,其规范性的预算编制、清晰的流程、谨慎的操作等能够有力支持城管委内工作的正常运行。虽然现行财政预算制度主要通过下级预算单位根据职能向上申报预算,使财政运维资金分配能够同具体职能单位需求相匹配,但通过城管委的工作职能和实践来看,其管理的碎片化特性不可避免地导致与之相对应的资金存在散碎、分散问题,为财政统筹和维护资金增加了难度。这种碎片化问题的存在,导致运维资金在横向部门间衔接不紧,纵向机构间联系不足,大大影响了资金运作效率和协同能力,也因此限制了城市管理的及时性和有效性。

(一)横向部门衔接不紧,跨部门项目资金难以协调

在城市政府现有部门设置框架下,城市的综合治理往往会涉及多个职能部门的多项具体职能。"强专业性,弱综合性"是这种碎片化管理下城市管理实施方针的典型特征。然而在现实操作中,这种管理机制背后存在的问题逐渐暴露。由于城市管理的琐碎与复杂,往往涉及多个职能部门权责分工、统筹协调。长期以来各部门之间缺乏有效沟通,不仅造成了大量资源浪费,更制约了城市管理效率的提升。

近年来,为了解决这种多部门间的协调与沟通问题,各级城市管理机构做出了不同的尝试。以北京市为例,政府长期以来致力于推动城市管理向扁平化、专业化、精细化方向发展,并形成了目前多部门、专业化的城市管理格局(信娜,2018)。虽然各专业领域内的专业性问题得以高效解决,但一些需要多部门联合解决的综合性城市管理问题,由于缺乏有效的统筹协调机制,部门间缺乏有效的沟通与配合,城市管理效率难以得到持续提升。与此对应,现行预算编制方案职能保障城管委基础工作的正常运行,但对于资金在横向部门间分配权重、对各管理环节的资金投入等问题,城管委运维资金的预算统筹编制存在较大困难。城管委所涉及部门具有多元性,不能简单依据旧财政年度的收支情况进行增量编制,而应充分考虑其复杂性,通过与城市管理工作所涉及的其他部门相互联络,进行跨部门的、中长期项目的联合预算编制。

(二)纵向机构联系不足,政府各层级间财政职能存在缺位、错位现象

城管委下属横向多部门并行产生的管理碎片化问题为城市运维资金预算编制的分项与细化增加了难度,而纵向机构间的协调与传达机制不健全,也使城市管理运维资金在预算制订和具体实施过程中存在重心偏移和滞后等问题。这种纵向联系问题,其根源在于运维机制的系统性不成熟。大部制改革后设立

的城管委只建立在市级及以上政府层面,一些地级市仍保留市城管局,一些区级政府仍保留市政市容委员会等部门(曹丽媛、夏珑,2018)。虽然一些主要的城市管理工作由市城管委统筹,但在一些具体工作事项上仍存在职能上的交叉,进而影响到资金的划拨和分配。城市管理相关区级单位对本辖区内的业务具体负责,因此在实际业务运行过程中、在推进精细化管理过程中如何统筹协调区级城市管理机关的工作,是城管委亟待解决的问题。

城市管理领域涉及的政府转移支付资金主要针对一些特定的重点事项,如与环境建设、副中心建设相关的重大项目,或者大型活动如奥运会、APEC 会议等。这些事项作为城市建设保障的重点项目,资金由城管委制订预算并转移到区县执行。然而在项目具体实施过程中,由于上下部门管辖权限不对应、权责上的统筹和资金上的调控存在职能错位以及在理论上的财政职能与实践中财政部门的事权职责范围不一致等问题的存在,使城管委在实践中很难真正实现市对区的统筹协调,难以实现和下属单位运维资金点对点传递。因此,要实现对城市管理各环节的整体把控,必须有配套的运维资金统筹机制与之相配合。需进一步完善对区级单位的转移支付制度,以保障财权保障事权的合理运行。如在编制其预算时需要认识到这一机构的更新并不只是简单的职能转移,也将作为城市管理运维资金的协调部门。不能仅仅对下级预算单位所申报预算进行汇总,而应当主动担负起协调涉及横向多部门、纵向多级政府的工作职责,通过宏观统筹、统一编制预算,保障各部门、市区之间的联动与合作,解决城市管理的各项琐碎问题。

(三)财政职能碎片化导致城市管理运维资金低效

虽然大城管改革使对城市管理各个事项的统筹得以提升,但由于上下级行政体制不对应、事权与财权不统一等问题的存在,一些涉及多层级部门间沟通协调的城市管理项目的沟通成本反而增加。

管理碎片化不可避免地导致与之相对应的资金散碎、分散问题。虽然各部委有预算编制、执行的权力,但是预算监督由于体制障碍而流于形式。城市管理涉及城市生活的多个方面,其项目覆盖面广、涉及专业领域多等特点在客观上提升了预算编制和运维资金难度。而部室的预算编制人员与基层执法人员之间又缺乏有效的沟通与反馈机制,基层执法每年资金诉求的具体领域存在变动而难以及时上报,预算资金的使用情况也难以被真实、有效地反馈回预算部门。这使得城市管理领域财政资金使用产生两种并存的极端情况:一些项目领域由于资金充足而存在资源浪费;而另一些项目领域则因财力不足而存在职能缺位,甚至一些管理基层单位的工资都不能按时发放(史明霞,2009)。同时,财政职能的碎片化也提升了资金监管难度。对公共权力的有效监管一直是一个世界性难题，而大部制改革使城市管理的职能和权力更为集中，从客观上增加了运维资金过程中产生腐败、道德等问题的风险。因此，为保证大部制改革能够实现其减少职能重复、降低行政成本的目的，提升对各部门的监管强度和维度尤为必要。

此外，城管委与上下级政府缺乏直接对接部门、区级政府仍保留原有的城管局和市容管理委员会，使一些项目资金在下拨与分配过程中会存在"一对多"的问题；相关政策配套和关联部门机构职能对应的缺失，使机构改革在短期内对行政支出成本的缩减效果有限。

三、城市管理预算运维资金统筹机制优化

为解决中国城市管理运维资金所面临的碎片化、低效率、滞后以及横向衔接不紧、纵向联系不足等问题，需要在建立健全运维资金管理模式的同时，借鉴国内外大部制改革过程中城市管理领域的成功经验，通过制定有效的法律法规、实施机制改革等手段，实现城市管理运维资金的统筹和优化。

（一）搭建长效的多层次协调机制

城管委作为统筹机构，首先需在履行主导单位职能的同时统筹事权，这需要通过财权对事权的协调来予以保障。基于现有系统设置特点，要实现对运维资金统筹效率和协同性的优化，需要梳理各相关单位的业务范围、职能权属和可调动资金额度，并在此基础上建立健全可长效运行的多层次协作网络，真正实现城管委对下属机关运维资金的统筹和协调作用。通过搭建这种多层次、高效、有序的多部门、多级单位的资金协同运行系统，提升协作效率，使城管委运营和维护资金的职能得以充分发挥。

多层次是针对城市管理运维资金投向分散、琐碎的现状，通过在城管委这一层级搭建运维资金统筹网络平台，对下属部门单位、各级行政机构和事业单位实施快捷、高效、透明化的资金统筹。其运维资金统筹机制分为三个层次：① 第一个层次是指内部统筹，即城管委内部处室之间需明确各自职能分工，确立各自在运维资金各个环节中的权责范围，以避免权责不清、无人管理、预算资金重复投入或公共资源浪费等现象的发生，同时确保有相关条例或规范作为实施保障。② 第二个层次是城管委与同级政府机关或职能部门（如市发展和改革委员会、市交通委员会、市规划和自然资源委员会、市园林绿化局、市生态环境局、市水务局和市城市管理综合行政执法局等）之间的资金协同。这一层次需要在构建城市综合管理体制基础上明晰部门预算资金，由城管委牵头对各市

级、区级单位具体业务所涉及的运维资金进行统筹和协调。③第三个层次是指上下级单位间的外部统筹。中央政府层面没有专门设置城市管理部门,而是由住房和城乡建设部负责对一些城市管理相关事务的管理;省一级单位设有省域管理部门,对省域内各城市、区、县等进行统筹规划。因此,作为市一级城市管理机关,城管委在实施城市管理职权过程中,也存在与中央、省级对口单位职能衔接以及向下一级区县对口部门政策协同的问题。这涉及对上下级单位城市管理领域行政管辖权责的确认、联动与对接以及对区域整体管理理念和重大治理专项的配合与协同。

(二)横纵联合、明确权责的统筹机制

除搭建长效、多层次的统筹协调机制外,针对城市管理运维资金存在的横向统筹效率低、部门联动灵活性受限以及纵向机构转移支付制度尚不成熟等问题,需重点从职能权属确认和协同机制搭建角度切入,横向上推进构建跨部门联合预算,纵向上建立健全转移支付机制下达和执行,通过横、纵向双管齐下的调节机制,实现对城市管理运维资金统筹机制的优化(见图11-3)。

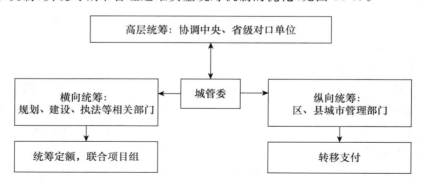

图 11-3　城管委多层统筹协调网络

注:作者自行整理。

1. 横向统筹,建立跨部门联合预算制度

建立跨部门联合预算是提升城市管理运维资金横向统筹能力的路径之一。在运维资金过程中,城管委承担着财政预算资金统筹和市政设施建设综合管理项目资金分配的职责,不仅要履行本部门内部各科室职能,确定各部门内部运营、财务和管理费用,还要牵头处理项目拨款时可能涉及的对外资金在多部门间的统筹协调问题。为了给城市管理领域的运维资金预算过程提供一个更为清晰、明确和持久的协同框架,各相关机构、部门可以通过建立起联合预算模式,并由城管委为这一模式提供一个正式、合法的协议框架,以明确规定各机构的权责、财务报告发布频率、风险管理办法以及进入与退出机制等。为解决涉及多部门的城市管理项目在实施过程中可能存在的部门间职权边界模糊等问题,可以建立多部门协同联动的办事网络,健全跨部门统筹协调机制,提升资金使用效率。

在具体项目资金的运营与维护上,需要搭建一个多部门联合资金网络来加强横向统筹。如建立联合账户或基金,专门为某一个或几个项目提供资金支持和后续服务。由于跨部门联合预算涉及部门众多、流动资金规模大,往往需要相对严格、严谨的监管措施与之相配套。如严格规范协作项目资金申报流程,在资金交付前对项目实施过程进行精细化预算并予以公示;或设置专门的监管机构,如由不直接参与该项目的第三方部门对项目资金进行监管并由所有参与部门互相监督,重点跟踪项目整个实施过程中各环节的支出金额和用途,并对资金流动、支出规模和多余资金回收等方面进行长期性、连续性审查;亦或建立资金联合信息公开机制,以保证财政资金使用过程的公开、透明。

这种跨部门联合模式有助于巩固城管委运维资金统筹机制。通过联合预算降低部门间沟通成本,提高资金统筹效率;通过建立多部门监督机制,提升财政资金使用透明度,避免项目资金"寻租"发生的可能性。为加强部门间协作,增加财政资金使用效率,英国地方政府针对涉及多部门参与的城市管理项目,经常采用这种跨部门协作型预算模式。具体实施的预算形式主要有两种:调整预算(aligned budgets)和合并预算(pooled budgets)。调整预算指两个或以上合作伙伴为了一致的目标而共同努力,对其预算进行综合统计和运营的同时,完整保留各自组织原有的预算和问责体系,从而便于对项目活动进行统筹与协调,并保留各部门一定的项目资金使用自主权。合并预算是另外一种联合预算模式,与调整预算不同之处在于,该模式并非将所有合作伙伴的预算汇总并进行统筹,而是按部门进行资金分类后,针对联合行动项目从涉及部门各自的预算中直接拿出一部分资金,通过建立一个共享的预算池,专门用于为项目提供资金运营和维护(蒋敏娟,2015)。在具体实践中,英国地方政府公共部门大多采用合并预算模式来进行跨部门合作预算。这种协作型预算模式有严格的法律文件规定作为保障,并在多个部门的共同努力下逐步演化而来。凭借良好的信任关系,部门间共享资本有助于实现资金的统筹规划、快捷的决策共享、有效的资源利用和资金的规模效应,可以极大地提升部门之间中长期的协作效率。

2. 纵向统筹,完善对下级单位的转移支付制度

同级政府间横向跨部门协作机制有助于提升运维资金效率,而对于涉及需承接上一级政府对地方的管理或涉及下属区、县政府城市相关管理单位配合作业的项目,建立健全长效的转移支付机制,是作为市级政府机关之一的城管委

提高纵向打通类项目运维资金统筹效率的手段之一。上下级政府间的转移支付常见于地方基础设施建设和公共服务供给项目,是弥补纵向财政不均衡、促进财政均等、鼓励下级政府提供具有外溢性的公共产品和服务、增强政治控制力等的有效手段。完善对基层行政机关的直接拨款或转移支付机制,将城市管理财政运维资金纵向打通,一方面便于直接向下级单位提供定向资金支持,以完成上级政府对区域的整体规划;另一方面有助于提升对下级单位运维资金的统筹监管,避免政府上下层级间由于信息不对称而导致的逆向选择现象,提升资金下拨的精准度。

许多城市管理问题往往涉及多层级政府机关的上传下达与相互协调,财政资金也随之在各层级单位之间分配与运转。为保证城市管理运维资金在此过程中的准确与规范,在纵向上需首先确保统筹机制的高效性。可以通过城管委牵头,联合确定重点项目清单和需要联合预算的项目清单,并根据项目具体目标和内容,对涉及的区、县级机关进行资金转移支付。通过转移支付的方式,以资金为链,加强城管委与各区单位间联系,从而真正实现城管委对各区、县城市管理工作的业务指导职能。监管方面,在明确各部门分工与权责的基础上,设定未参与预算资金使用的第三方机构或设立特定的协调部门来负责资金的监管,同时对转移支付资金具体流向、用途实施把控,确保专款专用。

自20世纪60年代以来,美国联邦政府已逐渐形成了专项拨款和分类拨款并行的财政资金转移支付制度。与其他发达国家不同,美国的转移支付制度更侧重"有条件的拨款",从长期运营与维护角度对地方政府财政资金使用行为进行流量控制,并通过评价地方政府当期运维资金绩效,来决定下一年度的拨款规模。2006年,美国联邦政府建立了"联邦预警资金机制",要求地方政府申请的每一笔拨款都要符合"建立国家事故管理系统"文件中的相关条款和规定,且要对不符合规定的资金使用取消下一年获得该类资金的资格(财政部财政科学研究所课题组,2009)。地方政府被要求必须保证顺从文件中的条款要求,才能获得相应的专项资金支持(王群,2008)。因此,为了争取上级政府的转移支付资金,地方政府有动机通过制定相应的保障政策以及精细化的资金使用条目,以满足上级政府的拨款条件和资金使用规则。美国联邦政府这种有条件的转移支付制度为中国城市管理运维资金的纵向统筹提供了政策性借鉴。这一制度不仅提升了对下级政府资金的统筹监管能力,其建立的约束机制更促进了同级政府之间的关系向跨部门协同方向迈进。在这种预算指导下,地方政府为了获得更多转移支付,会倾向于主动申请进入跨部门协同机制之中,以增加转移支付的获取和使用渠道;同时通过跨部门协作实现运维资金的规模效应,增加本单位资金的利用效率。这种部门间协调机制运转相对流畅,一定程度上解决了权责交叉、多头管理的问题,在提高了行政效率的同时,有助于地方政府在实施城市管理或公共服务供给时服从于上级单位的全域规划,通过运维资金统筹推动政府间沟通协作,实现指导作用。

(三)加强监管联控,提升城市管理运维资金效率

在明确权责划分的前提下,对于需要进行短期整治但又涉及多个部门沟通协作的问题,城管委需要强化统筹与监管机制,避免管理碎片化导致的资金运维过程中可能存在的管理松散、低效问题。对于涉及部门较少的专项项目,城管委可以以问题为导向,组织相关部门代表和该领域的专家顾问成立项目小组,讨论确定解决问题的着力点,以此为阶段性目标设置项目时间节点,为每个节点制订运维资金计划,并严格按照计划执行。

对于涉及多个部门合作的中长期项目,城管委需在明确各级单位的业务范围、职能边界的基础上,设立对项目资金进行保管、运营和维护的专门小组或部门,避免资金使用混乱、重复和浪费等问题的发生,实现资金的高效、精准利月。同时,定期对资金使用情况进行统计公开,供所有参与项目的部门进行相互监督;对运维资金过程中发生的问题进行及时修正与优化,减少失误发生率,完善城市管理运维资金机制。通过构建公开透明的制度环境并提高制度体系的运行效率,弱化乃至消除不合理制度因素干扰,继而保证公共支出结构的动态优化配置。由于城管委项目往往涉及部门多、金额大,为了保证资金运维过程的透明、公开,需要完善并加强监管机制,建立健全预算计划、运营、维护和反馈的完整统筹协调机制。在具体运行过程中,无论是水、电、煤气等能源安排,还是道路交通等基础设施建设,凡需要跨部门协作的城市管理工作,其背后更是涉及关系多方的资金链。要解决这类城市问题,必须建立一套灵活的联合资金网络,来保障相关管理工作的顺利实施。

统筹协调城市管理运维资金,宏观上应当基于各相关单位工作的性质、内容以及政策倾斜,对定额的制订进行统筹规划。对于资金的具体使用,责任需追踪到个人,严格按照预算计划进行支出;对于实际操作与预算存在差异的支出,需要相关部门及时进行说明和报备,并根据具体情况来判定是否追加预算。同时,由于部分城市管理领域的支出过于琐碎复杂,对于超支的部分需要在尊重负责部门专业性的基础上,由职能单位通过具体核算提交相应的定额申请,再由城管委财政部门对申请进行核定。继而对这些申请进行汇总,依据当年的财力与政策,综合考虑城市管理任务目标,邀请相关领域专家进行评估后,确认是否对各单位提出的定额进行调整。在此基础上,将审批结果反馈回负责部门进行核定,以确保资金能够保障城市管理项目完成的进度与质量。对于需增加

额度的项目，应在下一期预算中进行相应调整，实施城市管理方面预算的动态优化。

四、总结与展望

本章通过总结中国城市管理运维资金运算统筹演化历程和编制流程，分析出由于城管委职能的复杂性和职责的多重性，经常存在项目预算涉及部门多、金额大等情况，并由此导致资金使用不透明、不同部门重复投入等一系列城市管理资金运营与维护问题。基于城市政府体制，分析总结了产生上述问题的原因在于横向部门衔接不紧，纵向机构联系不足，并由此导致了跨部门项目的运维资金难以协调、政府上下层级间转移支付滞后和逆向选择等现象。

为了提升城市管理运维资金使用效率，保证资金使用的明确性、透明性和有效性，需要提升城管委在运维资金过程中的统筹地位，在横向建立跨部门联合预算制度，在纵向完善对下级单位的转移支付制度。同时，深化、加强并完善监管机制，对资金进行合理配置，通过追踪资金运营效果反馈，调整对该项目剩余资金的维护方案并修正下一期总预算，形成"计划-运营-维护-反馈-计划"的循环修复模式，实时对相关部门的行为进行监督和反馈。其中，计划环节强调在制订预算的过程中受到权力机关、审计机关的监督；运营和维护环节强调在项目实际实施的各个阶段，建立健全各级部门协同机制，对预算使用进行逐级监控、横纵双向资金统筹和多部门间协商合作，根据项目长短、涉及部门数量或涉及金额规模等方式对城市管理运维资金进行分类化、精细化管理，以针对不同项目目标和需求合理配置资金。在此基础上增加资金管理的反馈环节，重点就城市管理运维资金各项目使用效果进行周期性评估与总结，结合监督效果及时对统筹过程中存在的盲区、误区进行反馈和优化。通过建立健全城市管理运维资金的统筹协调机制，有助于保障城管委统筹协调网络的有序运行，加强对各部门工作的协调监督，从而提高城市管理运维资金使用效率，协助提升城市管理精细化水平。

参考文献

财政部财政科学研究所课题组.我国地方政府债务态势及其国际借鉴：以财政风险为视角[J].改革,2009(01)：5-24.

曹丽媛,夏珑.后大部制时期"超级大部门"的部内协调困境及解决路径[J].天津行政学院学报,2018,20(06)：9-15.

陈天祥,吴海燕.中国地方政府大部制改革模式研究——来自珠三角的调查[M].北京：

社会科学文献出版社,2017.

蒋敏娟.西方协作型预算对我国整体性治理的启示[J].学习与实践,2015(06):60-66.

李春根,吴进进.中央部门预算公开:由完整性和独立性生发[J].改革,2015(11):95-104.

刘彦博.中国部门预算改革研究[D].北京:财政部财政科学研究所,2010.

吕凯波,王聪,邓淑莲,等.国家治理现代化中政府预算公开的转型过程与制度障碍[J].南京审计大学学报,2017,14(05):10-21.

史明霞.中国大部制行政管理体制改革的先导:建设大财政[J].中央财经大学学报,2009(11):1-4.

王海涛.我国预算绩效管理改革研究[D].北京:财政部财政科学研究所,2014.

王群.对于政府预算编制内容和体例的初步思考:美国地方政府预算编制的实践[J].中国民营科技与经济,2008(10):57-59.

信娜.北京城市管理,兼顾"面子""里子"[N].新京报.2018-02-26(A11).

第十二章　城市蔓延发展模式与地方公共财政负担*

一、问题的提出

城市蔓延已经成为全世界多数国家集中关注的热点议题,它本质上体现的是一种以低密度、分散化为核心特征的城市发展模式(Glaeser and Khan,2004)。根据经济合作与发展组织(简称OECD)对29个OECD国家1156个城市的测算发现,自1990年以来,许多国家和城市的蔓延程度急剧上升。因此,为了使城市发展更可持续,必须重新审视城市蔓延背后的原因及其对经济、社会等方面的影响(OECD,2018)。

近年来,随着中国城镇化进程的快速推进,城区面积扩张的速度快于人口增长的速度(江曼琦、席强敏,2015),低密度和分散化的蔓延空间形态亦成为城市空间增长的典型特征(王家庭、张俊韬,2010)。根据《中国城市建设统计年鉴》的数据,2001年中国城区人口35 747.3万人,建成区面积24 026.6平方千米;至2016年,中国城区人口为40 299.2万人,而城市建成区面积却达54 331.47平方千米,在城区人口数量仅实现同比增加12.73%的情况下,建成

---

* 原文刊发于《财政研究》2019年11期,后经作者修改、整理。

区面积的同比增长高达126.13%，出现了人口城镇化严重滞后于土地城镇化的失衡局面。

已有研究发现，这种低密度蔓延的城市发展模式对城市经济、社会、环境等方面产生了一系列的负面影响，其中最为城市与区域政策制定者诟病的是会导致城市公共支出的增加（Carruthers and Ulfarsson，2003；Solé-Ollé and Hortas-Rico，2010）。正如刘尚希（2018）指出，中国正处于快速的城市扩张时期，需要建设大量的公共设施，一些省份甚至出现了教育、医疗、养老等公共财政收不抵支的现象。事实上，根据城市经济集聚的共享（sharing）、匹配（matching）和学习（learning）三大微观作用机制，公共设施是一种可以共享的投入品，城市越紧凑，城市内部的集聚优势和正外部性越高（刘修岩 等，2019）。这为本章的研究提供了有益的启发。目前国内关于城市空间形态对公共财政影响的研究较为稀缺，尤其是对于中国城市蔓延程度不断提高和公共财政压力持续扩大的双重特征事实，两者是否存在一定因果关系？有必要通过定量的实证分析进行检验。如果存在，对于蔓延特征、城市规模等级、城市区位等不同的城市而言，这种影响是否存在显著性差异？探究这些亟待回答的问题，对于厘清城市空间形态对城市公共财政负担的影响效应和作用机制，推进集约高效的新型城镇化模式，确保地方公共财政的长期稳定平衡和健康具有重要的现实意义。

通过对国外已有相关研究梳理发现，城市低密度蔓延是否影响公共财政负担还存在争议，选择地区案例不同、运用研究数据和方法不同的研究结论也不尽相同。当前对于两者关系的研究在数据上以截面数据居多，大样本、长面板数据的分析还比较稀缺，论证过程也较为粗糙，尤其是在稳健性检验和异质性方面的分析还不充分。更为重要的是，已有相关研究忽视了城市蔓延与公共财政负担之间的内生性问题，可能会造成估计结果有偏、结论难以让人信服。

有鉴于此，本章的边际贡献体现在如下三个方面：第一，研究视角上，国内目前就城市蔓延的经济影响主要聚焦在经济增长（秦蒙 等，2019）、工资收入（刘修岩 等，2019）、社会福利（孙三百、万广华，2017）、生产效率（秦蒙、刘修岩，2015）等视角上，但关于城市蔓延与公共财政负担关系的研究视角还比较少，本章为此提供了一个基于新视角的补充，并基于中国2007—2016年260个地级市的城市面板数据进行了实证检验。第二，基于数字高程模型数据提取各地级市的地形起伏度，并用城市地形起伏度乘以市委书记是否为变更后第一年作为城市蔓延的工具变量，以克服城市蔓延与公共财政负担潜在的内生性问题，增强结论可信度。第三，进一步从城市规模、城市区位等方面进行了异质性分析，并对人口收缩型蔓延城市、规划膨胀型蔓延城市和其他类型城市的影响进行了差异比较,增强政策的针对性。

二、理论分析与研究假说

城市空间形态与公共支出之间的关系,是国外城市研究领域的关注焦点之一。正如《2009 年世界银行发展报告:重塑世界经济地理》所指出的那样,距离和密度是影响地区经济发展的重要地理特征(World Bank,2008)。低密度蔓延的城市发展模式,扩大了城市发展骨架的同时,往往需要增加更大量的公共服务设施建设投资,如公路网络以及水、电和污水管线等,来满足居住空间远离市中心区域的居民需求(Carruthers,2002;Benito et al.,2010;Bo et al.,2017),这不利于优化公共设施的空间资源配置,从而不能有效发挥公共品供给的集聚经济和规模经济。Burchell 等(2005)的研究发现,城市蔓延会使通勤距离增加 10%,年均公共服务和住房成本增加约为 8%;Glaeser 和 Ponzetto(2018)的研究也发现,城市低密度地区的人均交通成本更高。相反,紧凑型的城市开发模式则有助于降低城市公共服务提供和维护的成本(Aracil and Padilla,2016)。为了更为清晰地展示,如图 12-1 所示,在一定的人口密度门槛下,蔓延型城市发展模式下阴影面积更宽,意味着通勤距离和道路里程更长,需要更多的基础设施投入成本和交通补贴。所以,在蔓延型城市发展模式下,需要双重基础设施建设和管理维护支出:一方面,人口居住的分散化,需要为向郊区和卫星城迁移的人口提供新的基础设施支持;另一方面,为了更好地留住城市人口和经济主体,需要对旧基础设施进行维护支出,这些费用包括道路、污水、垃圾收集和维护等(Osman et al.,2008)。Hortas-Rico 和 Solé-Ollé(2010)对 2003 年西班牙 2500 个城市的截面数据进行实证分析,并运用分段线性函数方法证实了蔓延与公共服务成本之间的非线性正相关关系。

当然,也有少数研究表明,蔓延程度的不断提高并非总会带来公共财政支出的增加。Ewing 和 Hamidi(2015)总结出紧凑型和蔓延型城市发展模式两者都存在成本和收益。Cox 和 Utt(2004)运用 700 个城市的数据进行实证分析,发现城市蔓延程度与人均公共支出没有显著性差异。而 Ladd(1992)发现公共服务成本与人口密度之间存在 U 型关系。城市低密度分散化的蔓延形态可能带来更多的公共资源以及与建筑环境相关的税费收入,甚至容许城市面积的蔓延可以将更多的人口吸入城市范畴,进而获得更多的国家财政转移支付资金等收益(Hortas-Rico,2014)。

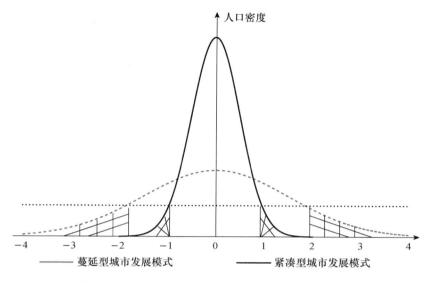

图 12-1 紧凑型城市发展模式与蔓延型城市发展模式

然而,中国的城市蔓延体现了明显的自上而下倾向(Fan and Zhou,2019),根据世界银行的估计,提高中国的城市密度能够节省大约四分之一的城市基建支出①(英卓华,2014)。而向边缘地区快速低密度蔓延,不仅会削弱城市基础设施集中提供的规模经济效应,而且会提高建设、运营和维护成本(国务院发展研究中心和世界银行联合课题组,2014)。常晨和陆铭(2017)通过对中国新城建设的效率进行分析,发现规划密度的提高有利于降低地方政府负债率。这些研究均启示我们,蔓延型城市发展模式会显著提高城市政府的公共财政负担。事实上,牛煜虹等(2013)运用中国 2010 年的地级市层面截面数据,证实了低密度蔓延确实会显著增加政府公共财政支出规模。综上所述,提出以下两个研究假说。

假说1:城市低密度、分散化的蔓延型发展模式会加重地方公共财政负担。

假说2:蔓延型发展模式提高了市政基础设施建设和管理维护支出,这是加重公共财政负担的重要机制原因。

同时,城市蔓延对公共财政负担的影响可能会因城市规模和地理区位差异而不同。从地理区位来看,中国东部区域城市经济发展水平较高,是人口流入的主要区域,现今逐步开始的城市功能疏解和大城市病治理,使城市空间趋于

---

① 例如,在巴黎每平方千米有 133 个十字路口,东京有 211 个,而新建设的北京北部地区只有 14 个,上海浦东新区只有 17 个。

多中心、分散化发展。此外,2003年以后,中国的土地供应指标开始出现偏向中、西部地区和中小城市的政策取向,而东部地区和大城市等人口流入地区的土地供给占比不断下降(陆铭 等,2015),这种土地资源的空间错配对于城市蔓延的影响不言而喻。东部区域城市及大城市大多城市密度较高、集聚效应强,蔓延的空间形态蕴含着空间理性增长的成分,因此可能对于财政负担的影响相对较小。而中、西部和中小城市的城市密度本身就不高,城市蔓延带来的经济增长和城市生产效率损失更为明显(秦蒙、刘修岩,2015;秦蒙 等,2019),进而影响规模经济和集聚正外部性的发挥,加上蔓延的空间需要大规模的公共设施服务建设和支出,公共财政负担更大。因此,提出如下研究假说3。

假说3:城市蔓延对于中西部、中小城市的公共财政负担的影响更为显著。

同时,我们还注意到近年来中国城镇化进程中的另一个新现象——收缩城市,即城市人口的持续流失和经济的衰退。国家发展和改革委员会在《2019年新型城镇化建设重点任务》中首次公开提到了收缩型城市,这说明该类型城市已经进入国家政策规划研究视野。龙瀛等(2015)利用2000年和2010年的中国乡镇街道人口数据识别了180个收缩型城市。本章认为,城市收缩和城市蔓延并非一对对立的概念:城市蔓延一方面可能是因为城市人口的持续外流带来城市密度的降低;另一方面也可能是因为城市规划的膨胀,带来的建成区面积外拓速度远超于城市人口的增加速度。人口收缩型蔓延城市因持续性的人口减少和建成区面积不断扩张的情形,出现了大量闲置的土地资源,如"鬼城"、空城等。新城、卫星城的建设需要大量的财政支出,在没有人口和产业进入的支撑、未能带来稳定持续的资金流入的情况下,无疑会使得公共财政负担加重,进而可能产生大量的地方政府债务。基于此,提出如下研究假说4。

假说4:人口收缩型蔓延城市相比规划膨胀型蔓延城市,城市蔓延带来的公共财政负担更为明显。

三、研究设计、变量选择和数据来源

(一) 研究设计和变量选择

基于前文的理论分析,为了实证检验城市蔓延对公共财政负担的影响,构建如下实证计量回归模型:

$$pfb_{i,t} = \alpha_0 + \alpha_1 si_{i,t} + \gamma \sum X_{i,t} + city_i + year_t + \varepsilon_{i,t}$$

其中,pfb表示的是城市公共财政负担;si为城市蔓延指数,用以反映城市的蔓延程度;X为一系列城市特征控制变量;$city_i$为城市固定效应;$year_t$为时间固定效应;$\varepsilon_{i,t}$为随机扰动项。

(二) 变量选择

1. 被解释变量

财政压力是衡量公共财政负担最为直接和最为常用的指标。本章借鉴唐云锋和马春华(2017)的计算方法，用"(城市公共财政支出－城市公共财政收入)/城市公共财政收入"来测度城市公共财政负担。此外，基础设施的建设和维护成本是城市蔓延影响公共财政负担的中间机制。囿于数据的可得性，这里采用城市市政公共设施建设维护管理支出和市政公共设施建设固定资产投资来进行衡量，为了消除异方差的影响，进行对数化处理。

2. 解释变量

本章的核心解释变量是城市蔓延，采用OECD国家设计的城市蔓延指数(Brezzi and Veneri,2015)，该指数能够很好地捕捉城市蔓延的低密度、分散化特征，反映城市空间的过度扩张形态，具体计算如下：

$$si_i = \frac{urb_{i,t+n} - urb_{i,t} \times (pop_{i,t+n}/pop_{i,t})}{urb_{i,t}} \times 100$$

上式中 i 为第 i 个城市，t 为样本的起始年份，$t+n$ 为样本结束年份，urb 为城市建成区面积，pop 为城市的城区人口数。这里选择2006年为计算基期，求得2007—2016年的城市蔓延指数。

同时，考虑到平均城市密度变化的测量误差，结合城市蔓延的人口分散化特征，原先主要集中在城市中心区的居民和经济活动扩散到城市外围，城市密度和土地利用强度下降。借鉴Li和Liu(2018)的做法，本章以非城区人口占市区总人口的比例来衡量城市空间结构的分散化，作为城市蔓延的另一个测度指标。

3. 控制变量

为了减少因遗漏变量带来的模型估计误差，本章还加入一系列相关控制变量影响因素到实证模型中。结合已有相关文献，本章主要选择经济、社会和政府等方面的因素，具体包括：① 经济发展程度。地方经济发展程度越高，往往财政负担越小，以地区人均GDP来衡量，并做对数化处理。② 居民收入水平。居民的收入水平越高，对城市公共服务需求越多，地方公共财政负担越大。用城镇职工平均工资水平来衡量，并做对数化处理。③ 城市交通条件。城市交通基础设施的建设是城市公共财政支出的重要部分，用人均道路面积来衡量。④ 政府竞争。在中国财政分权的体制下，地方政府存在支出竞争和标尺竞争的双重竞争压力，倾向于大量增加经济性公共品的支出。由于政府竞争主要体现为外商投资的竞争，用城市实际利用外资总额占GDP的比重来衡量(张军等,2007)。⑤ 人口规模。选取市辖区年末户籍人口数以及人口自然增长率两个指标。⑥ 失业情况。Solé-Ollé和Hortas-Rico(2010)的研究发现,失业人口越多,人均公共支出越多,用城镇登记失业人员数来测度。⑦ 产业结构。第二产业和第三产业的发展能够提高税收收入,缓解公共财政负担。分别用第二产业占GDP的比重和第三产业占GDP的比重来衡量。

4. 工具变量

从经济学理论的逻辑来看,蔓延的城市空间形态与公共财政负担存在着不可避免的内生性问题。不可否认的是,公共财政支出的扩大尤其是经济性公共支出的增加往往会带来城镇化进程的推进,进而导致城市空间实体不断地向边缘拓展。所以,城市蔓延与公共财政负担之间存在双向因果关系的问题。鉴于此,本章采用工具变量法来解决该内生性问题。

选取工具变量需要满足外生性和相关性两个基本原则,通常的做法是从地理特征和历史冲击等角度出发,本章亦是遵循这样的思路和逻辑来选取工具变量。封志明(2017)的研究发现,地形起伏度是影响人口居住分布和人口密度的重要因素。城市地形起伏度越大,土地密集开发难度大(Burchfield et al.,2006),城市密度往往越低(林伯强、谭睿鹏,2019),因而可能城市蔓延度越高,满足相关性的原则。而地形起伏度作为自然地理特征的变量,符合外生性的条件要求。因此,本章最终选取1∶100万的数字高程模型数据,通过经纬度栅格提取,最终选择10千米×10千米的为平地面积基本栅格测量单元,并以此为基础逐个栅格计算每个城市的地形起伏度,具体计算公式如下:

$$terrain = \frac{[\max(h) - \min(h)] \times [1 - p(A)/A]}{500}$$

其中,$\max(h)$和$\min(h)$分别表示所选区域内的最高海拔和最低海拔。$p(A)$为测量区域的平地面积,A为测量区域的总面积(即100平方千米)。参照全国地图地貌的划分标准,本章将25平方千米以内最高海拔与最低海拔之差不高于30米的区域界定为平地。

考虑到本章所应用数据为面板数据,因此如果仅仅使用地形起伏度作为工具变量会因城市个体固定效应而无法估计。余靖雯等(2015)的研究发现,市委书记在上任后的第一年会显著提高城市土地出让规模。白燕飞等(2017)的研究亦发现,官员在发生变更后的第一年对于城市空间增长存在显著的正向影响。遵循这一思路,市委书记变更后的第一年往往存在动机大量出让土地,从而可能使得城市蔓延程度更高。由于市委书记的上任是外生给定,城市公共财政负担与其相关性很弱。所以,最终本章选取城市地形起伏度乘以市委书记是否为变更后的第一年作为城市蔓延的工具变量。

(三) 数据来源

本章最终选择了 260 个地级市层面的面板数据进行实证分析，剔除了部分数据缺失较多、受行政区划调整影响、统计误差明显以及自治州城市、直辖市等城市样本。本章中城区人口数量和建成区面积来自 2006—2016 年《中国城市建设统计年鉴》，市政公共设施建设维护管理资金支出、市政公共设施建设固定资产投资的原始数据来源于 2007—2016 年的《中国城市建设统计年鉴》，其他指标均来源于 2008—2017 年《中国城市统计年鉴》中相应的市辖区数据。各主要变量的描述性统计见表 12-1。

表 12-1 主要变量的描述性统计

变量	定义	均值	方差	最小值	最大值
pfb	公共财政负担	1.23	1.65	−0.62	18.01
si	城市蔓延指数	24.14	28.51	−76.31	137.76
nup	非城区人口占市区总人口的比例	0.34	0.23	0.00	0.99
mf	市政公共设施建设维护管理支出（取对数）	11.30	1.46	4.86	16.18
$mfai$	市政公共设施建设固定资产投资（取对数）	11.53	1.49	5.24	16.07
$agdp$	人均生产总值（取对数）	10.65	0.65	8.32	13.05
$wage$	职工平均工资（取对数）	10.54	0.38	8.47	13.26
$road$	人均城市道路面积	11.07	6.10	0.31	71.66
gov	实际使用外资金额占 GDP 的比重	10.93	1.93	1.79	15.69
pop	人口规模（取对数）	4.57	0.71	2.71	7.80
$growth$	人口自然增长率	6.03	5.30	−15.90	48.50
$unemp$	城镇登记失业人员数（取对数）	9.01	1.03	5.56	12.60
$indu2$	第二产业增加值占 GDP 的比重	50.73	11.91	9.74	90.97
$indu3$	第三产业增加值占 GDP 的比重	42.53	11.05	8.58	78.66
$terrch$	地形起伏度×市委书记是否为变更后第一年	0.17	0.46	0.00	3.81

四、实证分析

(一) 基准回归结果

表 12-2 是 260 个地级市层面城市总样本的 OLS 回归结果。第(1)列结果未加入其他控制变量，并控制了城市固定效应和时间固定效应，可以发现城市蔓延对公共财政负担存在显著的正向影响。第(2)和(3)列显示的是在加入了城市经济发展水平、居民收入水平、人口规模等影响因素后的估计结果，同样可

以看出蔓延的城市空间形态会显著加重城市的公共财政负担,研究假说1得到验证。其他控制变量回归结果方面,人均GDP与公共财政负担呈现出显著的负相关关系,这说明城市经济发展水平的提高,有利于扩大财政收入来源,进而减缓地方公共财政负担。居民收入水平的提高,对应城市公共服务供给的需求不断增加,地方政府的公共支出压力相应加大。城市人均道路面积的扩大与公共财政负担呈现出显著的正相关关系,这是因为过去中国基建支出占公共财政的比例较大。而政府竞争与地方政府财政支出竞争、政治晋升竞争等的耦合关系,亦推动地方对于公共支出尤其是经济性、可视性公共品供给的激励。人口规模、人口自然增长率和失业人数规模与公共财政负担呈正向关系,这也意味着人口规模扩大和失业率的提高需要相应扩大公共福利支出规模。第二产业的发展显著减轻了公共财政负担,这是因为工业税收一直以来是中国地方公共财政收入增长的重要引擎,能够有效缓解城市公共财政负担。第三产业的发展对于财政负担的影响为负,在10%的置信水平下显著,这可能是因为第三产业发展集聚性程度高,能够充分利用集中提供公共设施的集聚优势和规模经济,人均公共支出成本较低;同时近些年地方政府的统计数据显示,第三产业税收所占比例逐渐开始保持领先,使得财政收入来源增多。

表 12-2 基准回归结果

变 量	(1)	(2)	(3)
si	0.042***	0.048**	0.027***
	(3.36)	(1.96)	(2.89)
$agdp$		−0.636***	−0.664***
		(−9.25)	(−10.37)
$wage$		0.104	0.084*
		(0.99)	(1.76)
$road$		0.004***	0.012**
		(6.00)	(2.53)
gov		0.034***	0.216***
		(13.36)	(11.74)
pop		0.058***	0.055***
		(8.29)	(6.11)
$growth$		0.000	0.019*
		(0.67)	(1.85)
$unemp$		0.016***	0.015***
		(3.45)	(3.47)
$indu2$		−0.031***	−0.034***
		(−3.89)	(−4.32)

续表

变量	(1)	(2)	(3)
$indu3$		−0.003	−0.001*
		(−1.28)	(−1.72)
常数项	1.405***	9.098***	9.662***
	(34.99)	(10.22)	(11.86)
年份固定效应	YES	NO	YES
城市固定效应	YES	YES	YES
N	2592	2592	2592
R^2	0.078	0.297	0.523

注：***、**、* 分别表示1％、5％和10％的显著性水平显著，小括号里面为 t 值。下同。

（二）稳健性检验

1. 剔除部分城市样本的重新估计

考虑到副省级城市和省会城市在政治地位、行政权限、经济发展水平、政策优惠、财政能力等方面与一般的地级市相比存在一定的优势。为了加强论证结果的稳健性，这里将这些城市样本数据予以剔除。具体结果见从表12-3的第（1）列的回归，城市蔓延指数的估计系数在5％的显著性水平下显著为正。由此可见，这些具有特殊行政级别的城市，并未从本质上影响到城市蔓延对于公共财政负担的正向影响。

表12-3 稳健性检验

变量	剔除部分城市样本	替换解释变量	考虑可能存在的非线性关系	
	(1)	(2)	(3)	(4)
si	0.027**		0.002**	
	(2.04)		(2.24)	
si^2			0	
			(−1.61)	
nup		0.563***		0.706**
		(4.95)		(2.41)
nup^2				0.724
				(0.75)
常数项	8.397***	17.713***	9.235***	8.662***
	(13.30)	(18.01)	(13.32)	(19.55)
N	2234	2534	2592	2534
R^2	0.351	0.344	0.347	0.356

注：以上回归结果均对控制变量、时间固定效应、城市固定效应予以控制，下同。

2. 替换解释变量

城市蔓延的核心特征体现在低密度和分散化，城市蔓延指数的构建主要能够体现人口的低密度化，而对于分散化的特点尚不能充分展示。事实上，城市不断向外蔓延的同时，往往会带来人口向郊区迁移，居住分布变得分散不集中。鉴于此，本章采用城市非城区人口占市区总人口的比例作为城市蔓延的另一个度量指标。表12-3中的第（2）列的结果显示，城市非城区人口比例与公共财政负担存在显著的正相关关系，城市蔓延带来的人口分散化特点不利于集聚经济效益和规模经济的发挥，增加了公共财政负担。

3. 考虑可能存在的非线性关系

尽管前文的研究发现，城市蔓延低密度、非紧凑、分散化的蔓延形态会显著提高公共财政负担，但是这种关系可能是非线性的，即蔓延程度在跨过某个门槛值之后反而可能有助于缓解财政压力。为此，我们在模型中又加入了解释变量的二次项（分别为 si^2 和 nup^2）进行估计。表12-3的第（3）和第（4）列的回归结果显示，不论是城市蔓延指数，还是城市空间结构的分散化程度（非城区人口占市区总人口的比例），二次项均不显著。所以，没有证据表明城市蔓延与公共财政负担存在非线性作用关系，再一次证实了前文估计结果的稳健性。

（三）内生性探讨

考虑到城市蔓延与公共财政负担存在的反向因果关系可能会影响估计的准确性，因为道路、桥梁、高铁等公共投资性支出可能会造成土地扩张速度快于人口城市化速度，导致城市不断向外"摊大饼"式蔓延。所以，这里采用工具变量法处理这种潜在的内生性干扰。如前文所述，本章选取城市地形起伏度乘以市委书记是否为变更后第一年的交互项（$terrch$）作为城市蔓延的工具变量。从表12-4的第（1）列可以看出，工具变量对城市蔓延的第一阶段回归系数显著为正，同时第一阶段 F 值为9.42，大于Stock-Yogo弱工具变量检验15%偏误下的临界值8.96，说明模型不存在弱工具变量问题。第二阶段估计结果表明，城市蔓延显著提高城市公共财政支出负担，且数值相比于基准回归结果更大，说明可能由于内生性的干扰，低估了蔓延对公共财政负担的正向影响。当然，由于第一阶段 F 值为9.42，略小于值为10的经验法则门槛。由于相对于2SLS而言，有限信息最大似然法（LIML）对弱工具变量更不敏感（方颖、赵扬，2011），为了证实基准结果的稳健性，本章亦采用了LIML估计该工具变量的回归结果。表12-4的第（3）列结果同样证实了蔓延会显著推升公共财政负担。

表 12-4　内生性探讨：采用工具变量法的估计结果

变　量	第一阶段 (1)	IV_2SLS (2)	IV_LIML (3)
terrch	0.007*** (2.74)		
si		0.105** (2.15)	0.255** (1.98)
常数项	−274.806*** (−17.04)	−6.993 (−0.43)	−0.346 (−0.41)
第一阶段 F 值	9.42		
N	2310	2310	2310

（四）异质性分析

1. 东、中、西地区异质性分析

这里将基准回归样本重新细分为东部、中部和西部三个地区的分样本，由表 12-5 的回归结果可知，城市的低密度蔓延显著提升了中、西部地区的公共财政负担，而东部地区的估计系数为正数，但是并不显著，研究假说 3 得到了验证。究其原因，我们认为东部地区城市平均经济发展水平较高，是全国人口流入的主要区域，城市的蔓延蕴含着空间理性增长的成分，在人口增长和产业结构不断升级的过程中，带来更多的可利用开发资源和相关税费收入增长，所以并未对财政支出产生明显的负担。同时，从中、西部的估计值比较来看，相比中部地区，城市蔓延对于西部地区城市公共财政负担的影响更大，这可能是因为西部地区城市密度本身就不高，不仅城市的不集约、非紧凑的开发模式削弱了要素集聚的空间外部性，加上许多城市出现了人口流出的现象，使得城市"骨架"拉大的同时，并没有形成持续增长的"造血"机制，使得地方公共财政负担陡增。

表 12-5　东、中、西地区异质性分析结果

变　量	东部地区	中部地区	西部地区
si	0.001 (0.88)	0.017* (1.72)	0.049*** (3.78)
常数项	4.017*** (5.90)	11.919*** (9.94)	2.111 (0.86)
N	803	845	491
R^2	0.444	0.409	0.308

2. 城市规模异质性分析

同时，本章还考察了城市蔓延对于公共财政负担的影响是否会因城市规模

的大小存在异质性差异。按照国务院印发的《关于调整城市规模划分标准的通知》，将城区人口数大于 100 万(包括本数)的城市定义为大城市、特大城市和超大城市(本章统称为大城市)，100 万以下定义为小城市、中型城市(本章统称为中小城市)，具体的分样本回归结果见表 12-6 的第(1)和第(2)列。结果显示，城市蔓延显著提高了中小城市的公共财政支出负担，而对于大城市而言，影响为负值，但是并不显著，这为研究假说 3 提供了经验证据支持。可能的原因是，中小城市在人口吸引力上存在劣势，城市空间的不紧凑开发和土地低效利用，增加了人均公共财政支出成本，但却没有带来明显的财政收入的增加，这种收支不平衡加剧了地方财政负担。而大城市集聚优势明显，城市病问题也日渐突出，因而适度地降低城市密度反而可能有助于降低公共财政负担。

3. 人口收缩型蔓延、规划膨胀型蔓延和其他类型城市的比较

基于前文分析，本章将城市城区人口连续三年或者三年以上出现常住人口减少，且 2016 年城市人口少于 2007 年的城市界定为人口收缩型蔓延城市。将城市建成区面积增长弹性系数连续三年超过 1.12[①]，且城市人口仍处于持续增长的城市定义为规划膨胀型蔓延城市。从表 12-6 第(3)和第(4)列回归结果来看，相比于规划膨胀型蔓延城市，城市蔓延对于人口收缩型蔓延城市的影响更大，估计值显著为正且数值高于基准回归的结果，研究假说 4 得到了验证。这表明人口收缩型蔓延城市因为城市人口流失带来城市密度的下降，但城区面积的扩张和人口的低密度化需要更多的设施建设和公共配套服务，这会更为显著地加剧人均公共财政支出。潜在的政策意涵在于，未来要重点关注人口收缩型蔓延城市的空间规划，重视人口收缩式的城市蔓延带来的潜在地方财政风险。

表 12-6 城市规模和城市蔓延特征异质性分析结果

变量	大城市	中小城市	人口收缩型蔓延城市	规划膨胀型蔓延城市	其他城市
	(1)	(2)	(3)	(4)	(5)
si	−0.001	0.002**	0.219**	0.015**	0.004
	(−0.47)	(2.11)	(2.48)	(2.07)	(0.62)
常数项	7.061***	2.857***	9.250***	8.238***	3.267***
	(3.15)	(3.78)	(13.71)	(10.98)	(4.25)
N	494	1645	202	1626	311
R^2	0.428	0.306	0.347	0.310	0.417

---

① 目前世界上比较公认的城市用地规模弹性系数合理范围是在 1.12 左右，超过这一阈值表明城市土地利用粗放、扩张速度过快。

(五) 机制检验

中国的城市蔓延是与过去在城市边缘区域大肆开发建设新城、开发区、工业园区等进程交织在一起的,本章认为城市蔓延影响公共财政负担最直接的影响机制,主要是提高了基础设施的建设成本(如轨道交通、道路桥梁、大广场大公园、市容环境卫生、供水、供电、供气、排水等)和管理维护支出(如城乡社区规划与管理、市场监管、市政公共设施管理与维护等)。为了检验这一机制,选择以市政公共设施建设固定资产投资和市政公共设施建设维护管理支出作为城市基础设施的建设成本和管理维护支出。从表 12-7 中的第(2)和第(4)列回归结果来看,城市蔓延对市政基础设施固定资产投资和建设维护管理的影响显著为正,这表明城市蔓延与基础设施建设和管理维护支出存在显著的正相关关系,进一步地验证了研究假说 2。

表 12-7 城市蔓延与市政基础设施的建设与管理维护支出

变 量	市政公共设施建设维护管理支出		市政公共设施建设固定资产投资	
	(1)	(2)	(3)	(4)
si	0.011***	0.003**	0.007***	0.002***
	(8.40)	(2.35)	(5.12)	(2.67)
常数项	11.128***	−1.399	11.441***	5.165*
	(250.86)	(−1.35)	(252.51)	(1.94)
控制变量	NO	YES	NO	YES
N	2327	2139	2327	2139
R^2	0.026	0.331	0.013	0.539

五、结论和政策启示

蔓延的城市发展模式是过去中国城镇化进程失衡的突出表现,其对于城市公共财政支出的影响目前还缺乏经验证据。本章基于 2007—2016 年 260 个地级市层面的面板数据,利用城市地形起伏度和市委书记是否为变更后第一年的交互项作为工具变量,实证考察了城市蔓延对公共财政负担的影响和作用机制。研究结果表明:第一,城市蔓延显著增加了城市公共财政负担,该结论在一系列稳健性检验后依然成立。第二,城市蔓延对于中部和西部地区城市、中小规模城市和人口收缩型蔓延城市的公共财政负担更为明显,这也警示中、西部中小收缩型城市潜在的公共财政风险需重点关注。第三,在作用机制上,低密度的增加蔓延提高了城市基础设施的建设和管理维护支出,从而增加了公共财政负担。

基于以上结论,本章的政策启示在于:第一,提高土地利用集约化程度,推进城市发展模式向紧凑化和精明增长导向发展,实现过去以"摊大饼"重外延模式向城市"加密"的内涵式模式转变,从而有利于节省城市公共支出成本,减缓公共财政负担。第二,因地制宜、因城制宜地制定城市发展规划政策,尤其是中部和西部区域、中小城市要革新征地、卖地的城市经营模式,提升城市集聚经济效益;中小收缩型城市则需以存量土地优化为主导,合理引导公共资源和人口向城区集中,走向精明收缩。第三,要充分重视低密度城市蔓延对于基础设施建设和维护管理的投入成本的影响,因而在城市规划中需要注重增强土地城镇化和人口城镇化的协调度,强化城市集聚经济和产业质量提升,走集约、高效的低成本城市开发模式,推动新型城镇化高质量发展。

参考文献

白燕飞,娄帆,李小建,等.地方主官更替与城市空间增长——基于地级市面板数据的分析[J].经济地理,2017,37(10):100-107.

常晨,陆铭.新城之殇——密度、距离与债务[J].经济学(季刊),2017,16(04):1621-1642.

方颖,赵扬.寻找制度的工具变量:估计产权保护对中国经济增长的贡献[J].经济研究,2011,46(05):138-148.

封志明,唐焰,杨艳昭,等.中国地形起伏度及其与人口分布的相关性[J].地理学报,2007(10):1073-1082.

国务院发展研究中心和世界银行联合课题组.中国:推进高效、包容、可持续的城镇化[J].管理世界,2014(04):5-41.

江曼琦,席强敏.中国主要城市化地区测度——基于人口聚集视角[J].中国社会科学,2015(08):26-46+204-205.

界面新闻.刘尚希:财政改革的使命在于推进国家治理现代化[EB/OL].(2018-12-19)[2019-08-06].https://www.jiemian.com/article/2719868_qq.html

林伯强,谭睿鹏.中国经济集聚与绿色经济效率[J].经济研究,2019,54(02):119-132.

刘修岩,秦蒙,李松林.城市空间结构与劳动者工资收入[J].世界经济,2019,42(04):123-148.

龙瀛,吴康,王江浩.中国收缩城市及其研究框架[J].现代城市研究,2015(09):14-19.

陆铭,张航,梁文泉.偏向中西部的土地供应如何推升了东部的工资[J].中国社会科学,2015(05):59-83+204-205.

牛煜虹,张衔春,董晓莉.城市蔓延对我国地方公共财政支出影响的实证分析[J].城市发展研究,2013,20(03):67-72.

秦蒙,刘修岩,李松林.城市蔓延如何影响地区经济增长?——基于夜间灯光数据的研究[J]. 经济学(季刊),2019,18(02):527-550.

秦蒙,刘修岩. 城市蔓延是否带来了我国城市生产效率的损失?——基于夜间灯光数据的实证研究[J]. 财经研究,2015,41(07):28-40.

孙三百,万广华. 城市蔓延对居民福利的影响——对城市空间异质性的考察[J]. 经济学动态,2017(11):32-45.

唐云锋,马春华. 财政压力、土地财政与"房价棘轮效应"[J]. 财贸经济,2017,38(11):39-54+161.

王家庭,张俊韬. 我国城市蔓延测度:基于35个大中城市面板数据的实证研究[J]. 经济学家,2010(10):56-63.

英卓华. 世行称:提高中国城市密度可能节省1/4的基建支出[N]. 中国经济导报,2014-03-29(B01).

余靖雯,肖洁,龚六堂. 政治周期与地方政府土地出让行为[J]. 经济研究,2015,50(02):88-102+144.

张军,高远,傅勇,等. 中国为什么拥有了良好的基础设施?[J]. 经济研究,2007(03):4-19.

BENITO B, BASTIDA F, GUILLAMÓN M D. Urban sprawl and the cost of public services: an evaluation of Spanish local governments[J]. Lex Localis,2010,8(3):245-264.

BO C, XU H, LIU Y. Examination of the relationships between urban form and urban public services expenditure in China[J]. Administrative Sciences,2017,7(4):39-52.

BREZZI M, VENERI P. Assessing polycentric urban systems in the OECD: country, regional and metropolitan perspectives [J]. European Planning Studies, 2015, 23 (6): 1128-1145.

BURCHELL R, DOWNS A, MCCANN B, et al. Sprawl Costs: Economic Impacts of Unchecked Development[M]. Covelo, CA: Island Press,2005.

BURCHFIELD M, OVERMAN H G, PUGA D, et al. Causes of sprawl: a portrait from space[J]. Quarterly Journal of Economics,2006,121(2):587-633.

CARRUTHERS J I, UIFARSSON G F. Urban sprawl and the cost of public services [J]. Environment and Planning B: Planning and Design,2003,30(4):503-522.

CARRUTHERS J I. The impacts of State Growth Management Programs: a comparative analysis[J]. Urban Studies,2002(39):1959-1982.

COX W, UTT J. The costs of sprawl reconsidered: what the data really show[J]. Backgrounder,2004,1770:1-18.

EWING R, HAMIDI S. Compactness versus sprawl: a review of recent evidence from the United States[J]. Journal of Planning Literature,2015,30(4):413-432.

FAN J, ZHOU L. Three-dimensional intergovernmental competition and urban sprawl: evidence from Chinese prefectural-level cities[J]. Land Use Policy,2019,87:104035.

FERNÁNDEZ-ARACIL P, ORTUÑO-PADILLA A. Costs of providing local public services and compact population in Spanish urbanised areas[J]. Land Use Policy,2016,58: 234-240.

GLAESER E L,and KHAN M E,Sprawl and urban growth[J]. Handbook of Regional and Urban Economics,2004,4: 2481-2527.

GLAESER E L,PONZETTO G A M. The political economy of transportation investment[J]. Economics of Transportation,2018,13: 4-26.

HORTAS-RICO M,SOLÉ-OLLÉ A. Does urban sprawl increase the costs of providing local public services? Evidence from Spanish municipalities[J]. Urban studies,2010,47(7): 1513-1540.

HORTAS-RICO M. Urban sprawl and municipal budgets in Spain: a dynamic panel data analysis[J]. Papers in Regional Science,2014,93(4): 843-864.

LADD H F. Population growth,density and the costs of providing public services[J]. Urban Studies,1992,29(2): 273-295.

LI Y,LIU X. How did urban polycentricity and dispersion affect economic productivity? A case study of 306 Chinese cities[J]. Landscape and Urban Planning,2018,173: 51-59.

OECD. Rethinking Urban Sprawl: Moving Towards Sustainable Cities[M/OL]. Paris: OECD Publishing,2018[2020-04-25]. https://oe.cd/urban-sprawl

OSMAN S,NAWAWI A H,ABDULLAH J. Urban sprawl and its financial cost: a conceptual framework[J]. Asian Social Science,2008,4(10): 39-50.

World Bank. World Development Report 2009: Reshaping Economic Geography[R]. Washington D C: World Bank,2008.

第十三章　社会影响力债券：
一个城市多元治理的工具创新*

一、问题的提出

2008年世界金融危机以来,各国政府的财政收入趋于紧张,公共服务支出面临资金短缺困境。对于注重短期绩效考量的政府,有限的资金将优先分配给应急处理项目,用于早期预防性公共服务的长期资金难以获得保障。这种做法使得政府陷入困境:早期预防性项目匮乏将导致社会问题积累,如果问题爆发,政府将花费更多的危机处理支出,政府预防性项目资金将被进一步压缩,由此进入一种恶性循环(陆军、许弘铠,2018)。如何缓解政府面临的财政压力,保障公共服务支出的持续性和稳定供给成为各国普遍面对的重要问题。

在公共服务市场发展成熟的发达国家,社会组织是公共服务的主要提供者以及各种公共问题的解决者。然而,许多社会组织目前都面临着长期发展资金短缺的问题(马玉洁,2014),这严重制约着社会组织的运行范围以及提供公共服务的能力。因此,如何突破经费短缺的条件约束,通过制度和工具创新,提升

---

* 原文刊发于《天津行政学院学报》2020年03期,后经作者修改、调整。

社会组织对公共服务的供给能力、供给效率和服务水平,使其获得长远发展,也成为国内外亟待探讨的重要命题。

2007年,英国最早提出社会影响力债券(social impact bonds,简称SIB)模式。2010年,英国实施了世界首个社会影响力债券项目。当时,为了解决英国监狱刑满释放人员再犯罪率居高不下的问题,英国司法部以非营利机构"社会金融"作为中介发行了首单社会影响力债券,累计从17家基金会和其他社会投资人处募集了500万英镑,交付给拥有专业犯罪干预经验的公益组织圣吉尔斯信托,由其为获释的短期徒刑人员提供康复服务。之后,格林威治大学和莱斯特大学联合组成独立评估团队对该项目进行追踪评估。最后,由英国司法部与英国大乐透基金根据绩效评估结果支付相应费用(刘思凡,2015;毛彩菊,2017)。

自英国发行社会影响力债券以来,美国、加拿大、德国、澳大利亚等国家也相继开展实践。截至2016年,全球已发行60余单社会影响力债券,募集资金约2.16亿美元(普堂哲、陈语,2017)。当前,中国积极引进新的公共服务合作供给模式。2016年12月,我国首单社会影响力债券由山东省沂南县城乡建设发展有限公司成功发行。该项目从数家政策性银行和商业性银行处共募集资金5亿元,统一交付给沂南县"六个一"扶贫工程实施部门具体使用。中国扶贫开发协会作为本债券的第三方评估机构评估项目实施结果,最终由沂南县政府依据评估结果付费(郭沛源、杨方义,2016)。

二、社会影响力债券的内涵与意义

社会影响力债券是一种多方合作伙伴关系,通过协同政府、社会组织、社会资本等多元主体,向社会投资者筹措资金,为公共服务项目建立可用的资金池,做到不需政府支付前期资金即可提供公共服务,解决需要长期大量投资的某些公共问题。社会影响力债券的核心是"为结果付费"(payment by results,简称PbR),是指政府根据实现的社会效果而非依据服务机构的投入或产出,向公共服务提供方付费(Fox and Albertson,2011)。经专业机构评估服务绩效后,只有达到预定目标的项目才能获得全部本金和相应的投资回报。

作为一种新型公共服务合作供给模式,社会影响力债券实现了政府主导的一元管理模式向社会多元治理模式的转型,具有重要价值和积极意义。

第一,社会影响力债券可以缓解政府财政压力,提高资金使用效率。历史上,公共服务领域的项目支出完全由财政承担,政府压力巨大。社会影响力债券模式中,项目所需费用由公共投资承担,政府不再支付前期项目运行费用,只在项目结束后根据服务的社会效果付费,这不仅缓解了政府的资金压力,而且绩效优异的服务项目甚至能够帮助政府节省财政支出(Barclay and Symons,2013)。此外,绩效后付费的设计意味着政府只需要对那些能够实现良好社会效果的服务项目付费,这种将政府的财政开支与社会效果良好的项目直接联系起来的做法也有利于提高政府资金的使用效率(马玉洁,2014)。

第二,社会影响力债券可以合理分担项目风险,增强融资体系稳定性。由政府财政支持的公共服务项目,其投资风险高度集中于政府本身,容易造成融资体系脆弱,一旦政府资金运转出现问题,公共服务项目便难以为继。社会影响力债券作为服务项目的新型融资方式,由政府一元投资转变为社会多元融资,项目的投资风险也被分散到若干社会主体身上(陆奇斌、张强,2013),拓宽的融资渠道增加了公共服务融资体系的稳定性,保障了公共服务项目的资金支撑。

第三,社会影响力债券可以鼓励社会创新,提高公共服务水平。社会影响力债券高度强调绩效导向,PbR的绩效目标和付费机制,有助于服务提供者将企业家精神引入公共服务生产中,通过技术革新、管理创新等节约成本,实现更好的社会效果(曹堂哲、陈语,2017)。服务提供者为达成社会效果目标而投入的创新努力,可以不断提高公共服务供给的质量和效率,解决城市社会问题。

第四,社会影响力债券可以鼓励社会多元合作,充分利用社会资源。社会影响力债券是一种引导多方主体协同参与公共服务供给的新型伙伴关系。在社会资源的利用上,传统的政府财政投资或政府购买服务模式中,为了确保项目顺利开展,政府要投入大量资金和众多资源用于项目监管。但社会影响力债券既可以广泛利用社会资金资源,还可以凭借债券设计,促使投资者为获得高投资回报而主动监督服务提供者(毛彩菊,2017)。

三、社会影响力债券的基本框架

(一) 行为主体

社会影响力债券涉及多元社会主体,主要包括:

(1) 中介机构。中介机构也称项目管理方,其连接政府、服务提供方、项目投资者、第三方评估机构等其他主体,在债券的设立、执行及评估方面发挥重要作用。中介机构的工作包括:① 在项目设立阶段,调研确定需改善的领域,明确社会问题及服务人群,提出有操作性的项目方案;② 考察确定服务提供方和第三方评估机构,谈判确定合作框架;③ 采用金融建模测算项目节省的财政支出,建立项目评价体系,与政府谈判签订合同;④ 向投资者募集资金,将资金支付给服务提供方；⑤ 在项目运行期内与各主体保持沟通，为项目管理、执行等提供技术支持，确保预期绩效目标，定期向投资者反馈项目财务指标及社会效果等情况（陆军、许弘铠，2018）。

（2）政府。作为社会影响力债券的设立者和最终买单者，政府的主要工作包括：① 确定需开展的公共服务项目和社会效果目标；② 选择中介机构，了解参与方信息，与中介机构谈判并签订合作协议；③ 项目结束后，依据评估结果，对照预期绩效目标，确定支付本金和投资回报。

（3）项目投资者。投资者向中介机构购买社会影响力债券，提供开展服务项目的初始资金，保证项目达到预期社会效果（杨燕飞，2016）。社会影响力债券的实际运作中，既可选择对投资者的资格和类型没有特殊规定的公开非定向筹资方式，也可以选择将投资者的资格限定在一定范围内（如规定投资者不能是个人，必须是银行或基金会等）的非公开定向筹资方式（毛彩菊，2017）。

（4）服务提供方。负责具体实施社会影响力债券项目服务。服务质量直接决定项目能否达成预期社会效果，以及政府对项目的最终付费，因此投资者会自动对服务提供方形成监督。

（5）第三方评估机构。负责在服务项目运行过程中及服务完成后，收集相关数据，对服务做出社会效果评价，作为政府付费的依据。绩效评估是债券成功的关键，因此需要第三方评估机构具有较强的能力和专业性，同时具备较强的独立性、客观性和中立性，通常邀请科研院校或行业权威机构等担任评估方。

上述社会影响力债券的行为主体相互之间的关系如图 13-1 所示。

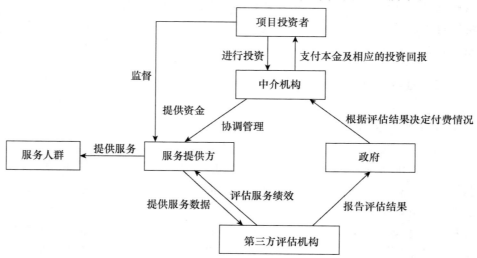

图 13-1　社会影响力债券的行为主体及其相互关系

（二）运作流程

社会影响力债券的运行流程分为三个阶段：

（1）设立项目。首先，中介机构确定干预方案，发起项目需求、合作意向；邀请服务提供方和第三方评估机构；进行金融建模，初步评估项目的财政开支。其次，多方谈判签订合作协议，确定实现项目目标的手段，确定评估策略、评价考核指标、政府付费条件等。最后，吸纳社会投资。

（2）执行项目。首先，拨付社会投资推动公共服务项目运行。其次，协调各参与主体和服务项目，监测并定期反馈项目财务指标和社会效果指标，支持项目的设计、执行、管理（Social Finance，2012）。最后，进行项目跟踪情况调查，开展评估。

（3）项目的评估、付费与存续。首先，评估绩效，衡量是否达到社会效果目标，确定政府向提供方支付本金及投资回报的多少。其次，确定项目存续的选择。决定是由政府接管、以财政拨款方式直接资助项目运行，还是执行一个新的社会影响力债券项目，继续采取多元合作方式提供社会公共服务（马玉洁，2014）。

（三）适用范围

社会影响力债券的适用范围与条件包括：

第一，如果囿于政策法规，公共服务必须限定于某种特定提供方式时，某特定的主体将承担项目的全部风险，此时不适宜采用具有风险分散机制的社会影响力债券模式（Barclay and Symons，2013）。例如，政府绝无可能将国防服务供给分散给具有较高不确定性的社会主体，这存在对国家造成毁灭性打击的风险。因此，《中华人民共和国国防法》规定，国家是国防服务的唯一提供者。

第二，如果项目实施前后的社会效果变化不能被有效测度，基于结果付费的社会影响力债券便无从使用。社会影响力债券用于降低社区盗窃率、降低地区贫困率、降低儿童辍学率等，通常都属于社会效果可测量的项目（程丹艺，2013）。

第三，由于社会影响力债券需要较长的前期筹备时间且在检验效果后付费，对于需要立即投入大量资源开展的自然灾害救助救援服务项目等，更适合于采用政府直接投资而非社会影响力债券融资方式（Barclay and Symons，2013）。

2015年12月出台的《中共中央 国务院关于深入推进城市执法体制改革改进城市管理工作的指导意见》规定："城市管理的主要职责是市政管理、环境管理、交通管理、应急管理和城市规划实施管理等。具体实施范围包括：市政公共设施运行管理、市容环境卫生管理、园林绿化管理等方面的全部工作;市、县政府依法确定的,与城市管理密切相关、需要纳入统一管理的公共空间秩序管理、违法建设治理、环境保护管理、交通管理、应急管理等方面的部分工作。"①其中,公共空间秩序管理和违法建设治理属于城市规划实施管理的一部分,环境保护管理则被归入市容环境卫生管理领域,因此,城市管理的主要内容可归纳为市政公共设施运行管理、市容环境卫生管理、园林绿化管理、城市规划实施管理、城市交通管理和城市应急管理六个方面。其中,城市应急管理的突发性和不确定性较高,不适宜与其他社会主体共同承担风险,较适合于政府独立承办;同时,城市应急管理对响应速度的要求很高,需要在短时间内迅速投入大量资源,也不适合政府延迟支付时间。因此,社会影响力债券适用于城市应急管理之外的城市管理其他领域。

四、社会影响力债券:作为工具创新的应用

(一)作为市场融资工具的应用

当前,政府直接投资、政府购买服务及政府与社会资本合作(public-private-partnership,PPP)模式是城市管理融资的主要形式(陆军、许弘铠,2018)。政府直接投资是指政府财政出资,由政府直接开展城市管理活动和提供相关服务。政府购买服务是指政府将城市管理的相关服务交给具备资质和能力的社会组织来提供,在对提供的服务及其效果进行评估后支付服务费用(魏中龙等,2011)。PPP模式是指政府采取竞争性方式选择具有投资和运营管理能力的社会资本,通过订立合同明确各自的权利和义务,由社会资本提供城市管理活动和服务,政府按照合同约定支付合理投资回报或者由最终消费用户直接向社会资本付费(刘薇,2015)。但这三种融资模式各有问题:第一,政府直接投资模式中,城市管理活动和服务供给高度依赖政府,伴随经济波动,财政融资模式难以为继,融资渠道单一也导致风险高度集中;第二,政府购买服务模式中,财政对社会组织的支持和投入有限,且我国社会组织资源匮乏,社会组织难以实现专业化运作,服务质量难以保证(陆军、许弘铠,2018);第三,PPP模式中,尽管项目运营前期,风险被部分转移到承接项目的社会资本身上,但若政府最终收回项目所有权,风险仍由政府承担;此外,PPP模式下,政府对项目运营情

---

① 中华人民共和国中央人民政府.中共中央 国务院关于深入推进城市执法体制改革改进城市管理工作的指导意见[EB/OL].(2015-12-30)[2019-04-19]. http://www.gov.cn/zhengce/2015-12/30/content_5029663.htm

况的监督和评估并未与实质性的奖惩措施相挂钩,政府仍按项目开始前签订的合同协议向社会资本支付费用,造成政府资金的使用缺乏效率。

社会影响力债券作为一种新型融资工具,在城市管理领域中应用的优势体现在三个方面:第一,其以中介机构为平台,向社会投资者发行债券筹措资金,由此构建的资金池充足且可持续;第二,其既能有效缓解政府财政压力,还将高度集中于政府的项目风险分散给众多社会投资者;第三,以绩效付费的做法有利于提高政府资金的使用效率。作为一种融资工具创新,社会影响力债券能够弥补传统城市管理融资工具的缺陷,具有很高的应用价值。

在此,以城市公共服务和建设项目的资金筹措作为场景,对社会影响力债券作为中国城市市场融资工具的应用进行分析。

首先,在市容环境卫生管理领域,由于我国第三方中介机构发展很不成熟,因此只能选取具有较好信用的政府平台公司作为社会影响力债券的发行机构。平台公司与政府关系密切,在社会投资者中信用较好,因而债券发行利率较低,容易得到投资者青睐。政府平台公司面向社会大众发行社会影响力债券,邀请社会投资者进行投资以筹措所需资金。政府平台公司再将吸收到的资金输送给服务提供方开展活动。例如,在市容环境卫生管理领域,服务提供方主要是城市中的环卫公司,这些环卫公司多为私营企业或国有企业,具体负责城市道路清扫保洁、垃圾处理、固体废弃物收集运输等工作。在社会影响力债券存续期内,政府平台公司对环卫公司工作开展情况进行实时监控,并向项目投资者定期反馈。同时,在市、区、街道三级各自组建市容环境卫生管理督察评价小组,由小组商议确定市容环境卫生管理的考核标准体系,再由小组定期派遣专人对环卫公司开展的市容环境卫生管理工作情况进行考评,得出考评结果作为政府付费依据。在付费阶段,政府根据评估结果向社会投资者支付本金与利息回报,在实际中由政府平台公司转交。

其次,在城市建设项目方面,以城市规划实施管理中的地铁建设项目融资为例。政府平台公司同样可以作为社会影响力债券的发行机构,从社会上吸收资金,再输送给项目建设方用于地铁建设。一般来说,政府平台公司将地铁建设工作委托给城市建设公司具体实施,例如北京地铁四号线被委托给香港铁路有限公司、北京市基础设施投资有限公司和北京首都创业集团有限公司联合建设。在社会影响力债券存续期内,政府平台公司对城市建设公司地铁建设的工作情况进行实时监控并向项目投资者反馈。政府在项目开展前可以邀请城市建设领域的专家学者以及政府有关部门的专业技术人员,联合组成地铁建设考核评价小组,确定地铁建设项目的考核标准体系。在地铁建设项目完工后,由考核评价小组派遣专业技术人员对建成的地铁进行考评,考评结果作为政府付费依据。在付费阶段,政府根据评估结果向社会投资者支付投资回报,实际中由政府平台公司转交。

（二）作为多元治理工具的应用

长期以来,政府在中国城市管理中占据主导地位。尽管近年来政府对社会参与的重视程度越来越高,但政府一元管理的本质并未根本改变。接下来,本章从战略制订和管理实施两个维度透视中国城市管理的现状及问题,以此阐释社会影响力债券作为多元治理工具的应用价值。

首先,在城市管理战略制订阶段,多以政府部门提出相关议题,再由政府在实地调研和平衡多方利益的基础上,研究并制订城市管理的战略草案。然后,政府启动公共决策程序,通过召开专家论证会、公民听证会、公示战略草案等方式,向公众披露城市管理战略内容与相关信息,听取公众意见和建议,但政府仍保留最终决策权。经过多轮论证,政府最终确定城市管理战略方案并付诸实施。但在实践中,上述战略规划制订和实施方式存在诸多问题:第一,政府部门素以供给而非需求为导向提出城市管理战略议题,因此政府制定的城市管理方案经常并不完全符合城市发展或者城市居民生活的真实需求,给城市管理造成不必要的负担。第二,城市管理战略方案的最终决策者多是政府高层管理者,由于存在信息不对称,他们对城市基层情况了解的准确性可能比较有限,从而难以在决策时精准识别城市的真实需求和核心问题,致使城市管理战略在落实和实践中出现诸多不合理。

其次,在城市管理活动的具体实施方面,当前各城市的管理体系,在纵向上分为市、区、街道三级,三个区域层次的任务各不相同。在不同的区域层次上,又根据城市管理业务的不同,组建有相应的城市管理职能部门,这些政府职能部门的工作人员具体负责开展城市管理活动,提供城市管理相关服务。这种城市管理模式在实践中存在一些弊端:第一,政府部门基本是按照公务员考试的要求来录用工作人员,但公务员考试中尚未有针对城市管理及其业务领域的考察和认知,容易造成城市管理职能部门录用的工作人员欠缺专业基础和基本的岗位业务能力。第二,虽然城管职能部门的工作围绕城市管理展开,但由于其仍属于政府隶属部门,日常工作中需要发挥众多的行政职能和处理冗杂的行政事务,对城市管理规律的深入研究以及城市管理专业化运作实务的熟练掌握有所欠缺。

伴随城市管理的主体、条件、诉求和标准的多元化,"合作共治"的趋势日益明朗,社会影响力债券有利于促进城市的协同治理。社会影响力债券打破了传统政府强制命令与管理的治理垄断局面,邀请中介机构、社会投资者、服务提供方和第三方评估机构等共同参与城市治理。在社会影响力债券模式中，政府不再直接承担城市管理的具体活动，仅根据评估结果向提供资金的社会投资者支付投资回报，而具体的城市管理活动则让渡给具有专业能力并与城市基层具有良好接触经验的专业社会机构执行，中介机构负责其间的联络与项目管理。第一，将城市管理活动交付给专业社会机构具体实施的做法，不仅提高了城市管理相关活动和相关服务的专业性，而且由于这些社会机构与城市基层有较多的直接接触，有利于识别出城市的真实需求，从而提高城市管理活动的科学性。第二，通过多元主体的合理分工，各主体能在自己的优势领域内实现专业化运作，这有利于提高城市管理工作的执行效率。因此，作为一种多元治理工具，社会影响力债券能够有效解决传统政府一元管理的弊端，非常适宜在城市管理领域进行应用。

社会影响力债券作为多元治理工具的有利条件包括：第一，社会影响力债券能够成为城市管理多元主体对话和沟通的平台。在市政公共设施运行、市容环境卫生、园林绿化、城市规划实施和城市交通等管理领域，社会影响力债券在城市管理的业务战略制订、方案编制、决策和实施管理的过程中都能够适用。社会影响力债券可以促进城市管理多元主体相互交流与沟通，在充分协商的基础上，集思广益达成城市治理方案的满意解。第二，社会影响力债券能成为城市管理多元主体发挥各自比较优势的载体。在市政公共设施运行、市容环境卫生、园林绿化、城市规划实施和城市交通等领域开展某项城市管理的具体业务时，采用社会影响力债券有助于将城市管理工作进行合理分工，再分别交付给具有专业能力的主体来具体实施。这有助于各社会主体扬长避短，实现专业化运作，充分提高城市管理工作的质量和效率。

在此，以城市规划实施管理作为场景，对社会影响力债券作为中国城市多元共治工具的应用进行分析。从城市规划的编制、决策到执行阶段，均可以结合社会影响力债券开展城市规划与实施的众筹共治项目。第一，城市规划项目的投资周期较长，且所需金额较多，适宜发行社会影响力债券进行融资。在社会影响力债券的发行条件尚不成熟的情形下，可以由政府平台公司作为中介机构，暂时采取非公开定向筹资方式，面向银行等具有较强资本实力的机构融资，作为替代工作启动城市规划项目。第二，政府平台公司面向全球招募具有较强专业能力和丰富经验的专业城市规划机构和专家，组成城市规划团队，由他们在开展基层调研的基础上设计和编制城市规划方案。第三，在城市规划方案的公共决策阶段，政府平台公司定期组织联席会，通过邀请政府相关部门负责人、项目投资方代表、城市规划团队代表、第三方评估团队代表、公民代表等利益相关主体列席，促进多方主体就城市规划草案进行充分的沟通与交流，再通过公共投票表决的方式达成合意,最终确定城市规划方案。第四,由中介机构寻找并鉴别能胜任规划实施工作的城市建设公司,将城市规划的执行工作交由专业机构专门负责。上述城市规划的编制、决策和实施阶段所需的资金可以全部由社会影响力债券融资提供。第五,邀请政府城管部门的负责人和科研院校的相关专家学者等组成评估团队,设计科学的评估指标和评估策略,对外包机构的规划编制与规划实施工作质量进行评估,给出项目绩效评估结果,为政府向项目投资方付费提供参考。

(三)作为监督考核工具的应用

当前,中国城市管理监督考核包括内部监督考核和外部监督考核两类:

第一,内部监督考核。其是政府系统内部对城市管理部门进行的工作监督与考评。当前,它主要通过城市管理职能部门系统的纵向执行层级实现。例如,市城管局对区城管局、区城管局再对基层城管执法队的工作情况进行监督和实施绩效考核。目前,城市管理系统内各职能部门分别实施考核,全市并未设有统一的专门机构负责监督考核工作,由此导致诸多问题:首先,由属于相同系统的一个政府部门监督考核另一个部门,公正性与客观性必然遭到质疑;其次,各职能部门开展监督考核时,通常独立规定监督考核的内容、标准和具体方式,细则的缺乏使得城市管理部门之间的监督考核结果缺乏横向可比性,难以令人信服;最后,当前,监督考核结果以建议形式反馈给城市管理部门,而未与相关责任部门或责任人员的绩效直接挂钩,使得监督考核无法发挥约束效力,难以有效落实。

第二,外部监督考核。是指通过为公众开设多种渠道(如参与公民听证会、拨打政府意见反馈专线电话、在政府网站设置的公民建议反馈专栏留言、到政府上访等),由政府系统外的主体对城市管理部门的工作进行监督考评。但目前,公众监督存在不少问题:首先,"大政府、小社会"的历史传统导致社会主体缺乏积极参与公共事务的习惯,公众大多是被动参与城市管理监督考评;其次,现有的公众参与监督考核的渠道闭塞,不够畅通,经常出现反馈意见无人搭理、政府回应效率低下等问题;最后,公众的监督考核结论通常无法纳入城管工作绩效考评体系,致使公众监督考核缺乏效力。

社会影响力债券凭借巧妙设计,可以成为中国城市治理领域中一种合格的监督考核工具。首先,PbR将形成一个由第三方评估机构引导、通过设计科学评估体系、采取统一标准的项目评估机制,从而有利于提高监督考核的公正性、客观性和科学性。其次,依据评估付费的机制,有助于将项目绩效与费用支付直接挂钩,从而大大提升监督考核的效力。再次,由于项目投资回报直接与社会效果挂钩，这将促使投资者主动参与对城市管理工作的监督，有助于缓解公众被动参与的困境。最后，为了从需求者角度关注城市居民的使用体验，第三方评估机构在监督考评城管工作时，会为公众设置多种渠道反馈评估意见，并将公众监督考核意见纳入项目评估报告中，有助于落实公众意见。

在此，以市政公共设施运行管理作为场景，对社会影响力债券作为中国城市管理的监督考核工具的应用进行分析。市政公共设施运行管理，是对市政公共设施进行日常操作、检查、维修、养护、突发情况处理等的管理活动。社会影响力债券模式可将上述本应由政府城管部门直接承担的工作交付给具有专业能力的城市公司或社会机构执行。具体做法包括：第一，组建政府平台公司或中介机构，面向社会机构和个人发行社会影响力债券募集资金。第二，由政府平台公司采用竞争性方式选择具有管理和运营能力的专业公司（如城市燃气公司、城市供水公司、城市排水公司等）来负责市政公共设施运行管理的具体工作。第三，中介机构在城市公司开展市政公共设施运行管理工作的过程中，对项目运行情况进行定期追踪，并将项目的财务、社会效果等相关指标，定期反馈给项目投资者。第四，项目投资者通过查看项目公示栏信息、拨打专项热线电话、进行实地考察等方式对项目进行监督。第五，在项目评估阶段，中介机构邀请政府相关城市管理部门的负责人和科研院校的专家学者等组成评估团队，设计科学的评估指标和评估策略，收集市政公共设施运行管理过程中产生的数据，对服务提供方的工作情况进行评价。在评价过程中，还可通过设立居民评估网点、线下随机采访等方式，邀请城市居民参与项目评价，并将居民评价结果纳入项目绩效评价体系。第六，第三方评估团队提交项目评价报告，作为政府向项目投资方付费的基础。

五、社会影响力债券应用的保障条件

（一）培养综合性的中介机构

中介机构是协调政府、项目投资者、服务提供方和第三方评估机构的重要组织，其贯穿社会影响力债券设立、执行和评估付费的全程。发达国家多选择专业化运作的第三方社会组织作为社会影响力债券的中介机构。我国中介机构发展滞后，实践中多以政府平台公司作为中介机构。未来应加快培养具备政府治理、金融投资、社会组织服务、绩效评估、项目运营等跨专业知识与综合协调能力的社会中介机构，保证与其他参与主体保持良好合作关系。

（二）积极出台政府支持政策

社会影响力债券的出现标志着公共管理已从政府一元管理转变为社会多

元共治。政府应以立法形式,明确债券的运作流程以及多方主体在项目运行过程中的权利和义务,防止出现管理乱象;政府还可以出台相关政策,让渡一些原本隶属于政府的权力。此外,政府应通过立法禁止合谋行为,确保社会多方主体的利益不受损害(毛彩菊,2017)。

（三）调动社会资本广泛参与

能否获得充足资金是启动社会影响力债券项目的关键。由于社会影响力债券采取公开发行融资的方式,因此需要广泛的社会资本投资。中国社会长期缺乏公众参与传统,无法营造良好的公共参与氛围,且社会资本投资潜力未被充分发掘。未来,需养成公民积极参与社会公共事务治理的风尚与习惯。此外,社会影响力债券具有明显的公共产品特征,可通过出台优惠措施等方式,鼓励具有公共属性的强大社会资本(如基金会等)积极参与投资。

（四）建立健全社会组织体系

社会组织是社会影响力债券设定服务的主要提供者。但当前,中国社会组织数量较少,资源匮乏,无法保证服务质量。为保障社会影响力债券项目的服务能够实现预期的社会效果目标,一方面,应积极培育社会组织成长,扩大社会组织的数量和规模,建立成熟的公共服务市场,确保能够提供丰富且充足的公共服务资源(陆军、许弘铠,2018);另一方面,应提高社会组织的服务供给能力,保证社会组织具备解决相关公共问题的专业经验,同时具备较强的项目执行与管理能力,最终取代政府成为公共服务提供者,将社会影响力债券的设计付诸实践。

（五）提高评估机构专业能力

绩效评估是社会影响力债券项目成功的关键。目前,中国专业从事评估工作的机构的能力与质量参差不齐。未来,首先,应注重培养第三方评估机构的独立性与中立性,确保其有能力客观地采集项目相关数据,评估项目效果。其次,应建立完善的资格认定体系,确保第三方评估机构获得的权威评估资格能够被广泛认可。最后,应注重培养第三方评估机构的绩效评测专业能力,使其具备制订社会效果评价策略、确定项目数据采集方法、设计社会效果评价指标体系、在社会效果未达标时化解可能纠纷等能力(Liebman,2011)。

六、展望

近年来,社会影响力债券在世界范围内广有尝试,方兴未艾。在中国城市治理领域,从"管理"向"治理"的转变体现出多元协同的价值取向,将市场和社会主体的力量引入公共治理领域已成为大势所趋。凭借公共融资和绩效后付费的制度设计,社会影响力债券在城市治理多元主体间结成一种合作伙伴关系,能够弥补传统治理模式暴露的诸多弊病,因而在中国城市治理领域有着广阔的应用前景。但也需注意,社会影响力债券在中国尚处于起步阶段。尽管近年来我国在推进国家治理体系和治理能力现代化方面做出了不少努力,较大地改善了公共治理环境,但中国发展社会影响力债券的条件还较不成熟,在社会组织培育、社会公众参与、多元合作共治等方面相对落后,亟需政府积极支持引导。社会影响力债券的应用标志着城市治理方式的再变革,作为一种创新型的城市治理工具,社会影响力债券将在未来开启公私合作治理的新纪元,推动多元主体协同提供公共服务和解决公共问题走上高效化与精准化的发展道路。

参考文献

曹堂哲,陈语. 社会影响力债券:城市治理的新工具[N]. 中国城市报,2017-04-10(027).

程丹艺. 社会影响债券的发展及其对我国新型社会管理模式的启发[J]. 金融经济,2013(16):117-118.

郭沛源,杨方义. 中国首单社会效应债券评析[EB/OL].(2016-12-29)[2019-03-11]. http://bond.jrj.com.cn/2016/12/29153321906213.shtml

刘思凡. 社会影响力债券离中国有多远?[J]. 中国社会组织,2015(8):61-62.

刘薇. PPP 模式理论阐释及其现实例证[J]. 改革,2015(1):78-89.

陆军,许弘铠. 中国农村养老融资:社会影响力债券方式探索[J]. 地方财政研究,2018(5):42-48.

陆奇斌,张强. 社会影响力债券:政府购买社会服务的创新模式[J]. WTO 经济导刊,2013(7):85-86.

马玉洁. 公共财政支持 NPO 的新视角:社会影响力债券介绍与分析[J]. 中国非营利评论,2014(1):153-168.

毛彩菊. 社会影响力债券:运作模式、优势及风险[J]. 天水行政学院学报,2017(3):3-6.

魏中龙,巩丽伟,王小艺. 政府购买服务运行机制研究[J]. 北京工商大学学报(社会科学版),2011,26(3):32-38.

杨燕飞. 社会影响力债券在社会治理创新中的应用[D]. 成都:西南财经大学,2016.

BARCLAY L,SYMONS T. A Technical Guide to Developing Social Impact Bonds[M]. London:Social Finance Ltd,2013.

FOX C,ALBERTSON K. Payment by results and social impact bonds in the criminal justice sector:new challenges for the concept of evidence-based policy?[J]. Criminology and

Criminal Justice,2011,11(5):395-413.

LIEBMAN J B. Social Impact Bonds:A Promising New Financing Model to Accelerate Social Innovation and Improve Government Performance[M]. Washington D C:Center for American Progress,2011.

Social Finance. A New Tool for Scaling Impact:How Social Impact Bonds Can Mobilize Private Capital to Advance Social Good[M]. Boston:Social Finance Inc. ,2012.

第十四章　城市仪表盘：
城市时点监控与时段评价的新工具

一、城市仪表盘的性质、特征与构建措施

（一）城市仪表盘：智慧城市技术的统筹应用

当前，大量的智慧城市技术被应用到城市的精细化管理工作中。城市仪表盘（city dashboard）是借助智慧城市技术，自动搜集和生成城市实时数据，再通过计算分析，以图形界面将数据生成反映城市实时状态的可视化结果的一种新型城市管理工具。根据 Willard Brinton 的介绍，数据可视化是现代数据分析及仪表盘的前身（Bumblauskas et al.，2017）。城市仪表盘代表嵌入式城市数据平台的一种治理类型。城市仪表盘并非网络基础设施与其他软件系统的技术结合体，它将社会中的技术组合与人的活动通过抽象化的数据加以表示；这个数据表示经由可视化技术，转化为城市管理者和城市居民可轻松识别的图标符号。其图形表示简单明了，便于城市管理者使用。城市仪表盘形式多样，所含内容依据城市管理的实际需求来确定。城市分析型仪表盘和城市推动型仪表盘是城市仪表盘的两种基本类型。城市分析型仪表盘主要用于反映城市的现实状态，其倾向位于城市的单一中心，对城市的不同领域进行监视和分析。

巴西里约热内卢的城市仪表盘即汇集了交通、市政等30多个城市机构的数据（Kitchin，2014）。城市分析型仪表盘可促进市民进行互动。伦敦城市仪表盘，能把伦敦的实时数据传递给市民，帮助市民基于公开信息规划个人行动。城市推动型仪表盘则主要针对城市发展情况、某些具体任务目标的实现情况等，开展横向和纵向的测试和评估等活动（McArdle and Kitchin，2016）。其可在数据库的基础上，依据具体城市的指标进行数据分析，分别获得城市不同领域的仪表得分和城市综合得分，进而再对某一方面进行具体评价。两类城市仪表盘基本相同，均需要大数据的技术支持，两类型之间仅是运算方式与运算逻辑存在差异。城市分析型仪表盘多被城市管理者用于城市的时点监控；而城市推动型仪表盘则主要是针对过去一段时间内的城市时点监控进行绩效评估，再通过时段考评机制激励城市提高精细化管理的能力。

（二）构建城市仪表盘的难点与策略

构建城市仪表盘须做好四项工作：

第一，保证数据质量。数据的质量直接决定着仪表盘数据分析的质量。

第二，保证充足的技术人力资源。专业技术人员规模不足和部分城市管理者无法使用新技术，是两个普遍性问题。人才短缺造成技术人员价格昂贵，数据的规模和可靠性难以保障。一旦造成城市管理决策失误，必将引发市民的不满情绪，危及政府公信力。

第三，约束管理者意志。城市的管理者应时刻清楚哪些是决定和影响城市发展的核心问题。此外，还须建立与城市仪表盘相关的体制内问责机制，杜绝政府出于政治利益考虑抵制使用新技术，避免官员过度干预城市设施建设。

第四，调动市民的参与性。市民如果无法从仪表盘的分析成果中受益，将对政府产生不信任和抵触情绪。因此，通过城市仪表盘实现城市管理者与市民的持续互动，是城市高效和有效管理的工具保障。

针对上述挑战与问题，构建城市仪表盘的对策措施应包括：

第一，政府聘用专业的设计和技术人员，完善与城市仪表盘配套的城市大数据收集系统，确保数据的可靠性。

第二，城市管理者须依据城市或城市群发展的实际需要，来制定城市仪表盘的检测目标，做到有的放矢。

第三，要保障传感器等设备的正常运行、维护和更新，确保城市数据的动态性，令城市管理者和市民双方都能及时了解到真实的城市状况。

第四，充分利用图表、图形、数字等表现形式，保证城市仪表盘视图能够清晰简洁地反映城市现状，确保可以对信息进行可视化监控和性能分析。图14-1展示了伦敦城市仪表盘的构造，从中可清晰地看到城市公交车运行状况、城市地铁运行情况、城市空气质量等关键信息。

第五，城市仪表盘并非简单或通用的可视化，它存在一定的自定义图示，视图可以显示用户关系。城市仪表盘的设计者应详尽了解组织战略、观点、业务流程、决策支持系统及其他相关的优先事项(Matheus et al.，2018)。

第六，作为城市的管理手段以及市民与城市管理者之间的互动工具，仪表盘须增加交互功能，以获得更多的实时信息，支持城市决策。对非实时数据，仪表盘可将其用于大数据统计和相关的现象趋势预测。

第七，仪表盘设计须显现公共参与度、透明度和问责机制等城市的价值观，以便改善社会风貌。

因此，应该确保数据的透明和及时更新。同时，市民可以通过交互功能，对仪表盘数据及相关问题进行及时反映，以纠正城市管理中的弊病。图14-2为中国学者总结的城市大数据采集与运算示意图，图中展示了城市大数据运用的一般框架。

图14-1　伦敦城市仪表盘主页

注：参见 http://citydashboard.org/london/，2020年4月11日访问。

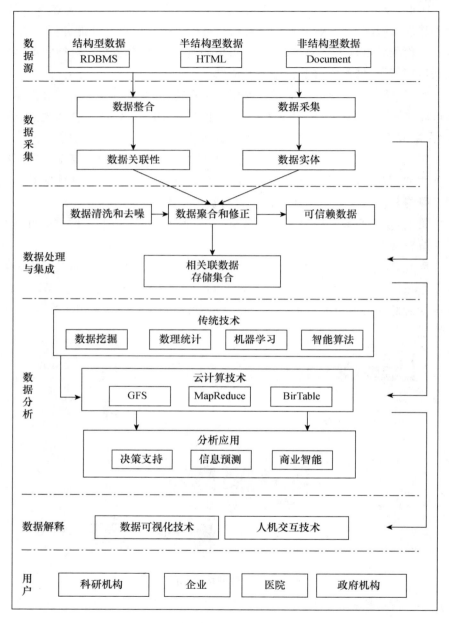

图 14-2　城市大数据采集与运用的示意

参考文献：刘智慧、张泉灵，2014. 经作者整理。

二、城市仪表盘与城市的时点监控

对城市的时点监控主要通过分析型仪表盘来实现。首先,收集可信赖、客观、真实的数据来了解城市当前的状态。其次,通过对城市指标数据的统计分析和可视化表现,降解城市的多重属性,揭示城市的运行和发展模式。最后,城市管理者通过设置测量指标,判断城市发展趋势。经过可视化处理的分析型仪表盘的图形表达识别非常简单,甚至不需要专业知识,仅依靠点击式访问就可理解其内容。因此,分析型仪表盘工具惠及公众,容易吸引市民通过相关客户端参与城市的管理过程(McArdle and Kitchin,2016)。分析型城市仪表盘的使用创造了很多价值。一方面,政府和市民通过城市仪表盘进行决策,透明度和问责机制增强了市民对政府的信任。另一方面,城市仪表盘对市民生成的及政府收集的数据进行分析,分别形成了公众仪表盘和政府内部仪表盘。前者主要用于问责、提高透明度以及市民参与,后者主要用于决策。伴随市民与政府之间互动程度不断加深,市民对政府的信任度不断提高。在此,本章以爱尔兰首都都柏林的城市仪表盘案例进行说明(图 14-3)。

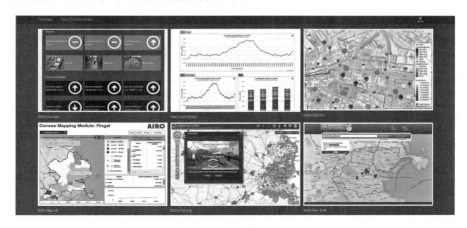

图 14-3　都柏林城市仪表盘主页

注：参见 http://www.dublindashboard.ie/pages/index,2020 年 4 月 10 日访问。

爱尔兰首都都柏林建立了可公开访问的由 12 个模块组成的城市仪表盘,见表 14-1。模块涵盖交通、犯罪率、生活成本、人口等城市不同领域的状态。每一个分组中,时间序列表示都柏林的发展趋势,数据的时间阶段为每月、每季度或每年。此外,城市仪表盘向城市管理者和市民提供了全面的电子地图,使用者可根据需求来放大、添加和删除数据层并控制视图(McArdle and Kitchin,2016),获得更加详细的信息。都柏林的市民还可以通过城市仪表盘的相关模块,向城市政府反映问题,实现城市精细化管理。

表 14-1 都柏林城市仪表盘的组成模块

城市仪表盘模块	对应内容
都柏林概览	为城市管理者提供停车位、水位、住房价格、犯罪率、天气、失业率等数据,使用上下箭头表示趋势
都柏林怎么样	都柏林概况的具体化,包括很多辅助工具。采用折线图等方式描述城市中不同领域的变化趋势
实时都柏林	显示环境与交通情况、主要路段的交通状况、停车场状况、空气质量和噪音指数等
都柏林映射	通过向用户提供全面的地图,显示不同地区犯罪趋势等城市数据的变化趋势
都柏林报告	使市民可以向相关部门提出问题,进行及时的反馈
都柏林应用软件	惠及民生,市民在相关软件中获得诸如路线规划、城市图书馆中藏书等所需的具体信息

注:作者根据都柏林城市仪表盘内容整理。

城市时点监控的首要工作是构建基于智慧城市先进的数据采集分析技术的总体框架。具体的运行步骤包括:

第一,建立城市层面的数据采集分析网络。经由物联网数据搜集形成数据库,按照用途,数据库可划分为公共属性与私人属性两种类型。经过标准化处理后,政府运用公共数据进行内部公共决策。非政府机构或个人则可以访问经过处理的私人属性数据,或对其进行可视化等操作。数据处理结果再被传送到城市管理部门进行决策分析,并通过外部的公众平台进行信息公示。进而决策行为与其结果被物联网再次搜集,形成源源不断的循环体系。

第二,建立四级架构的城市物联网信息结构体系。根据需要可以建立一个四级架构的城市物联网体系来搜集分析信息,具体见图 14-4 所示。其中,底层负责数据生成与搜集。主要通过分布在城市不同设施的不同类型的传感器采集大量数据。中间层 1 主要根据不同站点的类型来选择不同的通讯技术,再通过智慧城市通信技术传播汇总数据。当实时数据传递过来后,中间层 2 主要根据数据类型进行细致的数据处理与分析,然后直接应用于城市时点监控的分析型仪表盘。顶层属于城市仪表盘的具体应用层面,主要负责数据可视化解释。

第三,建立城市时点监控的实施过程。物联网大数据分析层在应用于城市时点监控中的具体实施过程,见图 14-5 所示。

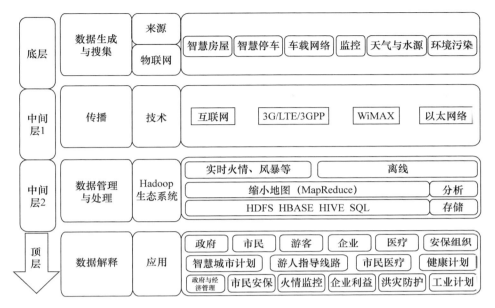

图 14-4　四级架构的城市物联网信息结构体系

参考文献：Rathore et al.，2016. 经作者整理。

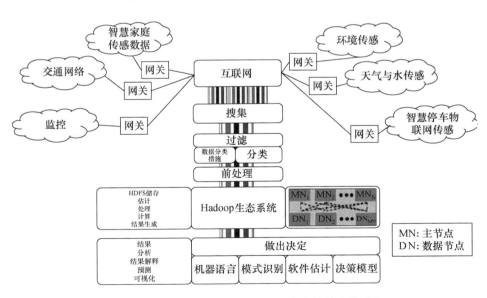

图 14-5　物联网大数据用于城市时点监控的实施过程

参考文献：Rathore et al.，2016. 经作者整理。

第四，建立基于技术支持的城市仪表盘具体内容。城市仪表盘设计有三个主要任务：一是数据的审计，确定数据格式和标准，以符合全球性机构的认可标准；二是确定城市仪表盘中的工具与城市仪表盘风格；三是建立城市仪表盘的初始模型。

第五，确定城市仪表盘的数据来源与数据类型。城市仪表盘包括空气质量、停车区、交通摄像、道路拥堵等诸多方面。首先要确定数据的部门来源，以及获取基础数据部门的技术支持及其可靠性。反映到城市仪表盘上的城市数据包括实时数据和非实时数据，两类数据用处各异。道路上车流的平均速度、城市地区的空气质量等实时数据，反映实时的状态，具有较高更新率；房屋价格、人口状况、人口受教育程度等非实时数据，分别来源于城市的环境部门、统计局等，这些数据汇总到城市统一的指挥部门，形成专门数据库，在仪表盘上以时间序列的方式来展现。两类数据中，实时数据可以通过直接可视化向管理者进行反映；而非实时数据主要通过数据库模型分析，建立时间的趋势图解，向管理者进行反映。市民通过浏览器或者客户端可以得到相关信息，并与管理者进行互动。

三、城市仪表盘与城市的时段绩效评估

城市仪表盘是一种新型城市管理工具，主张利用关键成功因素或关键绩效指标把组织的使命和战略转化为一套平衡的综合绩效衡量标准和具体行动（Nijkamp and Kourtit，2013）。这种管理工具，以客户为导向，建立开放沟通和透明化的信息处理流程。这种开放的沟通存在于城市的仪表盘运作中心，该中心一方面采集自身城市的数据资源，另一方面可以共享该城市之外其他城市的相关数据资源，从而进行内部相关信息的对比和城市间的绩效对比，实现自身的纵向绩效对比以及与"同行城市"进行横向对比。依靠关键指标进行大数据采集，再利用可视化数字技术展现结果，可以获得城市发展的绩效对比结果。

当前，在智慧城市大数据分析和城市商业智能分析技术逐渐成熟的背景下，将城市推动型仪表盘实际应用于城市绩效考核的基本步骤和逻辑是：首先，搜集重要的城市数据，并处理数据形成信息；其次，将信息进一步处理成一系列的可视化知识，供城市管理者依据不同的侧重点来选择可行性的知识，进而依据知识得到具体的政策行动；最后，政策行动的一系列结果被再次转化为数据，从而开始另一个循环。由于城市推动型仪表盘系统兼具及时获得有效信息的能力以及对决策行为的有效性进行监督的能力，适宜反映不断变化中的城市环境。在明确城市推动型仪表盘的工具适用性后，进一步分析城市推动型仪表盘的目标、机制及其体系构建所需的设施基础。城市推动型仪表盘的设计使用依据城市的目的与侧重点进行，其表现形式和内容多种多样。以城市推动型

仪表盘建设城市综合绩效考评系统的关键在于妥善处理一系列关键问题：城市未来的发展方向是什么？城市绩效应该体现在哪些方面？仪表盘的评价指标如何选取？在实际运作过程中如何处理关键性指标和预设目标之间的关系？

城市推动型仪表盘设计与运行的步骤包括：第一，在已经确立的智慧城市的技术支撑框架下，首先对城市的主要价值进行定义，价值定义不仅直接决定了城市仪表盘的宏观意识形态倾向，还直接涉及测量的维度问题。第二，为城市仪表盘确定多维度的合理绩效评价指标。依据城市运行的基本经验，衡量城市绩效应包含经济资本、生态资源、社会浅层构造、地理基础设施和知识资本等关键因素。城市仪表盘在对5个关键因素进行单独评分与比较的基础上，通过算法得到城市的综合得分。在具体应用中，指标可以被继续细分，例如，以在职工人数目、企业服务业员工人数等表示人力资本，然后分别进行编码。此外，为使数据比对更为有效，可以以业务政策相关的城市指标为基础搜集城市数据，来获得广泛属性的数据集。例如，GPCI（global power city index）数据集是由城市战略研究所和Mori纪念基金会共同创建，覆盖全球40个城市的广泛数据，包含70多项指标，覆盖最相关的平衡类别的关键因素。数据在确保每年更新和时空数据覆盖的基础上（Kourtit and Nijkamp, 2018），再进行详细的年度信息汇总。第三，借助GPCI数据集，城市推动型仪表盘可以开展城市间的横、纵向比较。横向比较可按照地区、发展水平等标准进行不同的队列划分，再利用控制变量的方法，让城市管理者可以清晰地了解城市的发展水平及改进方向。为了保障比较分析，要克服数据集缺陷造成的两个影响：一是数据搜集目的不同，进行城市架构评定时，数据与框架可能不一致，需要进行相关的技术调整；二是为了方便国家间、国内城市之间进行比较，需要进行一系列的数据格式转换，甚至有必要进行一个数据格式的统一规定。表14-2为国外学者Kourtit和Nijkamp提出的5个城市关键因素，覆盖经济、社会、生态、地理基础设置以及人力资本。

表 14-2 城市中的关键因素

关键因素	分指标
经济资本（EC）	平均工资、创新能力、创业情况等
社会浅层构造（SS）	人力资本、健康水平、社会凝聚力等
生态资源（ER）	环境污染状况、可用资源、电力消费等
地理基础设施（GI）	公共交通情况、基础设施、网络联通性等
知识资本（KC）	ICT技术设施、大学数量与品质等

参考文献：Kourtit and Nijkamp, 2018. 作者根据相关内容整理。

确定关键考核因素之后，就开始构建城市仪表盘，使其既能衡量城市绩效，又支持城市管理决策。首先，城市绩效仪表盘依赖于智能设施与 ICT 技术，技术投入规模与城市向公民提供服务的质量成正相关关系。其次，政府积极向公民开放推出城市智能服务，在公共服务消费过程中搜集公民公共行为的大数据。最后，对城市管理绩效衡量的结果，是由使用的技术和公民对政府智能服务的满意程度共同决定的。城市仪表盘具有多维属性，不同维度都会产生指标数据。城市管理者可以依据自身的判断对城市属性进行调整。如有学者基于智慧城市提出城市要考量交通机动性、环境、人民、生活、治理、经济等 6 个维度（Giffinger et al.，2017）。在确定了指标、数据和城市仪表盘之后，为了提高城市仪表盘的效率和有效性，建议国内使用统一的软件体系。除了城市仪表盘的设计应更具弹性之外，还要不断增强城市仪表盘的空间灵活性和时间灵活性（Dameri，2017）。空间灵活性可以保障城市仪表盘方法在不同城市间更容易进行推广，以及建立一个面向较大区域层面的体系。时间灵活性使城市仪表盘系统可以支持随时间推移变化的指标。其中部分指标随着城市发展目标和方向调整进行更换，以保障城市仪表盘的设计与城市战略更加契合。

如何确定城市绩效考核指标是发挥城市推动型仪表盘作用的重要基础工作。总体上，城市绩效考核指标应由城市管理者和市民根据城市发展的具体目标与方向共同确定。因此，不同城市的指标体系是有差异的。城市管理者可以明确一系列优势城市模板的指标集作为参考，从中选择最合适指标来衡量城市绩效。表 14-3 归纳了目前全球代表性的优质城市指标集案例。

表 14-3 世界各地优质城市指标集举例

名　称	发行者	内容简介
城市审计 （The Urban Audit）	欧盟委员会； 欧洲统计局	主要涉及城市中的人民生活质量方面（健康水平、教育成果、环境优劣等），包括主要的欧洲国家
		http://ec.europa.eu/eurostat/web/
欧洲共同指标 （The European Common Indicators）	Ambiente 意大利研究所	主要涉及环境方面的相关指标（水源、空气、污染成分、土地消耗等）
		http://www.commonindicators.eu
全球城市指标设施 （The Global City Indicators Facility）	多伦多大学 全球城市研究所	这份指标，发布者并不对其准确性负责，由全球城市通过互联网平台进行信息的共享，包括气候变化、公共卫生、废物处理等内容
		http://www.cityindicators.org

续表

名　称	发行者	内容简介
生活质量报告系统 (The Quality of Life Reporting System)	加拿大城市联合会	报告考虑了城市中的多个层面,根据每个层面的具体内容提出一系列的建议,制定一系列的政策和测量指标 http://www.fcn.ca/home/programs/quality-of-life-report-system.htm
城市数据手册 (The Cities Data Book)	亚洲开发银行	探讨了城市体系的理论、发展以及应用,比较不同城市的需要和愿景 http://www.adb.org
全球城市指标 (The Global Urban Indicator)	ONU	来自联合国人居署,其目标类似于城市智慧化管理的目标,其中的指标容易被城市管理者所采用,主要对象为城市规划、城市化进行等 http://www.unhabitat.org

参考文献：Dameri,2017. 作者根据相关内容整理,访问内容简介下方的对应网址可以进行相关查看。

初步确定指标后,应对其做进一步细分。以应用类型为标准,指标可分为综合性指标、诊断绩效和目标的指标、进行预测的指标等 3 种类型。综合性指标主要用于对城市的总体评价,具体的计算方法是利用权重或者某些单一指标创建新的派生指标。综合性指标是基于区域内部维度的复杂性以及现象的关联性计算得出的,它既可用于城市整体绩效评价,也可用于反映某一维度的绩效评价。诊断绩效和目标的指标,旨在通过提高政策效率或制订更加完善的计划,为解决特定问题提供潜在方案。将得到的相关数据与期望进行比较,进而制定新的政策及解决方案。进行预测的指标,主要用于预测和模拟未来,通过模拟未来城市发展的整体情况,及时发现各类潜在的问题,防患于未然。城市绩效仪表盘的展示如图 14-6 所示：

图 14-6(a)和(b)展示了斯德哥尔摩的城市绩效仪表盘。(a)从左至右展示了斯德哥尔摩与自身的绩效比较、与欧盟其他国家的绩效比较、与部分非欧盟国家的绩效比较。(b)展示了斯德哥尔摩 5 个维度的绩效结果。超过 100% 表示相对过去有进步,低于 100% 则表明绩效表现低于历史。

图 14-7(a)显示了斯德哥尔摩市环境方面各个维度的考评结果。越靠近绿色部分表示绩效越高,目标基本完成;越靠近红色部分表示绩效较低,目标未有效完成。图 14-7(b)显示了本市与其他城市的多维度的比较,由此体现城市目前在相似级别其他城市中的基本水平。

218　城市治理：重塑我们向往的发展

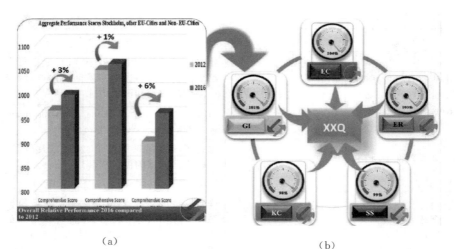

（a）　　　　　　　　　　　（b）

图 14-6　斯德哥尔摩的城市绩效仪表盘

参考文献：Kourtit and Nijkamp, 2018.

彩图 14-7

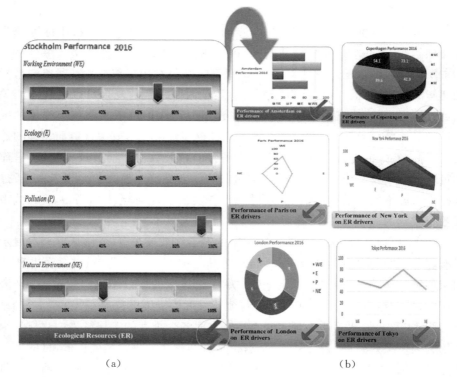

（a）　　　　　　　　　　　（b）

图 14-7　斯德哥尔摩城市环境方面的考评结果

参考文献：Kourtit and Nijkamp, 2018.

四、城市仪表盘方法进行时点监控与时段评价在实践中的改进与应用拓展

（一）城市可持续仪表盘的构建与实施

1. 城市可持续仪表盘的内涵与背景

尽管时点监控与时段评价是城市管理精细化的需要，但分析型和推进型两类城市仪表盘方法，在用于动态性、长期性和复杂程度高的城市管理领域时具有缺陷，有待于对管理模式和可持续发展能力进行评估。可以说，城市可持续仪表盘是对以上两种仪表盘方法不足的一种补救。城市可持续发展的指标和基本特征见表14-4所示。

表14-4　城市可持续发展指标及特征

主要特征	相关解释
多维度	描述社会、经济、文化等不同层面，具备综合性视角特征
支持决策	具备评估主要矛盾并且可支持相关的政策形成
客观性与相关性	指标具有重要意义，同时可以客观反映现实情况
共享性	指标通过信息共享，保证基层管理者顺应地方总体战略

参考文献：Scipioni et al.，2008. 作者根据相关内容整理。

城市可持续仪表盘及相关软件和工具，由意大利伊斯普拉联合研究中心（JEC）研究建立，被广泛地用于对城市或地区的可持续化发展能力进行评估。JEC还提供一系列配套软件供免费使用。与传统的综合指数评价方法相比，一方面，城市可持续仪表盘注重从多个维度考虑可持续发展的宏观指标评定；另一方面，基于特殊性和精确性的原则，展现指标之间的特异性。通常，经济机会、社会福利、环境质量以及"卫生和司法部门"等相关指标，均将根据具体情况而定。该城市仪表盘对每一个对象的数据结果都用颜色进行表示，并以数字和图形的方式进行信息呈现。由于是加权计算的结果，每个指标的面积大小代表其相对重要性，图形颜色代表评估结果。颜色共分为6类，代表1000到0的评分，深绿色为最优质，暗红色为最劣质，灰色为信息不足，剩余为淡绿色、黄色、粉色，级别依次下降。城市仪表盘顶部箭头位置突显每个指标的性能、主题或总体指数。

城市可持续仪表盘被国际组织广泛采用，不同的组织根据不同需求选取指标，构建各自的城市可持续仪表盘。表14-5为美国联邦政府衡量城市可持续发展的维度和要素，包括社会福利、经济机会以及环境质量3个方面。城市可持续仪表盘大大简化了之前的复杂评价方法，结果的展现方式更为直接，对城市管理者的培训成本大幅下降。同时，城市可持续仪表盘实现了分析多样化，

能给客户提供独立的数据结果,并配合图形进行展示,便于城市管理者直观地发现当前城市的优缺点,极大地提高了管理效率。

表 14-5　美国联邦政府的城市可持续发展维度和要素

城市可持续发展维度	城市可持续发展要素
社会福利	健康,安全,地方归属感,获得体面的、负担得起的住房和服务,获得公共娱乐和开放的空间,获得各种运输工具的选择权利
经济机会	一个多元化和有竞争力的地方和区域经济,运输系统以及其他与土地使用相关的基础设施,利用现有资产的增长计划,获得资金与信贷的权利,获得教育的权利
环境质量	有效率的土地使用,可再生能源的使用,浪费与污染最小化处理以及管理,对于气候变化和减轻自然灾害的适应能力和复原能力,碳的高效使用,环境的无害化以及交通环境,多样的自然环境以及生态系统功能多样性

参考文献:Dameri,2017. 作者根据相关内容整理。

2. 城市可持续仪表盘构建与实施步骤

城市可持续仪表盘的构建程序与实施步骤包括:

第一步,确定指标,搜集数据。指标的确定应遵循从国际到国内和从国家到区域再到地方的原则。常用指标可从国际城市经验中获取,但需结合城市特点,对国外的、国家的或区域意义的可持续发展指标进行重新编排。

第二步,整理数据库。不同数据应分门别类归到具体指标下,再将不同指标归类到不同的宏观维度之下,由此建立起覆盖城市以往数据库的城市不同维度的指标系统。

第三步,规范化数据采集。城市数据采集的规范化建设,是城市可持续仪表盘运行的重要保证。数据处理结束后,可以对城市进行不同年份可持续发展能力的纵向比较,以及同一年份不同城市可持续发展能力的横向比较。每一个指标都要统计该城市是上升、稳定还是下降,并判断指标变化和可持续性间的关系,再以表格进行详细化说明。具体见表 14-6 所示。

表 14-6　关系表格举例

指标代码	变化趋势 (增加、减少、稳定)	对于可持续的关系 (正面促进、反面抑制)

参考文献:Scipioni et al.,2008. 作者根据相关内容整理。

第四步,开展评估活动。可以利用城市可持续仪表盘软件进行一系列的评估活动,每一个指标得分分布在 0~1000 的区间中。每个指标的得分将根据权重和宏观可持续发展的维度得分计算,再根据维度得分进行权重匹配(也可以采取平均计算)来得到综合的城市表现得分。图14-8是德国2000年的可持续发展得分的最终结果。德国的可持续仪表盘分为社会、环境、经济和机构等4个层面。其中,上方的弧度箭头表示综合性可持续发展得分;下方的4个圆圈代表每个宏观指标的相对得分。最下方的4个长方形是分开计算的详细结果。最左边的图例是指标介绍,共4个方面,每个方面得分不同,权重相同,一共选取了925个分指标。在环境(Environment)一栏,可以看到其具体的分指标以及各个指标的颜色分级。

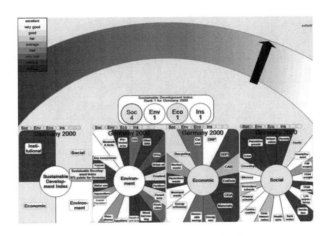

图14-8　德国可持续仪表盘的样本结果

参考文献:Traverso et al.,2012.

对同一个城市,如具备不同年份的指标,则可得到该城市的不同年份的比较示意图,如图14-9、图14-10所示。

(二) 城市仪表盘用于考核方面的指标选择

指标选择是城市仪表盘用于一系列评价考核(比如城市可持续发展、城市目标考核等)的核心环节。目前,自下而上、专家主导、利益相关方共同参与,是城市仪表盘指标确定的主流方式。其有助于通过参与式方法促进关于可持续性指标协同合作机制与开放性协商讨论机制的形成,优先考虑实现各利益相关群体的广泛磋商和达成共识(Sardain et al.,2016)。主要的内容与重点包括:

政府开展相关的筹备。政府主持成立专门的指标征集小组,负责保障指标选择的过程。专门小组负责人员考察,保证从城市管理中的利益相关者集合中,筛选出代表性的政府机构、非政府组织、相关专家等。其中的专家应是主要对象。

222　城市治理：重塑我们向往的发展

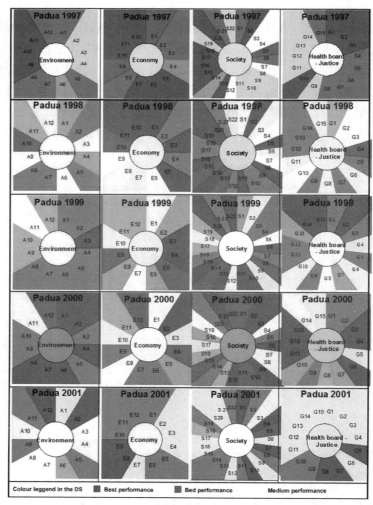

图 14-9　帕多瓦市城市可持续发展的维度比较（1997—2001 年）

参考文献：Scipioni et al.，2008.

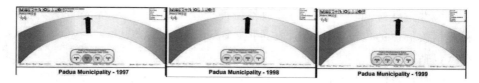

图 14-10　帕多瓦市城市可持续发展综合指数年份比较（1997—1999 年）

参考文献：Scipioni et al.，2008.

具体的指标选择分为三步：一是列出初步的指标选择清单。根据满足相关性、可靠性、客观性、准确性等特征要求，明确什么样的指标是好指标。对初步的指标清单，政府应面向特定人群召开一系列会议或者通过网络调查等手段征求意见。参会人员或受访者分别提供关于可持续性的一系列指标清单，供政府部门配合专业人员进行汇总。二是对候选指标清单进行修改。修改通常以会议形式进行。政府相关人员负责描述指标的特征，解释具备哪些条件才能被认作合适的指标以及这些指标将被分配于城市的哪些维度。通过组织相关的讨论，从而得到指标清单的初步结果。三是最终确立指标清单。在这个环节中，政府的指标征集小组可通过与相关专家研讨，考察其他需要增加的适宜指标，汇总得到最终指标的模拟清单。

关联度和相关性检验。以上三个步骤完成后，再采用统计学技术方法，对所选指标和宏观层面之间的关联度进行分析，并对这些指标和对应维度的相关性进行检验，以及对其他的验证开展排查性工作，以得到城市指标清单，最终得到满足条件的指标。

总体上，城市仪表盘方法在相同的方面使用了相同的运算公式，在数据准确的情况下，测量信度是有保证的。同时，为了保证城市仪表盘方法的效度，制订仪表盘指标时，必须结合城市的特殊性质，来确定和搜集可靠性数据。例如，如某城市渔业发达，则需要安排关于河流的相关指标；如城市具有生物多样性的特点，则需考虑生物和生态的相关指标。此外，对权重的定义以及对指标的权重进行合适的分配，也是城市推进型仪表盘需要考虑的重要问题。

五、城市仪表盘工具有效性的条件

指标、维度、统计分析、可视化等，是运用城市仪表盘方法观察、反映和管理城市的关键词。在方法与工具上，城市仪表盘还需克服一系列挑战，即城市仪表盘方法具有严格的前提与使用条件。仅在满足下列条件的情况下，城市仪表盘方法利大于弊。

第一，一方面，城市仪表盘方法具有很强的弹性；另一方面，以仪表盘技术反映外部世界，必然涉及城市管理者自身关于世界的非客观的改变意愿，受到其政治倾向和思想意识形态的影响。因此，须对政府信息进行透明化处理，让市民的监督和参与行之有效，避免城市管理者暗箱操控。

第二，城市仪表盘构建及指标设计过程中，没有将价值判断作为基础。但作为认知城市的工具，数据的产生过程凝聚了大量人员的讨论和思考，是包含众多个人主观倾向的产物。在本体论上不是一个中性的技术过程，而是一个常规有争议的,会对后续分析、解释和行动有影响的,规范的,政治和道德的过程(Bean and Carol,2000)。

第三,城市仪表盘方法通过数据选择,对城市重塑发挥较大作用。然而,城市的最终考核结果,取决于对数据施加一定的权重。即便权重的轻微改变,也可能导致城市的考核结果发生翻天覆地的变化。因此,为避免社会决策研究过度使用定量指标给城市造成的危害,须构建城市发展的基本控制框架予以限定。

第四,城市指标一旦确立,可能出现管理者为使城市绩效变得更具吸引力,利用政治手段投机取巧,甚至以不正当途径干预城市发展的问题。因此,在构建城市仪表盘管理体系的过程中,应鼓励公民有效参与,推进政府信息公开与官民广泛互动;同时,积极推进防止腐败和违法惩罚的制度体系建设。

参考文献

曹立明.基于云计算的物流公共信息平台体系架构与设计[J].价格月刊,2014(01):53-57.

贡祥林,杨蓉."云计算"与"云物流"在物流中的应用[J].中国流通经济,2012,26(10):29-33.

刘智慧,张泉灵.大数据技术研究综述[J].浙江大学学报(工学版),2014,48(06):957-972.

孙涛,董永凯.物联网产业发展对智慧城市建设影响研究[J].理论探讨,2015(02):86-90.

俞华锋.基于云计算的物流信息平台的构建[J].科技信息,2010(01):443-444.

BEAN C A. Sorting things out: classification and its consequences, by Geoffrey C[J]. Library & Information Science Research,2000,22(4):435-437.

BUMBLAUSKAS D,et al. Big data analytics: transforming data to action[J]. Business Process Management Journal,2017,23(3):703-720.

DAMERI R P. Urban Smart Dashboard. Measuring Smart City Performance[M]//Smart City Implementation. Cham: Springer International Publishing,2017.

GIFFINGER R,et al. Smart Cities-ranking of European Medium-sized Cities[M]. Vienna: Vienna University of Technology,2017.

HASHEM I A T,et al. The role of big data in smart city[J]. International Journal of Information Management,2016,36(5):748-758.

HOLDEN M,PIRES S M. The minority report: social hope in next generation indicators work. Commentary on Rob Kitchin et al. 's "Knowing and governing cities through urban indicators,city benchmarking, and real-time dashboards"[J]. Regional Studies, Regional Science,2015,2(1):6-28.

KITCHIN R,MAALSEN S,MCARDLE G. The praxis and politics of building urban dashboards[J]. Geoforum,2016,77:93-101.

KITCHIN R. The real-time city? Big data and smart urbanism[J]. GeoJournal,2014,79(1):1-14.

KOURTIT K,NIJKAMP P. Big data dashboards as smart decision support tools for i-cities-an experiment on stockholm[J]. Land Use Policy,2018,71:24-35.

LI D,et al. Geomatics for smart cities-concept,key techniques,and applications[J]. Geospatial Information Science,2013,16(1):13-24.

MATHEUS R,JANSSEN M,MAHESHWARI D. Data science empowering the public:data-driven dashboards for transparent and accountable decision-making in smart cities[J]. Government Information Quarterly,2018(1):7.

MCARDLE G,KITCHIN R. The dublin dashboard:design and development of a real-time analytical urban dashboard[J]. ISPRS Annals of Photogrammetry,Remote Sensing and Spatial Information Sciences,2016,4(1):19-25.

NIJKAMP P,KOURTIT K. Cities:A Blessing in Disguise, New Urban World Future Challenges:What Model of Development for the Moroccan City?[C]. Rabat:Royal Institute for Strategic Studies(IRES),2013.

NOWICKA K. Smart city logistics on cloud computing model[J]. Procedia-Social and Behavioral Sciences,2014,151:266-281.

QUWAIDER M,AL-ALYYOUB M,JARARWEH Y. Cloud support data management infrastructure for upcoming smart cities[J]. Procedia Computer Science,2016,83:1232-1237.

RATHORE M M,et al. Seungmin Rho. Urban planning and building smart cities based on the Internet of things using big data analytics[J]. Computer Networks,2016,101:63

RECUPERO D R,et al. An innovative,open,interoperable citizen engagement cloud platform for smart government and users' interaction[J]. Journal of the Knowledge Economy,2016,7(2):388-412.

SARDAIN A,TANG C,POTVIN C. Towards a dashboard of sustainability indicators for Panama:a participatory approach[J]. Ecological Indicators,2016,70:545-556.

SCIPIONI A,et al. The dashboard of sustainability to measure the local urban sustainable development:the case study of Padua municipality[J]. Ecological Indicators,2008,9(2):364-380.

SHAHANAS K M,SIVAKUMAR P B. Framework for a smart water management system in the context of smart city initiatives in India[J]. Procedia Computer Science,2016,92:142-147.

TRAVERSO M,et al. Life cycle sustainability dashboard[J]. Journal of Industrial Ecology,2012,16(5):685-688.

第十五章　城市最优管理区：分区思路与体系构建*

　　城市，是非农业产业和非农业人口在一定空间和时间聚集形成的较大居民点，是社会分工和商品经济发展到一定阶段的产物，其在空间上的结构是人类社会经济活动在空间的投影。随着时代的发展和城市化进程的加快，城市在国家发展中起到的作用也在不断丰富和深化，不再仅因经济、政治、军事等宏观目标而存在，更重要的作用是作为生活空间而存在，为居民提供"可居住的城市"氛围。然而，在城市迅速发展和功能增进的过程中，人口规模空间分布不均、交通拥堵、环境污染等问题也接连暴露，限制了城市的发展和居民生活满意度的提升。产生这些现象的原因，除人口和产业的过度集聚外，也有城市管理低效、粗放等问题。作为城市基础单元的街道，辖区小而分散，使得公共产品供给范围被空间阻隔，辖区属地管理存在服务的重复供给或管理资源浪费等不经济现象。为解决这些问题，使居民在城市中享受到便利、舒适的生活氛围与公共服务，欧美发达国家率先将日本企业精细化管理理念引入到城市管理中，从强化城市政府管理的角度，提出改善目前现状的策略。城市最优管理区正是基于这一理念提出，基于不同城市的管理目标和规划，从公共管理角度对城市进行优化分区，并实施精细化的、有针对性的措施，以保证城市功能的有效发挥和管理

---

* 原文刊发于《城市发展研究》2020 年 03 期，后经作者修改、整理。

效率的提升,实现政府对城市的有效管理。

一、最优管理区构建理论

最优管理区的构建原理源自西方最优货币区理论。该理论最早由 Mundell(1961)提出,认为现有的空间界限从经济角度不一定是货币效率最高的边界,甚至限制了货币的规模效益,并认为应从经济与贸易效率角度,对区域边界进行重新界定。同时提出,劳动力和资本的空间可流动性是设定理想货币区的前提。这一理论很快得到了相关领域学者的认同,并先后从经济学的不同理论角度对货币区的界定标准予以补充:McKinnon(1963)认为应以经济开放程度为依据划定最优货币区,而 Kenen(1969)则认为以产品多样化为基础的固定汇率设计更加稳定。欧元区的建立便是对这一理论的最佳实践,其突破了国家行政边界的限制,降低了要素空间流动成本,提高了区域间贸易自由度,为建立开放型、区域型经济体提供了地理区划构想。本章提出的最优管理区构建框架正是借鉴了这一理论构想,但与其侧重经济效益的出发点不同,最优管理区的设计主要从公共管理角度出发,以期通过对区域界限的淡化或重新界定来实现对区域现状的改进。不同于经济学中追求的帕累托最优,管理中所强调的"最优",主要指在公共管理角度能够同时维持内部和外部均衡管理的地理区域,在兼顾经济效益与公平、满足城市社会稳定和可持续发展的同时,实现管理效率最大化的区域划定。

最优管理区的构建思路,则主要借鉴西方国家的街区管理模式。街区是指由城市道路划分的建筑地块,也是构成居民生活和城市环境的基本面状单元。其英文为 block,由商业(business)、休闲(lie fallow)、开放(open)、群众(crowd)和友善(kind)5 个单词的首字母缩写构成,充分体现了街区在城市管理过程中所起到的作用与职能。在城市管理中,街区起到对区域实施统一管理、功能组织的角色(糜毅 等,2016)。借鉴街区制的目的,旨在打破中国现有街道管理小而分散的限制,通过最优化手段将具有行政属性的街道整合形成管理区,针对不同管理区特点实施具有针对性和精细化的管理体系,有助于提高管理效率,使城市各种功能得以充分发挥,实现城市公共资源共享与功能融合,营造富有活力的城市氛围。

二、优化城市管理区划意义

对管理边界的重新划定,政治差异是重要障碍之一(Mundell,1961)。虽然在中国,对城市的区划不存在政治壁垒,但行政权属与管辖边界的约束却也是最优管理区规划时所不可避免的。街道是中国城市最小行政单元,在城市管理中承担着重要职能,然而由于空间布局小而分散,且存在地理位置与资源禀赋的差异,不同街道具有不同特征与管理目标,从公共管理角度制约了政策实施效率,不利于进行精细化、均衡化管理。为了在不破坏城市行政权属的前提下实现城市管理优化,以中国城市的最小行政单元——街道作为管理区划定的基础元素,通过最优化手段对划定标准的设定与叠加,将城市街道进行有目的的排列组合,实现城市公共资源共享与功能融合。这种管理区最显著的特征在于结合中国现有行政区划特点,通过最优化方法对城市街道进行管理整合:其在行政职能上低于市而高于街道,形成介于二者之间、起沟通协调作用的中间层级管理部门;其构建意义在于通过优化管理边界,从区域划定角度实现城市管理优化,既不违背现有行政权属,又能够在功能、管理效率以及公共服务等层面实现区域的相互促进与共赢(Fernamdez and Rogerson,1997)。整合后形成的管理区,一方面通过不同的优化方法划定出管理的最优边界,另一方面通过对街道辖区有目的的统筹管理,形成公共服务供给的规模效应,推动区域一体化发展。

三、最优管理区的体系构建

街道与城市之间存在一种相互作用的联动关系:城市建设的多样化需求需要采用不同整合模式与之相适应,而管理模式又转而对城市或特定片区的发展有制约或促进作用,二者相辅相成,不可分割。为了更好地实现对城市的有效治理,促进行政职能与功能性发挥的协调统一,在充分考虑所有影响因素的基础上,以街道为基本单元,结合各区域特点和管理目标,将管理区分为基础管理区、标准管理区、公共管理区与政策管理区四级,区域层级间相互依托、逐层递进、逐步精细,对每层管理区的构建原则和方法逐一界定(图15-1)。

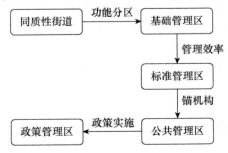

图15-1 城市最优管理区划定逻辑与依据

注:作者自行绘制。

（一）基础管理区

假设在管理区构建之前，城市各街道为均质的、无差别的基础行政单元。基础管理区是从公共管理角度对城市实施管理优化的基础层级，是在不违背现有行政体制的前提下，通过对街道的功能性合并，实现对区域的统筹与规模化管理。

1. 构建思路

基础管理区以街道为单位，对地理临近且具有相似功能的街道进行整合，并基于整合后管理区的主要功能导向，制订相应管理目标并实施精细的、有针对性的管理。通过对不同功能区的目标、重点、机制管理划分，以期使城市各个区域管理得以高效运转，最终实现城市管理最优状态，实现城市经济、居民福利、治安与生态水平的协调与发展。基础管理区的设计是基于功能分区角度对管理区边界进行的基础划分，划定后的区域具有统一的、存在相对优势的主导功能，便于对该区域实施统一化、精细化管理，也为管理区的边界优化分析奠定了基础。

2. 构建方法与手段

土地作为一切生命活动的载体，兼具自然资源、生产要素和财产等多种功能（Lemmen et al.，2015），是城市管理体系中不可或缺的一环。基础管理区主要以土地功能为依托，将地理临近的街道合并为功能性管理区，各区形成有特色、有针对性的管理模式，便于行政管理和资源的有效组合，促进管理的高效与统一。由于地理位置和土地性质不同，街道为内部或周边区域居民所提供的公共功能也存在差异。因此，在进行基础管理区构建时，基于国内外街道整合经验，以《城市用地分类与规划建设用地标准》(GB 50137—2011)中对城市土地类型的分类标准为依据，将管理区分为居住区、商业区、生产区、人文绿化区和公共设施区等（表15-1），通过将地块功能分布在空间上具有集聚性和相邻特征性的街道进行整合，形成系统化的功能区体系。

表 15-1　城市功能分区划分对照

功能分区	用地类型
居住功能区	R
商业功能区	C2,C3,C4
生产功能区	M,W
人文绿化功能区	G,C7
公共设施功能区	C1,C5,C6,C8,T,S,U,D

注：根据《城市用地分类与规划建设用地标准》(GB 50137—2011)相关内容整理。

3. 管理目标与侧重点

为凸显管理区功能和相对优势,针对上述不同功能区的管理目标与侧重点,实施区域差异化、专门化管理。

(1) 居住功能区。

居住功能区是居民在城市中居住与活动的主要区域,如北京市海淀区西三旗街道和清河街道,其功能是为居民提供居住场所和相关生活服务,维护社区治安稳定。由于这类区域人员密集、个体异质性强、人口结构复杂,因此对该类区域的管理,归根结底是对人的管理。通过精细化管理模式,以街道为单位采用"化整为零"的管理方式,重点保障居民日常生活需求和治安安全,注重个体偏好差异,提高区域治安安全和服务便利,最终实现安居乐业,提高居民幸福感的目标。

(2) 商业功能区。

商业功能区大多是写字楼、卖场等商业建筑的集中区域,楼宇密集、寸土寸金、地价高、生活节奏快是该类管理区的显著特点。对交通的疏导和应急事件、污染事件的及时处理是该区域公共管理的主要目标,需在保证其功能和服务有效开展的同时,及时调整和疏解区域人口,通过建立发达的交通网络,加快人口流动,缓解交通和公共设施压力。对于规模相对较小的商业区,更多强调其服务功能的实现,保证商业服务的辐射度和影响范围。同时,增加商业区间联动关系,保证对区域居民商业服务的充足供给。

(3) 生产功能区。

生产功能区是指为了保持生产能力和经济竞争力,生产类企业倾向于集聚分布,在城市中形成的工业区、产业园、技术园区和高新区等各类生产型企业园区。对于这类企业集聚的基础管理区,管理的主要目标是保障生产力水平并兼顾环境保护:一方面,结合城市发展定位和产业需求,在区域内进行合理产业布局、调整产业结构,并通过积极的招商引资政策鼓励相关企业入驻,以保持城市生产实力和对要素的吸引力;另一方面,以实现可持续发展、提高城市综合竞争力为出发点,充分协调区域内经济发展与环境保护之间的关系,减少对城市的污染。

(4) 人文绿化功能区。

与商业功能区的经济性导向不同,人文绿化功能区更侧重于对环境的保护和对现有设施的维护,保证街区的生态稳定和资源可持续利用,为城市提供绿化景观,为居民提供舒适、多彩的生活环境。这一类型区域可分为两类:一类是生态绿化,如公园、湿地、绿地和棕地(包括部分城市内部存在的农田、耕地等)等;另一类是人文建筑,如历史文物、古迹和博物馆等。为保持城市可持续发展，防止经济资源与人才的流失，应在人文绿化类区域做好对环境问题的实时监控，避免出现人为破坏行为和火灾隐患；将现代化技术与自然保护充分融合，为城市提供宜居的居住环境，提高居民生活体验。

（5）公共设施功能区。

公共设施功能区涉及政府办公楼、供电供水和公路机场港口等用地类型，因均具有公共物品性质，需政府财政支出全部或部分参与投资建设，且在日常运营或服务过程中为城市居民提供公共服务，存在正外部性，因此可将具有这类特点的街道进行统一管理。整合后的管理区，其管理目标一方面是为城市居民提供公共服务，为城市生存与发展提供硬性基础；另一方面是为城市创造良好投资、生活环境，吸引外来资金和人口的注入，为城市可持续发展提供物质和人力资源基础。管理重点在于保障公共服务的有效开展，保证公共服务对城市各个街区服务的覆盖程度，为周围居民提供充足、均等的公共服务。

（二）标准管理区

城市管理效率的提升，主要依托经济效益、社会治安、生态环境等各方面的均衡与协调。而标准管理区的构建便是在考虑区域功能性的基础上，通过设置多种指标，对符合指标要求且地理邻近的街道予以合并管理，以管理效益最大化为标准设置最优边界。

1. 构建思路

以某种尺度为条件的边界划定，往往代表一种有限区域内能够实现管理目标所能容纳的最大数量街道的开发形式，这类管理区结构能够使效益实现最大化。这种管理区面积不宜过大，适宜的尺度能够有助于对区域进行有针对性和精细化的管理与调节，有助于推进个性化、差异化管理的实施。具体指标的设定，可以是经济层面的：经济效益最大化、人口最优规模或社会成本最小化等，依据对管理的社会成本与收益的衡量，以确定整合后管理区的最优规模；也可以是社会生态层面的：社区治安水平、社会保障水平和环境承载能力等。

2. 构建方法与手段

标准管理区的构建原理，主要是基于最优规模理论在公共管理领域的应用。考虑到城市的经济发展属性以及数据可得性等因素，一般以人口类、经济类指标为划定标准更为直观。

选取人口规模指标时，从便于管理角度考虑，多数街道主管领导建议核心区街道面积3～5平方千米为宜，新区以10平方千米左右为宜，街道人口规模8万人左右为宜。以北京市为例，根据对城区功能疏解和调整过程的考量，以提升综合城市管理效率为目的整合后的标准管理区一般面积不宜低于30平方千米,人口规模不低于 100 万人,城市居民比例不低于 80%。① 如选取人口密度指标,则可根据城区总人口与建成区面积的比值核算出的最优城市人口密度 1.30 万～1.41 万人/平方千米来划定(苏红键、魏后凯,2013;项本武、张亚丽,2017)。

从经济规模角度设置指标,则可分为人均收入和经济水平两个维度。人均收入主要指将相邻近且人均收入水平相近的街道进行统一管理。为对不同收入群体的需求与偏好实施有针对性的管理,可根据不同城市的可支配收入水平差异(为避免个别年份存在异常值,采用近 7～10 年的平均值平滑离差),将城市街道按收入等级分为 5 类,分别为低收入、中低收入、中等收入、中高收入和高收入街道,并对相同收入水平且区位邻近的街道予以合并,进行统一化公共管理服务供给,实施符合不同人群需求和消费能力的差异化、精细化、规模化管理,有助于节约管理成本。如北京市 2010—2016 年城镇居民人均可支配收入平均值为 4.18 万元,各行政区平均值在 2.16 万～4.83 万元之间,则可根据这一取值范围将街道划定为 5 类(表 15-2)。经济水平主要指根据 GDP 指标维度对街道的整合。其方法与人均收入相似,如通过对街道经济贡献进行分层归类,或将第二、第三产业占 GDP 比例作为划定标准,对不同经济发展水平的管理区设置差异化管理目标。仍以北京市为例,2010—2016 年间城市街道 GDP 均值为 54.54 亿元,各行政区平均值在 5.39 亿～196.33 亿元之间,则可根据 GDP 的平均值将街道划分为 5 类。

表 15-2 城市街道收入水平划定标准(以北京市为例)

人均收入水平	人均可支配收入范围/万元	经济水平	GDP 范围/亿元
低收入	低于 2.70	低发展水平	小于 43.58
中低收入	2.70～3.24	中低发展水平	43.58～81.77
中等收入	3.24～3.78	中等发展水平	81.77～125.35
中高收入	3.78～4.32	中高发展水平	125.35～163.54
高收入	4.32 及以上	高发展水平	163.54 及以上

注:根据 2011—2017 年《北京区域统计年鉴》相关数据整理。

上述指标只是以北京市为例从经济角度划定区域的方法,目的是通过对具有相似属性的区域实施统一管理,实现管理效率的提升。在实践中,应根据不同城市的管理目标与发展战略,从人口、经济、社会或生态等不同角度,设定适合城市管理的标准管理区划分指标。

---

① 根据《2019 年北京市行政规划调研成果集》第 29 页相关内容计算得出。

3. 管理目标与侧重点

对于标准管理区的管理目标,主要通过制定有针对性的政策和管理手段,以保障不同标准管理区居民差异化需求的满足。如对人口密集或中低端收入标准管理区,控制人口规模、维护治安稳定与保障基础公共服务供给是主要目标;对于高端收入或商业聚集类标准管理区,保障商业服务的质量和多样化以及维持生态环境可持续等是主要目标。管理侧重点在于对具有相近属性的街道实施一体化策略,区域内采用统一的政策设定、公共服务供给与环境绿化水平,以降低管理成本,实现规模效应;区域间根据人口和经济指标的差异,采取有异质性的管理手段,针对不同人群实施有针对性的公共管理,以实现管理效率的提升。虽然标准管理区之间不一定具有均衡的经济发展水平或人口规模,但标准管理区内部能够通过整合具有相近经济或人口属性的街道,减小管理的空间壁垒,实现行政与管辖权属的通达性和有效性。

(三) 公共管理区

公共设施和社会福利的完备程度高能够提升城市居民的幸福感,更是吸引外来人口的城市名片。而政府对城市进行公共管理的根本目的,也是通过实施有效的政策和措施为城市居民提供充足的公共产品供给,以提高居民在城市中的生活满意度和舒适度。因此,公共管理区是在考虑区域功能和管理效率的基础上,围绕地标性公共设施或机构所在区域边界的进一步优化,形成以该设施为中心的公共服务管理区,对受其功能影响的相邻街道进行一体化管理。

1. 构建思路

公共管理区的构建思路很早便在西方国家的城市管理中出现。中世纪英国城市所采用的宗教分区,便是这种分区管理的雏形。通过设立教区教堂,以其服务辐射四周人口规模500人左右作为街区划定标准。随着时代进步和政府职能的转变,这种模式逐步演化为依托由政府供给的公共产品或服务范围来进行街区划定,并形成了邻里单元理论。该理论于1929年由Perry提出,以城市主干道路作为空间划定基础,以公立学校作为圆心,以其可服务人口范围为半径划定邻里规模,目的是构建交通畅通、居民生活舒适安全以及设施完善的街区环境(李强,2006)。借鉴这一理论,公共管理区的构建更强调这些公共服务类设施或机构的功能属性和对周边区域的影响力,通过对其服务边界的划定、优化、整合以街道为单位的公共服务管理,从而节约管理成本,形成以公共服务为核心的一体化管理,对区域内各级公共服务进行统一分配、统一投资,实现对管理效率与公平的兼顾。

2. 构建方法与手段

以公共产品服务边界为原则分区,首先要确定以哪种公共资源为依据,并在此基础上测定产品的空间可达性或服务辐射范围,继而以此作为划定公共管理区边界的标准。对分区依据的选取,可借鉴西方国家城市"锚机构"(anchor institutions)的界定。锚机构一般指在区域内比较有威望或发挥主要功能的高等院校、医疗中心、艺术中心、博物馆、体育馆和图书馆等。这些公共设施在区域内具有巨大影响力,为区域内居民提供相应公共服务的同时,更影响着区域的发展方向和未来规划(如大学城、奥体中心等)。拥有这些锚机构的区域宜以该机构的服务范围为中心进行街道整合及分区,使其功能得以充分发挥,并以其强有力的外溢作用和创新能力带动区域的发展(Cai,2013;Ehlenz,2015)。因此,公共管理区的构建方法,便是结合中国城市的公共服务供给类型,将锚机构设定为高等院校、市级三甲医院、市图书馆、博物馆、奥运场馆等具有影响力的公共设施,并以其能够服务的范围作为半径进行功能服务范围划定。

在确定城市公共服务分区基点的基础上,从供给角度出发,根据城市规划中对锚机构服务半径、服务人口数量来划定服务范围。通过结合公共设施规划的相关规范[①],总结归纳出各类公共设施的服务半径或服务人口数量的参考值(表15-3)。为避免相邻锚机构的服务范围存在重叠区,在区域划定过程中借鉴经济地理学中的中心地原理,将其服务范围设定为六边形结构,并结合街道辖区面积,综合确定公共管理区的范围。

表 15-3　各类公共设施服务半径

公共设施分类名称	设　　施	服务人口/万人	服务半径/米
教育类设施	高等院校	50	
医疗机构	市办综合性医院	100～200	50 000
文化体育设施	文化活动中心		1500
消防设施	消防站		1400～1800
环卫设施	垃圾中转站		2000
大型商业中心			21 000

注:根据北京市政府公开信息自行整理。

3. 管理目标与侧重点

公共管理区的管理目标在于保证锚机构公共服务供给能力和辐射范围最大化,实现对锚机构所在区域及以其为中心的周边区域的管理协同。同时合理配置区域内其他次级、小型公共服务设施的分布,避免存在资源浪费、重复等供给低效问题,形成以锚机构为主导的区域公共服务联动机制。通过这种一体化

---

① 如《城市居住区规划设计标准》(GB 50180—2018)、《中小学校设计规范》(GB 50099—2011)、《全国医疗卫生服务体系规划纲要(2015—2020 年)》等。

管理模式,节约城市管理成本,促进战略资源共享,使锚机构公共服务功能得以最大范围发挥。管理侧重点在于保持锚机构服务供给水平及其对周边区域发展带动的可持续性,通过政策支持和财政补贴等激励手段,吸引具有相近属性或互补功能的服务类行业向该区域集聚,形成以公共服务带动区域发展的规模效应;建立政府、企业(市场)和社会三位一体的治理结构,积极引导群众和社会组织参与,对管理措施进行及时调整,保证公共服务供给的有效性和充足性,以锚机构等地标性建筑为依托,实现公共政府治理、市场治理和社会治理的有机结合(张国平,2011)。

(四) 政策管理区

政策管理区的设定是对管理边界优化的最高层级,是基于区域功能、管理效率和公共服务供给的基础之上,从政策传达及时性和组织管理有效性的角度,划定出可实现最优管理的理想边界。这种理想的管理空间区划能够便于政策上传下达,实施促进区域间协调发展与共同发展的综合性管理。

1. 构建思路

政策管理区的构建思路主要从政策传递与实施的及时性和有效性角度展开。其规模不宜过大,以保证管理的可达性和可实施性;应具备复合属性,使得该区域可以实现供需的内部调节以及管理的自我完善,更可以为政府提供一个政策实施和效果检验的平台,城市管理的创新政策或新兴技术能够在该区域予以检验和调整。在这一区域中,政府相当于"管家"的角色,对区域发展提供辅助性调节作用。这一构建思路借鉴了 Ostrom 等(1993)提出的多中心治理理论,通过采用自治组织管理方式,使居民及社会组织参与到城市治理中,从提高政策针对性和有效性的角度,实现管理效率的自我优化与提升。政策管理区是实施精细化管理的理想单元,应起到对城市管理的纵横连接作用:纵向是对政策进行有效、及时的上传下达;横向是积极推进区域间功能互补,实现协同发展。

2. 构建方法与手段

依据城市的管理目标与发展战略的不同,对政策管理区构建的方法也存在差异。如建设科技复合型城市管理模式,提高管理信息的交互能力,可根据智慧城市可覆盖范围进行空间划定(Pierre,1993),通过对线上网络维护与线下便民超市、菜市场等公共服务类设施的布局,保证该区域内的居民能够通过边界的互联网手段实现信息获取与共享,并根据需求及时得到公共服务的供给;如构建居民和社会机构参与的城市多元管理模式,可根据城市人口规模与地理面积,设定网格化管理可服务的最优范围,通过居民发送的实时消息,快速捕获管理问题与居民需求,提高城市管理效率;再如根据多中心治理理念,选取满足"政-社合作"条件的管理区进行试点,通过不断向社会组织、居民个体让渡管理权力,以减少政府对城市公共事务递送的直接介入等。这一区域的设定由于出发点与城市公共管理的目标和政策导向有关,因而可根据不同城市特点进行灵活规划。

3. 管理目标与侧重点

对于政策管理区,其管理目标应更专注于对居民需求的满足和对社会、生态可持续发展的营造。一方面,使区域各类公共服务供给能够满足居民需求,并可通过物联网、大数据等信息技术平台保证信息的及时性与完备性,为居民营造舒适又便捷的生活氛围;另一方面,积极推动群众及非政府机构参与到管理区的建设与管理中,借鉴多中心治理理念,鼓励居民、大学生及社会组织等民间团体加入到区域管理中,推进"新三元治理结构"的形成(张克中,2009)。同时完善利益表达机制和协商合作制度,实现放权于社会(Pierre,1993)。如通过建立公民社会,加强区域与周边社区居民自治组织的沟通联系,以取代传统公共部门在群众心中的固化形象(李玮,2014);建立多元化管理主体,严格实行民主、科学的投资决策和咨询制度,重大项目实行专家评估制度、市民公示制度和听证制度等。

四、最优管理区的分区示意图

图15-2(a)和(b)为城市底图到基础管理区构建的可视化过程。为便于确定公共设施和街道功能的服务范围,采用六边形结构抽象化表示城市的每个街道单元。其中,图15-2(a)的白色六边形为均值、无差异的街道,图15-2(b)中阴影部分则为以土地功能和地理邻近为标准所划定的基础管理区,根据土地及其地上建筑物的特点,其功能可以是居住、商业、生产、人文绿化或公共服务等。图15-2从(b)到(c)是在基础管理区构建基础上,依据管理效率最大化条件对街道群进一步分区的示意,命名为标准管理区。该区域既满足基础管理区的功能属性,又具有相近的人口、经济或社会属性,对这些街道实施统一管理,有助于提高管理效率,实现规模效应。图15-2(d)和(e)是公共管理区构建的动态过程示意,依据锚机构的辐射范围,在满足前两层管理区要求基础上进行属性递进。为避免管理区划定范围的重叠,以中心地原则中使用的六边形结构代表锚机构等重要公共服务供给的辐射范围,并结合街道实际辖区面积进行综合划定,得到的公共管理区兼顾功能性、效率性以及公共服务职能。图15-2(f)和(g)为政策管理区构建过程的动态过程示意。政策管理区是最优管理区体系中

的最高层级,是在上述三个区划条件均满足的基础上,从政策实施角度对管理边界的进一步优化。

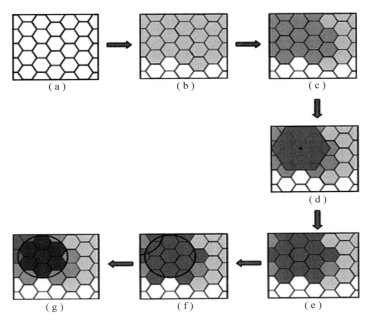

图 15-2　城市最优管理区分区构建示意

注：作者自行绘制。

五、总结与展望

城市是人类社会发展到一定阶段的产物,是人类文明进步的标志(宋刚,2007),它既是经济、社会和人民的生活中心,也是国家发展的主要动力,更是政府实施经济调节、市场监督、社会管理和公共服务职能的主要单元(尚春明 等,2002)。在城市化进程日益加快的今天,大规模人口的涌入和城市间竞争的加剧,对城市管理的长期稳定和可持续发展提出了挑战。本章主要从城市公共管理视角出发,借鉴最优货币区与规模效应理论,运用土地、经济与管理类指标对城市管理边界的优化,解决目前城市基层管理存在的粗放、低效问题以及公共资源分布不均和重复浪费等现象,以期实现公共管理功能、效率和服务能力的提升。

依据公共管理不同层级的要求,按照递进关系分别从功能、管理效率、公共服务和政策实施角度对管理区边界进行界定并予以逐层叠加,得到趋近于最优的城市管理区界(图 15-3)。这种分区的思路融合了公共管理学和城市经济学的理论构想，通过人为划定管理边界，在城市原有行政区划的基础上，构建以最优管理为导向的中层管理机制：通过对具有相近功能或相似经济属性的街道实施统一化管理，以提升管理效率，实现管理规模效应；以公共服务边界分区，协调区域公共服务供需关系，促进对区域的一体化管理；从政策实施角度进行分区，得到可实现自我调节与治理，并能够对城市政策进行检验的理想管理边界。在此基础上，将这种管理分区思路通过示意图形式进行逐层可视化，圈定出依据不同层级分区指标所划定的管理区边界，分别对划定标准予以说明，并逐一分析了管理目标与侧重点，为这一精细化管理创新模式的实现，提供了一定的指标依据和可行性论证。

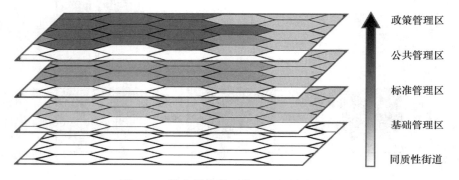

图15-3　城市最优管理分区层级划分示意

注：作者自行绘制。

在实践中，由于城市的资源禀赋与发展规划均具有异质性，因而在管理区划定维度和相关指标的设定上也会存在差异。因此，本章只是从宏观层面提出这一最优管理区构想，通过优化城市内部的管理区划，为改善当前城市管理困境，实施专业性、精细化管理提供一种新的管理思路。在未来的研究中，可以此体系为蓝本，通过对目标城市具体功能或定位的确定，对管理区划定标准和方法进行修正和调整，实现最优管理区构建思路的落地；亦或根据中国城市发展整体战略的变化，对相关指标进行实时更新，对管理区层级予以不断细化。

参考文献

李强.从邻里单位到新城市主义社区——美国社区规划模式变迁探究[J].世界建筑，2006(07)：92-94.

李玮.新公共管理视角下我国城市公共设施管理研究[D].保定：河北大学，2014.

糜毅，陈仕娇，田叶.街区制在我国的发展与展望[J].住宅与房地产，2016(09)：33+84.

尚春明,郑宝才,李浩. 数字城市建设的保障体系研究[J]. 城市发展研究,2002(04):66-69.

宋刚. 复杂性科学视野下的城市管理三维结构[J]. 城市发展研究,2007(06):72-76.

苏红键,魏后凯. 密度效应、最优城市人口密度与集约型城镇化[J]. 中国工业经济,2013(10):5-17.

项本武,张亚丽. 基于环境友好视角的中国最优城市规模研究——来自DMSP/OLS夜间灯光数据的经验证据[J]. 中国地质大学学报(社会科学版),2017,17(03):74-84.

张国平. 我国城市公共设施管理体制与机制的创新——基于国外城市公共设施管理模式的比较[J]. 晋阳学刊,2011(02):32-35.

张克中. 公共治理之道:埃莉诺·奥斯特罗姆理论述评[J]. 政治学研究,2009(06):83-93.

CAI Y. John Goddard and Paul Vallance: the university and the city[J]. Higher Education,2014,68(02):319-321.

EHLENZ M M. Neighborhood revitalization and the anchor institution/ assessing the impact of the University of Pennsylvania's West Philadelphia Initiatives on university city[J]. Urban Affairs Review,2016,52(05):714-750.

KENEN P B. The theory of optimum currency areas: an eclectic view[M]//MUNDELL R A,SWOBODA A K. Monetary Problems of the International Economy. Chicago: University of Chicago Press,1969.

LEMMEN C,OOSTEROM P,BENNETT R. The land administration domain model[J]. Land Use Policy,2015,49:535-545.

MCKINNON R I. Optimum currency areas[J]. American Economic Review,1963,53:717-725.

MUNDELL R A. Theory of optimum currency areas[J]. American Economic Review,1961,51:657-665.

OSTROM E,CALVERT R,EGGERTSSON T. Governing the commons: the evolution of institutions for collective action[J]. American Political Science Review,1993,86(01):279-249.

PIERRE J. Models of urban governance: the institutional dimension of urban politics[J]. Urban Affairs Review,1993,34(03):372-396.

RAQUEL F,RICHARD R. Keeping people out: income distribution, zoning and the quality of public education[J]. International Economic Review,1997,38(01):23-42.

WINDEN V W,BERG W,DEN V L,et al. European cities in the knowledge economy[J]. Urban Studies,2007,44(03):525-549.

第十六章　智慧网格创新与城市公共服务深化*

　　当前,公共服务已成为吸引人口流入城市的重要因素。人们对教育、医疗、文化等优质社会服务以及提升城市地方品质的需求,成为城市发展日益重要的主要驱动力。在产品服务需求得到充分满足后,在空间地理上,收入潜力成为人才迁移的关键(佛罗里达,2009)。此外,有些学者通过经验研究指出,当前个人需求和偏好呈现个性化、多样化的特征,因此,城市和区域发展需要重视不同主体的异质性作用,以发挥城市多元主体的创造活力,来驱动城市高质量发展。中国城市管理的宗旨是,缓解人民日益增长的公共需求和公共服务不平衡不充分发展之间的矛盾。因此,亟待完善城市服务职能,形成持续优化迭代的智慧管理模式,吸引各行各业多元人才,促进城市管理创新,驱动城市高质量发展。

　　网格化管理是中国率先实践的现代化城市管理模式。相较于传统管理方式,其最大特征是利用信息化技术,打破了传统城市管理部门和行政区划空间的界限;进而可以实现城市管理和城市公共服务供给体系的标准化、均等化和精细化等目标。本章从理论、实践两个方面,探讨技术驱动下的网格化智慧升级对提升城市服务职能和深化城市管理体系改革的重要性。

---

*　原文刊发于《南开学报(哲学社会科学版)》2020年02期,后经作者修改、整理。

一、传统城市管理服务的问题与困境

当前,中国流动人口的规模已经自 1982 年的 657 万增加到 2018 年的 2.44 亿,其占总人口的比例从 0.65% 增加到 17.43%。第五次、第六次全国人口普查数据显示,中国的流动人口出现了向东部少数沿海城市聚集的特征,上海、北京、深圳、东莞、广州等排名前 5 的城市的流动人口数量已占全国流动人口总数的 24.74%(夏怡然 等,2015)。伴随城市人口与城市空间规模的不断扩大,城市经济活动的承载密度不断增强。例如,2018 年中国城镇常住人口 83 137 万人,比 2017 年末增加 1790 万人;城镇人口占总人口比重(城镇化率)为 59.58%,比上年末提高 1.06 个百分点(国家统计局,2019)。然而,城市基础设施和公共服务供给却是按若干年前的人口来规划建设,这使得当前大城市面临巨大的基础设施和公共服务供给压力(夏怡然、陆铭,2015)。此外,中国城市的公共管理和公共服务供给体系存在缺陷,导致城市问题显现多因性、流动性、跨界性、相互关联、弥散性和衍生性等复杂状况。综上所述,当前中国城市管理存在着重微观轻宏观、重建设轻管理、管理业务繁杂破碎、重权威轻合作、公共服务供需错位,重管理轻服务、城市服务功能缺乏等一系列问题。由此,中国城市管理领域亟待注重城市管理的系统性、协同性等本质特征,提出一个整体性的管理框架,建立完善的城市管理系统,创新城市管理机制,实现城市治理体系和治理能力的科学性与现代化。

二、网格化管理的特征、模式与试点应用

(一)网格化管理的内涵与特征

网格化管理思想源于计算机领域的"网格",它是指利用互联网将地理上广泛分布的计算相关技术融为一体,为用户提供更多资源、功能和交互性,实现动态变化的多个虚拟机构间的资源共享和协同解决问题(朱崇轩,2016)。有的研究将城市网格化管理界定为:将城市管理区域按一定标准划分成若干网格单元,通过综合利用网络地图技术、地理编码技术、现代通信技术、无线网络技术等智能工具,将城市各种类型的部件和事件数字化并整合在网格中,依托统一的城市管理平台,实现对网格内部件和事件管理的精确、高效、全时段和全方位覆盖,其最终目的是整合组织资源、提高管理效率和改进管理质量。

城市网格化管理依赖于层次分明、信息明确的数据模块。数据模块所构成的技术平台体系,对城市网格化管理的持续性和时效性具有重要作用(冯晓英,2009)。城市网格化管理具有方法上的先进性。例如,根据社区所辖范围、分布

特点、人口数量、居住集散程度、群众生产生活习惯等情况(龚鹰、张海军,2011),结合各街道、社区党员干部和相关单位工作人员数量合理划分责任网格,合理配置、组合人员,形成专业化管理服务团队。在责任网格划分基础上,可以建立人民群众的问题反馈渠道,方便人民群众反馈意见和建议。而且城市政府可以按照一定周期把相关信息进行分类汇总,再根据具体情况提出相应的解决办法。通过梳理十几年来的发展和相关文献,网格化管理具备数字化管理、闭环式管理、精细化管理和动态化管理等 4 个主要特征(程方升、张敏娜,2007),将宏观城市区域拆分成若干网格单元,在微观层面针对网格内城市部件和事件实施精准的管理活动,有利于摆脱传统城市管理粗放、滞后的管理模式,实现价值理性和工具理念的高度统一,体现新兴科学技术与现代管理理念的有机结合。

(二)网格化管理试点与实践

网格技术的发展进一步丰富和完善了网格化管理功能,其核心在于用户提交需求的简洁性和网格响应需求的精准性与迅捷性。2004 年 10 月,北京市东城区率先启用网格化管理模式。自此,城市管理问题的发现率达到 90% 以上,任务派遣准确率达到 98%,处理率为 90.09%,结案率为 89.78%;城管问题的平均处理时间由原来的一周左右缩短到 12.1 小时,平均每周处理问题达 360 件左右(阎耀军,2006)。2005 年 10 月,上海实施城市网格化管理办法,迄今管理范围已至全市 17 个区县、200 个街道、镇,覆盖 1200 平方千米主要城市化区域;管理内容不断明确,已经涵盖 88 个种类的部件和 32 个种类的事件管理。目前系统已集成了 1134 万个部件信息①。

针对服务需求与服务资源的分布性、异构性及动态变化等特性,网格化管理将全市联网资源黏合为有机整体,在动态变化的虚拟环境中寻求资源共享和业务协同的优化方案,实现资源融合并为用户提供透明服务。城市期望通过现代化手段,构建五层沙漏结构协议体系,达到动态虚拟组织的信息共享、资源协调、负载平衡和业务协同,最终为公众提供高效便捷的城市服务。除了异构、动态、海量数据等技术层面的特征之外,城市服务供给层面以网格系统的兼容性和开放性为基础,可以实现"多网合一"和动态化的社会管理。由此,在每个网格基本单元基础上,构建安全防控管理、交通运输网络、城市电子服务等各类应用场景,引导居民有序迁移与分布,结合空间特征与群体利用特征,调整公共服

---

① 《上海市城市网格化管理办法》,2013 年 7 月 29 日上海市人民政府第 18 次常务会议审议通过,2013 年 8 月 5 日上海市人民政府令第 4 号公布,自 2013 年 10 月 1 日起施行。

务的空间供给策略,健全并推行合理的城市公共服务空间供给体系。

三、服务深化对网格化管理的创新要求

作为一种理论上的概念和实际发生的行为,服务提供的过程正是消费服务的过程,服务客体的偏好和对服务的评价在消费服务的同时体现,二者在时间上不分离。公共服务是主体需求与满足主体需求的客体之间的一种关系,具有同步性、多样性、及时性以及不确定性的服务特征。公共服务与私人服务在投入资源、目标导向以及服务对象三个方面存在差异。公共服务具有收益的非排他性、与公众需求的不可分割性和公共服务的正外部性三个主要性质。鉴于资源投入的公共性,需从政策资源、公众群体和组织机构三个维度来考察城市公共服务,不同级别的主体和不同维度的任务都各有不同。总体上,公共服务的任务和目标,包括宏观层面的标准化、中观层面的均等化和微观层面的精细化(图 16-1)。在服务深化的过程中,必须重视整体性,要在行动上达成一致。

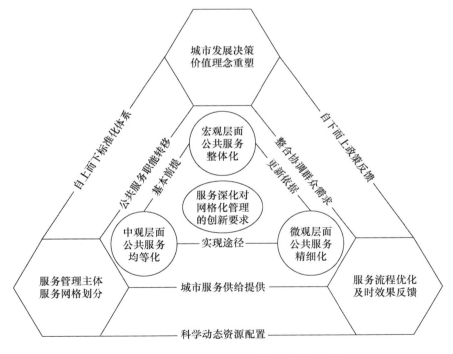

图 16-1 服务深化对网格化管理的创新要求

(一)宏观层面追求公共服务系统化

随着城市结构由简到繁,参与主体、参与手段逐步从单一到多元。在从经

验管理向科学管理的渐进过程中,城市管理逐渐由传统的行政管理模式转变为公私机构通过规划和管理城市公共事务的众多方法。传统和简单的管理思维,导致中国城市管理实践过程中出现管理体制条块分割、基层治理权责失配、量化体系尚不健全等不足与短板(陆军、杨浩天,2019)。城市是多结构、多层次的复杂系统存在,城市管理也应以城市复杂系统为管理对象,来构建对应的多维度、多形态的动态系统。城市系统论使人类对城市公共服务的认识由线性上升到非线性,由简单均衡上升到非均衡,由传统还原论上升到复杂整体论。城市管理系统在城市经济系统、城市空间系统、社会文明系统等三个子系统之间,通过整体性协调作用,使各子系统功能之间产生了一个耦合的具有适应性的动态演化复杂系统。为了有效规划和协调各部门的管理服务职能,需要系统化、动态化、统一化地设计城市信息中枢系统,以部门需求为中心,居民满意为导向,基于网格数据结构,标准量化城市管理服务。统一和协调是标准化的核心,既对各区网络平台的信息规范进行统一制定,还要结合各地区、地域的特点,对城市管理服务进行协调,制定差别化的标准。除此之外,基于网格化管理的动态性,需要在服务深化过程中,保证不同部门具有灵活性和建立相应的动态调整机制,通过持续更新迭代,保障各地区服务供给的持续性。

（二）中观层面追求管理服务均等化

随着城市规模持续加速增长,中国城市与地区之间的发展水平、市场化程度和对劳动力的需求各异,社会保障和福利制度存在地区分割,公共服务的提供也存在显著差异(侯慧丽,2016),公共服务均等化成为城市服务可持续性的关键对策。流动公共服务是现代城市服务供给制度改革的重要组成部分,其具体内涵为流动公共服务是为了保障公民的基本公共服务权益与实现基本公共服务均等化、解决传统公共服务可及性缺陷,由政府、市场以及第三产业部门提供具有主动性、灵活性以及无缝隙的公共服务的过程(刘银喜 等,2018)。公共服务均等化在不违背劳动力向大城市集聚的经济规律的前提下,让所有地区、所有群体都能享受到机会均等、水平均等和结果均等的公共服务(刘银喜 等,2018),既能纵向疏解被城市服务吸引的人口集聚趋势,又能横向弥补传统服务供给时空局限性导致的公共品供给失灵的空间失衡现象。

（三）微观层面追求公共服务精细化

提升服务的精细化程度,并不意味着政府对一切社会事务事必躬亲,而是要在职能转变的前提下,明确政府发挥作用的领域和限度,通过内在改进和外部协作的方式,推动社会管理过程规范化和服务效果的精致化(蒋源,2015)。精细化是一个以"精致细密"为基础、以"精准细严"为具体表现的集成过程,通过现代化手段从供、需两端优化公共服务供给系统,满足人民日益增长的美好生活需求。

服务深化的价值包含多样化的需求满足以及专业化的问题处理两个方面。一方面,社会保障、环境美好和生活便利等多样化的需求满足侧重于公共服务的多样性和及时性,城市政府通过社会组织整合群众异质性需求使之有序化、统一化,以便于公共服务能清楚识别服务群体的偏好特征,从公共服务的需求特性进行场景设计,自下而上地完善城市服务系统的构建。另一方面,社会救助、安全保障和医疗卫生等专业化的问题处理注重生产服务的同步性和降低其不确定性,城市政府进行公共服务的职能转移由政府购买服务等方式,根据法规制度制订服务时间地点、确定服务内容及保障等细则,明确市场企业参与规则,提供专业性强的公共服务,城市政府主要负责从城市系统的整体高度和全局观点,自上而下逐级分解、细化,注重流程设计与实际需求的精密结合。从实践角度讲,服务深化的价值重塑应以公共服务的提供为关键节点,最大限度地满足企业和公民的服务需要,破除现有政府体制结构窠臼,推动服务供给体系的流程优化,追求政府业务服务效能最大化。

四、城市网格化管理的智慧技术升级

在城市信息化浪潮与数据科学崛起的共同推动下,城市经济、文化、交通、娱乐等方面都已经和信息化的数字空间紧密融合,网络空间成为城市居民生活的组成部分(王静远 等,2014)。城市网格化管理模式正朝向城市综合治理与多元联动的方向发展。通过网格化管理服务深化解决城市服务供给的源头性、根本性、基础性问题的同时,以技术智化为基础优化网格化管理流程,丰富网格化管理内容,不断强化网格化管理的服务功能,才能提升城市管理的水平和质量。

(一) 智慧网格的理念内涵

"智慧"是指在特定时空下,迅速、灵活、正确地理解事物和解决问题的能力[①]。从传统的城市经验管理发展到目前的网格化科学管理,实现了管理运营的规范化与规模化,侧重于管理的一致性与法制性。在经济结构从商品经济转向服务型经济的后工业时代,无法仅依靠科学管理解决人民多样性的个性需求。因此,智慧网格将物理基础设施、信息基础设施、社会基础设施和商业基础设施连接起来(郑爱民 等,2014),实现跨部门的系统间信息共享和协同作业,

---

① 中国社会科学院语言研究所.新华字典[M].第 11 版.北京:商务印书馆,2011.

合理分配城市资源,满足政府社会管理和公共服务职能的需求。基于民众需求,运用智能技术与区域基础设施的连接服务,突破行政组织边界对服务供给体系产生的横向和纵向的拉伸,形成基于城市数据和智能过滤的管理模式创新。综合运用现代科学技术从供、需两端优化城市服务系统。相较于网格化管理,智慧网格着重于平衡管理流程各环节的网络联系,发挥其治理主体能动性和满足个性化需求的创造性。智慧网格在理念层面上,是一个实现全主体参与,整合经济效率、社会公平、公共精神等多元价值的城市治理系统;在制度层面上,是在全数据基础上,针对传统城市治理碎法化等关键问题,架构全场域交互的管理系统;在执行层面上,是在信息共享基础上实现城市服务整体效能的最大化,打造体现服务价值的城市管理系统。

（二）智慧网格的总体架构

智慧网格作为城市精细化管理的重要物理基础,其核心是利用以物联网、云计算等为核心的新一代信息技术来改变政府、企业和人们相互交往的方式,对于包括民生、环保、公共安全、城市服务、工商业活动在内的各种需求做出快速、智能的响应,提高城市运行效率,为居民创造更美好的城市生活(巫细波、杨再高,2010)。智慧网格的总体架构包括系统设计、管理决策与需求感知等三个层面(图 16-2)。

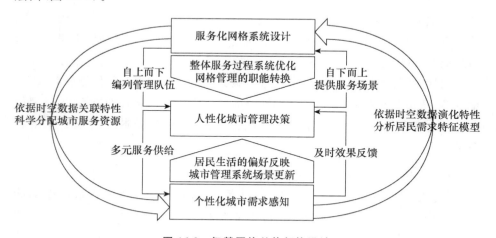

图 16-2　智慧网格总体架构设计

智慧网格的系统设计需要自上而下地进行城市系统的顶层设计,从城市运营发展的全局观点展开总体构想,强调城市管理的全面性和系统性。此外,从城市管理的微观场景应用出发,自下而上地进行基层设计,着重于城市管理与实际需求的紧密结合,形成由基础设施、数据融合、场景应用、标准评价及运营发展5个组成部件构成的城市运行核心。其为城市管理系统中的各主体提供智能高效的辅助支撑,使城市空间结构嵌入城市管理系统中。

城市管理的管理决策需要针对城市数据多元异构的时空多维特性,一方面,考虑时间与空间两个维度的数据演化特性,分析居民需求特征;另一方面,利用不同维度间的数据关联关系,搜集城市服务需求和地区实际情况,科学分配城市服务资源,实现城市服务向均等化、多元化、精细化方向的供给侧改革。在保证均等化的基本公共供给基础上,从居民需求异质性角度对服务供给流程进行优化再造。

城市服务的需求感知借助信息科技与人工智能,依据各地区结构特征打造多样化的服务感知体系。城市问题以此由主动发现、被动发现以及应用人工智能的自动发现等三个管道反映,再通过建立服务感知体系,提供精细化、个性化、全方面覆盖的城市服务系统基础。一方面,达到城市管理对城市系统全面的认知与掌握,提高城市管理系统的响应速度和运用效率,使城市服务资源发挥公共服务供给的社会价值;另一方面,也用于提高公共服务供给的经济性和效率,改善其效果(刘银喜 等,2019)。

(三)智慧网格系统的应用设计

智慧网格系统以服务用户及其设计功能为出发点,分解功能需要具备系统应用及服务模块。在此,从微观化、具体化、可操作化的视角,分析城市智慧网格运行系统的构建方案,指出新技术对智慧网格系统的支撑和相应的硬件基础设施保障;再分别就政府、居民、第三方组织等不同用户的不同需求,设计相应的系统功能(图16-3)。

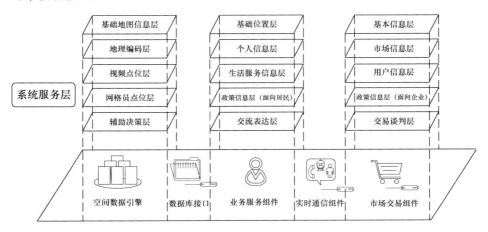

图16-3 智慧网格运行系统的服务模块

智慧网格运行系统主要由城市政府负责研发铺设，首要的服务对象也是政府部门。按照公共管理学经典理论，城市政府的管理范围、管理内容通常可以归结为公共物品的提供者、经济运行的调控者、外部效应的消除者、社会公平的维护者、市场秩序的守护者5种角色（陈振明 等，2017）。具体到城市网格化管理中，政府主要发挥公共管理和公共服务的职能，通过网格进行城市日常运行管理、应对复杂环境下的危机、提供城市公共服务、输出政府决策和政策等，保证城市更有序、更安全、更干净，满足居民日益增长的对美好生活的需求。由此，智慧网格运行系统首先应满足城市政府日常管理、危机应对、公共服务、科学决策的需求，应分别设计相应功能。

居民是智慧网格运行系统建设过程中的新增用户。一方面，居民是城市公共服务的主要对象。居民的服务需求是以城市政府为主的服务产品供给者的重要决策依据，智慧网格运行系统需要能够精准识别居民需求，同时将公共服务信息反馈至居民；另一方面，居民是城市管理的治理主体之一，居民参与网格化管理工作是网格化管理"广泛参与"战略的基本任务。居民可以在网格化管理体系的问题发现、方案提出、政策执行等环节中积极发挥作用，并由智慧网格运行系统设计公众参与的渠道，扩大居民参与的广度、深度和强度。由此，智慧网格需要满足居民需求的收集反馈、生活便利信息接收应用、城市治理过程的参与、观点的表达等需求，并分别设计相应功能。

企业与社会组织等第三方组织也是智慧网格运行系统应覆盖的群体，在某些特定的领域，政府提供公共服务往往效率较低（詹少青、胡介埙，2005），需要引入企业和社会组织等以市场化的手段提供公共服务。智慧网格系统中存在大量的基础数据和行为数据，这些数据的部分开放可极大地提高第三方组织提供产品的效率。因此，智慧网格运行系统应初步尝试在保证信息安全的情况下，开放部分信息给第三方组织，引导其生产决策行为。

五、智慧网格与服务深化的核心环节

深化智慧网格服务的总体任务和目标包括：充分整合多元主体和服务资源，以现代化手段打造管理平台，践行多元化、精细化、智慧化的城市社会管理；通过多视角跨领域研究，完善城市管理顶层设计与规划，整合业务网络，细分服务主题、对象，开展多元公共服务项目；根据服务工作内容，科学制订管理队伍编制，强化问题处理的专业化和及时性；分析城市居民的需求数据，科学建立数据模型，提升城市管理决策的精确性；评估管理的执行效果，以信息数据考核服务绩效，保障服务的高质量供给。

其中,深化智慧网格服务的三大关键环节和核心内容如下。

(一) 推进智慧网格顶层设计,实现城市服务供给系统化

西方国家在城市管理服务的顶层设计方面普遍开展较早,均明确了专门计划和专门机构来负责规划与实施顶层研究设计。例如,英国政府出版了《政府现代化白皮书》,加拿大政府出台了《利用新技术更新政府服务规划》,法国政府制订了《信息社会政府行动计划》,荷兰与意大利政府制订了《电子政务行动计划》,日本政府推出了《促进政府广泛应用信息技术纲要》。为了有效规划和协调政府各部门的管理服务平台,美国以部门需求为中心,以服务绩效为导向,基于企业信息架构(enterprise architecture,简称 EA)开发了联邦企业组织架构(federal enterprise architecture,简称 FEA)模型,由此对组织架构的设计、实施、维护和反馈等生命周期各个环节开展管理,同时对城市管理规划的过程和结果进行持续的评估和验证。

应借鉴美国的 FEA 模型,涵盖多元服务、科学技术、安全保障三个层面进行智慧网格的顶层设计,以居民满意为核心、以科学技术为支撑、以信息维护为保障,提供符合地方政府和区域结构特征的多样化服务功能。为提升城市管理系统中各主体的能动性,智慧网格允许基于各主体的自身期望进行设计补充,尤其注重借助信息化手段形成一套通用的业务模式,来规避非标准业务的发生。同时,注重保证不同部门的灵活性,完善不同主体视角的设计,针对多样性的场景需求,依托政府统筹、市场配置及社区再分配机制提供多元城市服务,使智慧网格服务管理系统真正满足服务管理对城市发展的支撑。

(二) 提升公共服务可持续性,实现服务供给流程智慧化

自 2001 年联合国启动全球电子政务调查评估以来,英国在电子政务发展(e-government development)和公众电子参与(e-participation)两个指数上始终位居全球前列。其成就主要归功于 20 世纪 90 年代初在内阁办公室设立的信息时代政府领导小组(Information Age Government Champions,IAGC)和"电子专员"办公室(The Office of e-Envoy)权威组织的领导(王小飞,2001)。2011 年 4 月,英国成立政府数字服务局(GDS)来统领电子政务和数字政府建设,主要负责制定与数字服务相关的战略与政策,协调各政府部门,消除影响数字政府发展的立法阻碍,引领英国政府数字化转型(林梦瑶 等,2019)。自 2012 年起,英国政府内阁办公室开始将政府数字化建设与政府转型结合起来。当前,已经形成了由政府部门、学界、产业界和用户共同组成从数字、技术、数据三方面推动部门协作的科学化管理,再透过专家咨询小组来形成政策专业性和公众参与的工作流社群网络,共同推动城市服务功能的深化。

智慧网格必须对城市的民生、环保、服务、工商活动等各种需求精确地做出响应。相较于服务前台不断扩张，在信息集成、数据挖掘、互操作技术的支持下，城市公共服务系统的后台将日趋集中。因此，智慧网格需要实现无障碍的公共服务信息交换以及服务系统后台的深度再造。相较于网格化管理的流程再造，智慧网格将更加注重组织架构与其他部门协作方式的调整。尽管这在技术和管理上面临着更大的协调成本，但长期效益更为显著。智慧网格需要按自然顺序而非人为的线性序列来排列流程步骤，以简化中间处理流程；授予管理者权限，发挥每个人在服务流程中的作用，以建立工作流联系网络（图16-4）。

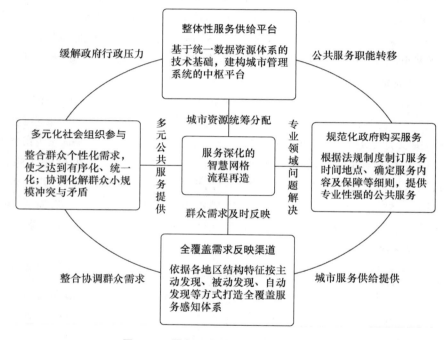

图16-4　服务深化的智慧网格流程再造

（三）深化科技人文有机融合，实现服务价值重塑人本化

价值是管理体系的建构基础和逻辑起点。通过塑造多元的城市公共服务文化，可以决定政府究竟选择何种公共服务供给模式。深化智慧网格服务职能是城市协调发展的重要条件、城市现代化的重要内容和增强城市竞争力的重要途径。智慧网格服务深化服务供给结构，不同于传统政府作为单一主体供给公共服务的线性结构，其从形态上表现为持续互动的网络圈，使得整个公共服务系统的成员、层级、决策方式等供应系统内部组成，可以更深入地影响城市服务供给的风险管理（戴勇，2017）。城市信息数据使用价值的深入挖掘有助于吸引

多方利益相关方共同参与城市服务供给。政府有序数据的开放是大数据战略和大数据治理的核心内容，数据开放是信息公开在大数据时代下的新发展阶段（黄璜 等，2016）。相较于传统的政府信息公开，政府数据开放更为强调原始数据的开放。尽管中国已初步形成了贯穿政府数据生命周期的开放政策框架，但尚未形成全国统一的政府数据开放政策体系（黄如花、温芳芳，2017），数据开放在质和量上仍存在较大缺陷，与政府数据开放相关的法规政策仍存在"散、弱、空、同"等问题。为了更全面地对信息数据使用进行管理，需要兼顾信息的机密性、完整性、可用性和可控性，从法律与管理方法层面为电子政府发展提供保障。出台服务数据管理规范不仅为政府信息治理起到了良好的保障作用，同时对政府起到了一定的约束作用，可以缓解民众对个人信息保障机制缺乏的疑虑，有利于充分动员各社会主体，建设可靠完善的规则保障体系与便捷高效的参与互动系统，最终构建出由公共设施、智能技术物质基础和守望相助的社会网络联合而成的城市管理体系，全面提高社会参与网格化管理的广度与深度，提升新时代下社会力量参与智慧网格管理的能力，充分实现精细化治理成果的共享。

参考文献

陈振明.公共管理学[M].北京：中国人民大学出版社，2017.

程方升，张敏娜.网格化管理：数字时代城市治理的新取向——城市网格化管理模式问题的探究[J].科协论坛（下半月），2007（05）：51.

戴勇.食品安全社会共治模式研究：供应链可持续治理的视角[J].社会科学，2017（06）：47-58.

冯晓英.公共治理视角下的城市管理[J].北京社会科学，2009（06）：35.

弗罗里达.你属哪座城？[M].侯鲲，译.北京：北京大学出版社，2009.

龚鹰，张海军."网格化管理、组团式服务"：新时期基层治理模式的创新[J].党史文苑，2011（20）：67-69.

国家统计局.李希如：人口总量平稳增长 城镇化水平稳步提高[EB/OL].（2019-01-23）[2020-04-09].http://www.stats.gov.cn/tjsj/sjjd/201901/20190123_1646380.html

侯慧丽.城市公共服务的供给差异及其对人口流动的影响[J].中国人口科学，2016（01）：118-125+128.

黄璜，赵倩，张锐昕.论政府数据开放与信息公开——对现有观点的反思与重构[J].中国行政管理，2016（11）：13-18.

黄如花，温芳芳.我国政府数据开放共享的政策框架与内容：国家层面政策文本的内容分析[J].图书情报工作，2017，61（20）：12-25.

蒋源.从粗放式管理到精细化治理：社会治理转型的机制性转换[J].云南社会科学，

2015(05):6-11.

林梦瑶,李重照,黄璜.英国数字政府:战略、工具与治理结构[J].电子政务,2019(08):91-102.

刘银喜,赵子昕,赵森.标准化、均等化、精细化:公共服务整体性模式及运行机理[J].中国行政管理,2019(08):134-138.

刘银喜,朱国伟,王翔.流动公共服务:基本范畴、供给类型与运行实态[J].中国行政管理,2018(12):96-101.

陆军,杨浩天.我国城市管理精细化的"十个不足"与"八大取向"[J].城市管理与科技,2019,21(05):32-34.

王静远,李超,熊璋,等.以数据为中心的智慧城市研究综述[J].计算机研究与发展,2014,51(02):239-259.

王小飞.英国政府信息化的思路和做法[J].全球科技经济瞭望,2001(08):27-29.

巫细波,杨再高.智慧城市理念与未来城市发展[J].城市发展研究,2010,17(11):56-60+40.

夏怡然,陆铭.城市间的"孟母三迁"——公共服务影响劳动力流向的经验研究[J].管理世界,2015(10):78-90.

夏怡然,苏锦红,黄伟.流动人口向哪里集聚?——流入地城市特征及其变动趋势[J].人口与经济,2015(03):13-22.

阎耀军.城市网格化管理的特点及启示[J].城市问题,2006(02):76-79.

詹少青,胡介埙.西方政府-非营利组织关系理论综述[J].外国经济与管理,2005,27(9):24-31.

郑爱民,满青珊,孙亭.一种基于云的智慧城市系统架构[J].中国电子科学研究院学报,2014,9(03):226-233.

朱崇羿.新时期我国网格化管理研究综述[J].农村经济与科技,2016,27(03):120.

后　记

本书是继《营建新型共同体：中国城市社区治理研究》之后，我们的团队关于城市治理主题研究的又一个阶段性成果。本书以问题为导向，从组织、模式、平台和工具等不同维度，对实现城市健康发展与善治目标的一些制度、工具与对策进行了初步的思考。除笔者之外，其他的作者均为我指导的研究生。本书是我们研究团队共同学习，孜孜以求，思考城市治理的一个小结。

本书由十六章组成，具体分工如下：第一章，丁凡琳、陆军；第二章，丁凡琳、陆军；第三章，汪泽波、陆军；第四章，陆军、杨浩天；第五章，陆军、杨浩天；第六章，雷渌瑨、陆军、张骥、周文通；第七章，陆军、周文通、李琦；第八章，陆军、汪文姝；第九章，毛文峰、陆军；第十章，陆军、聂伟；第十一章，陆军、丁凡琳、伍叶露；第十二章，毛文峰、陆军；第十三章，陆军、钟林睿；第十四章，陆军、马楷原；第十五章，陆军、丁凡琳；第十六章，陆军、黄伟杰、杨浩天。

在本书付梓之际，笔者衷心感谢北京大学出版社理科二编辑部的王树逶、赵旻枫编辑。作为本书的责任编辑，两位老师为本书付出了大量的努力和心血，为本书的顺利出版提供了坚实的质量保障。本书的不足之处，均由作者自已负责。笔者衷心感谢理科二编辑部的郑月娥主任,感谢郑老师对本书出版的关心、支持与鼓励。作为一名普通作者,北京大学出版社理科二编辑部的敬业、专业的工作风格,高效的工作效率,以及待人接物的尊重、体谅与热情,让笔者印象深刻。

陆　军

于北京大学廖凯原楼

2020年9月1日